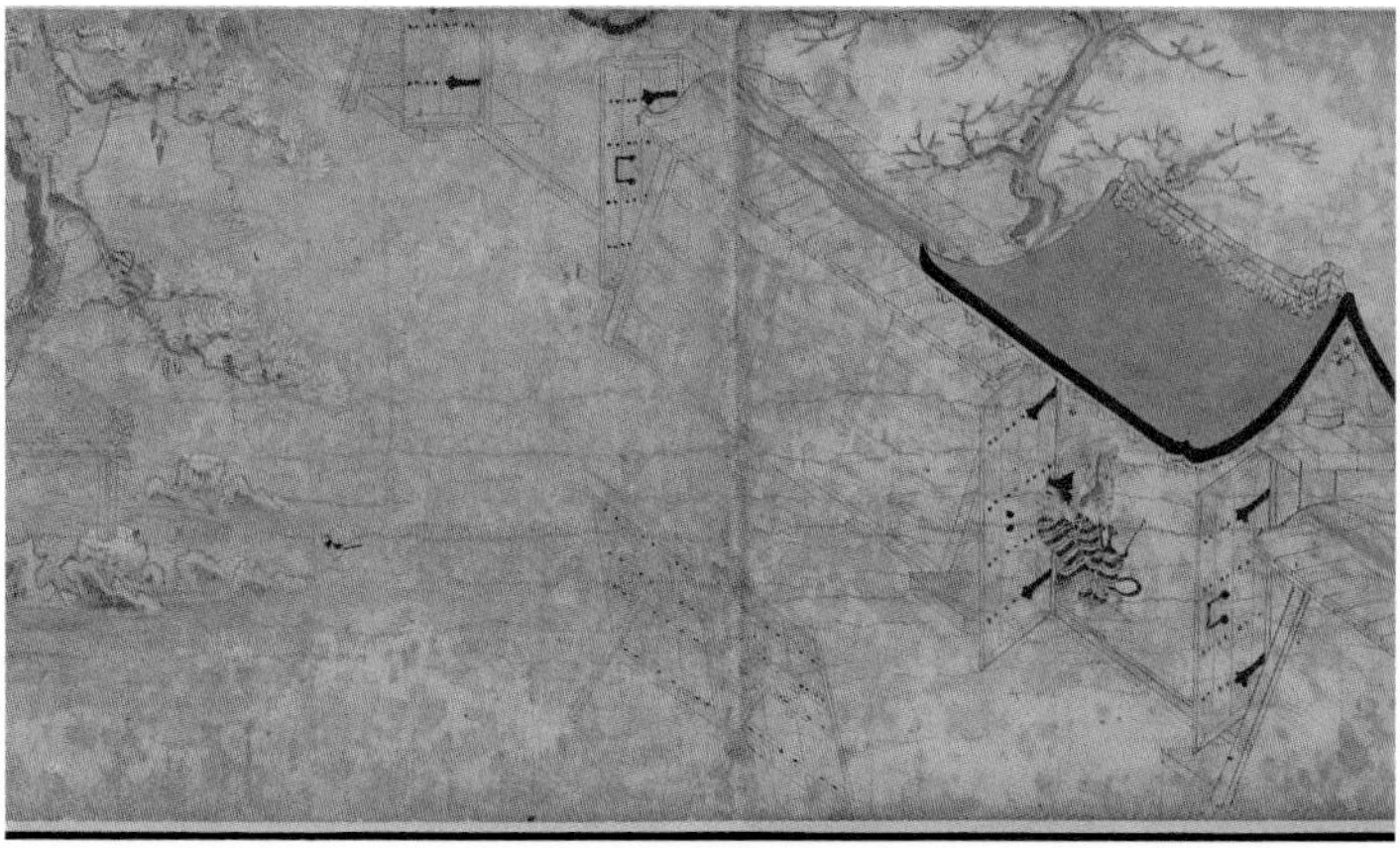

口絵1, 2　門下で吉見次郎邸内をのぞく従者（上）、釣殿で歌会をしている（下）（『男衾三郎絵詞』東京国立博物館所蔵、出典：ColBase（https://colbase.nich.go.jp/）、この作品の出典は以下同様）

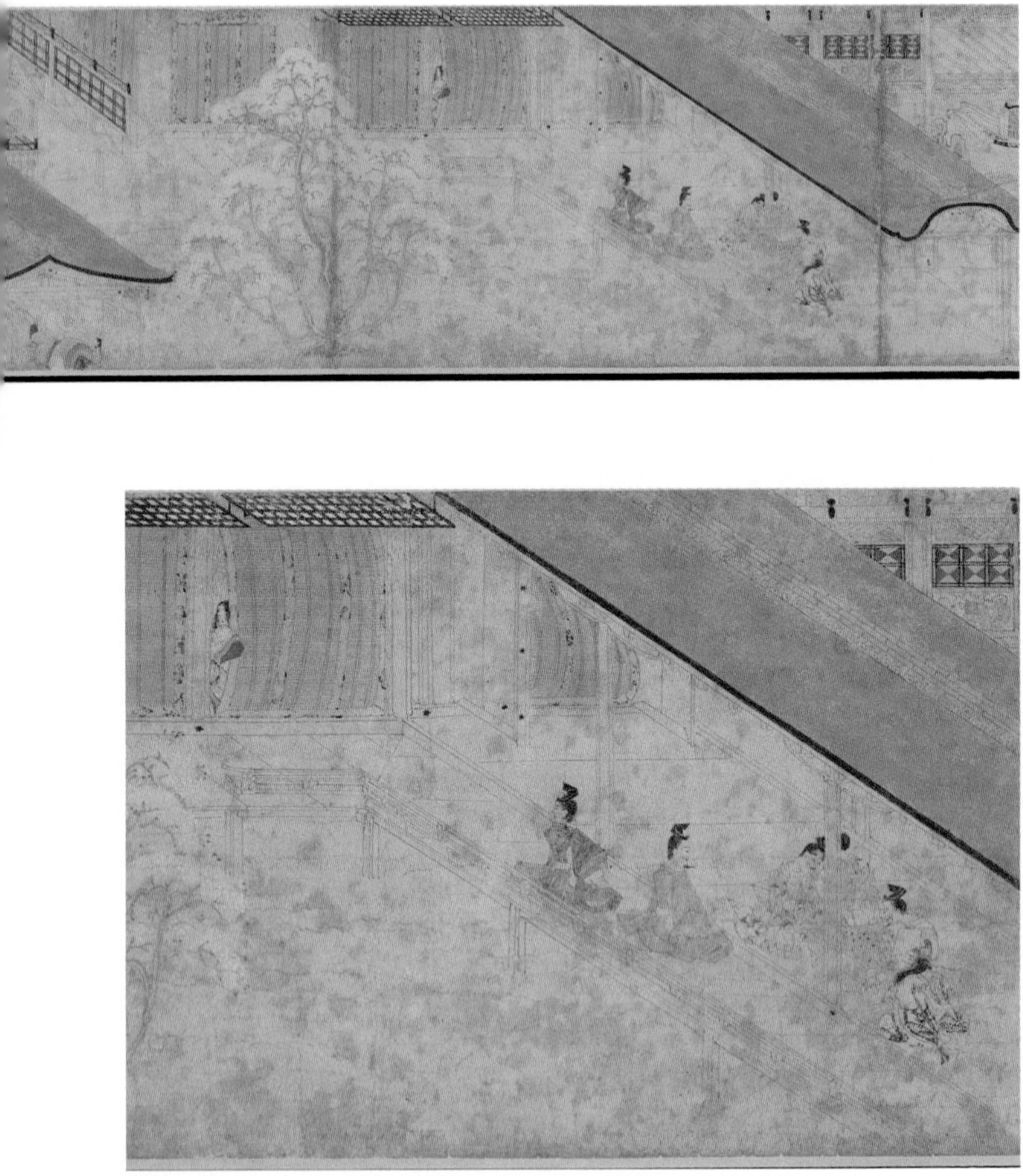

口絵4　簾から外を窺う女と廊の下での管絃（『男衾三郎絵詞』東京国立博物館所蔵）

口絵3　吉見二郎の屋形（『男衾三郎絵詞』東京国立博物館所蔵）

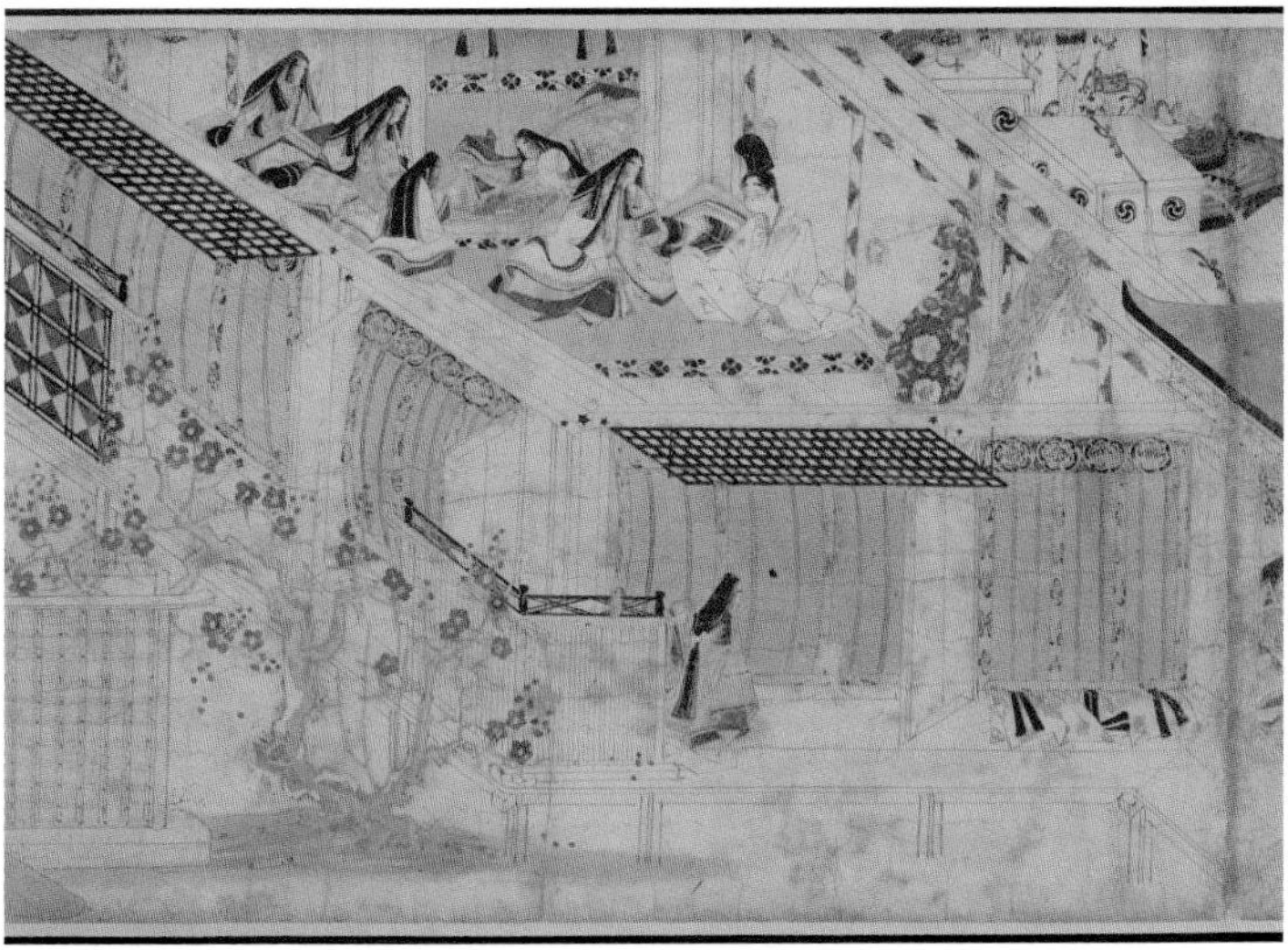

口絵5　吉見夫妻の部屋（『男衾三郎絵詞』東京国立博物館所蔵）

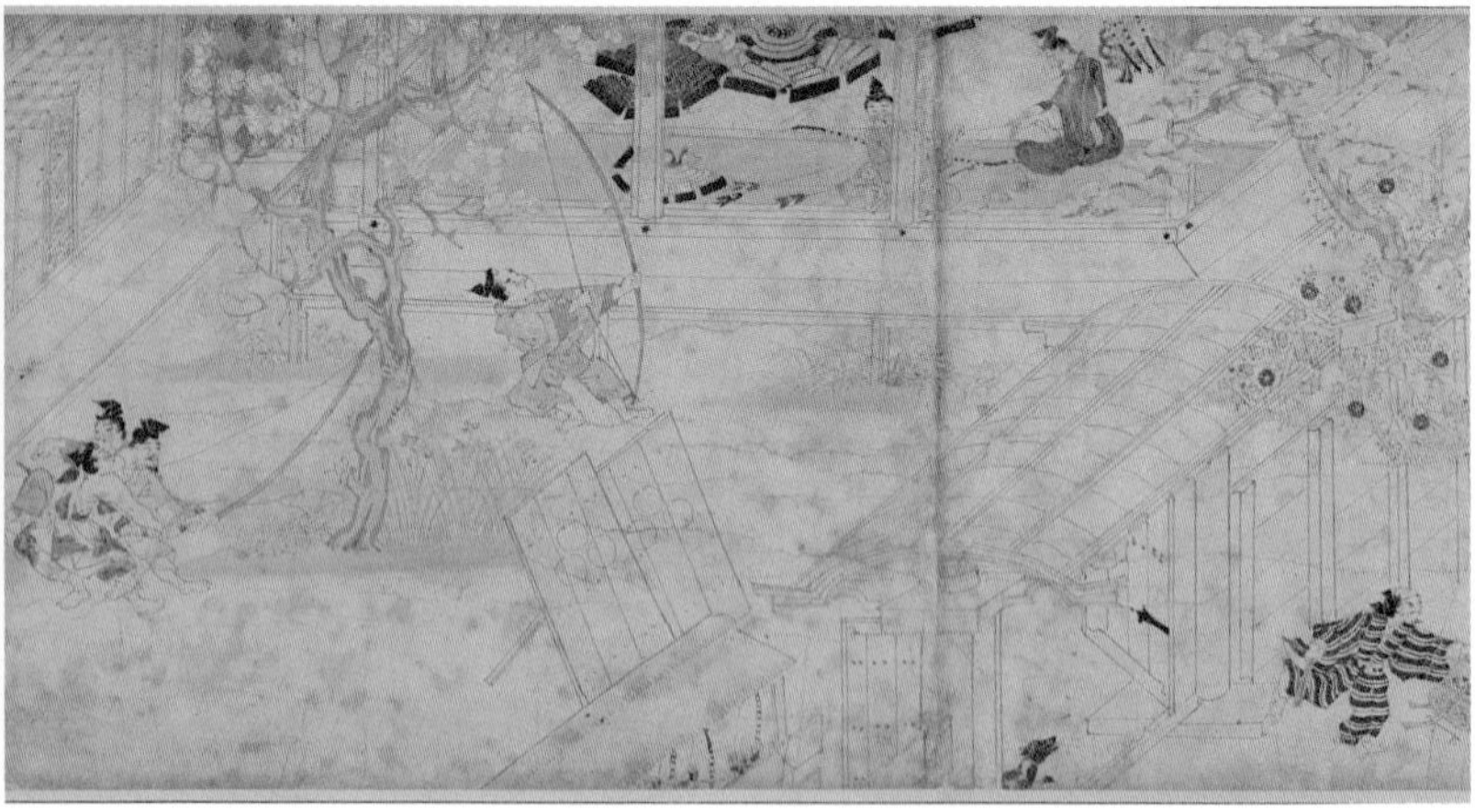

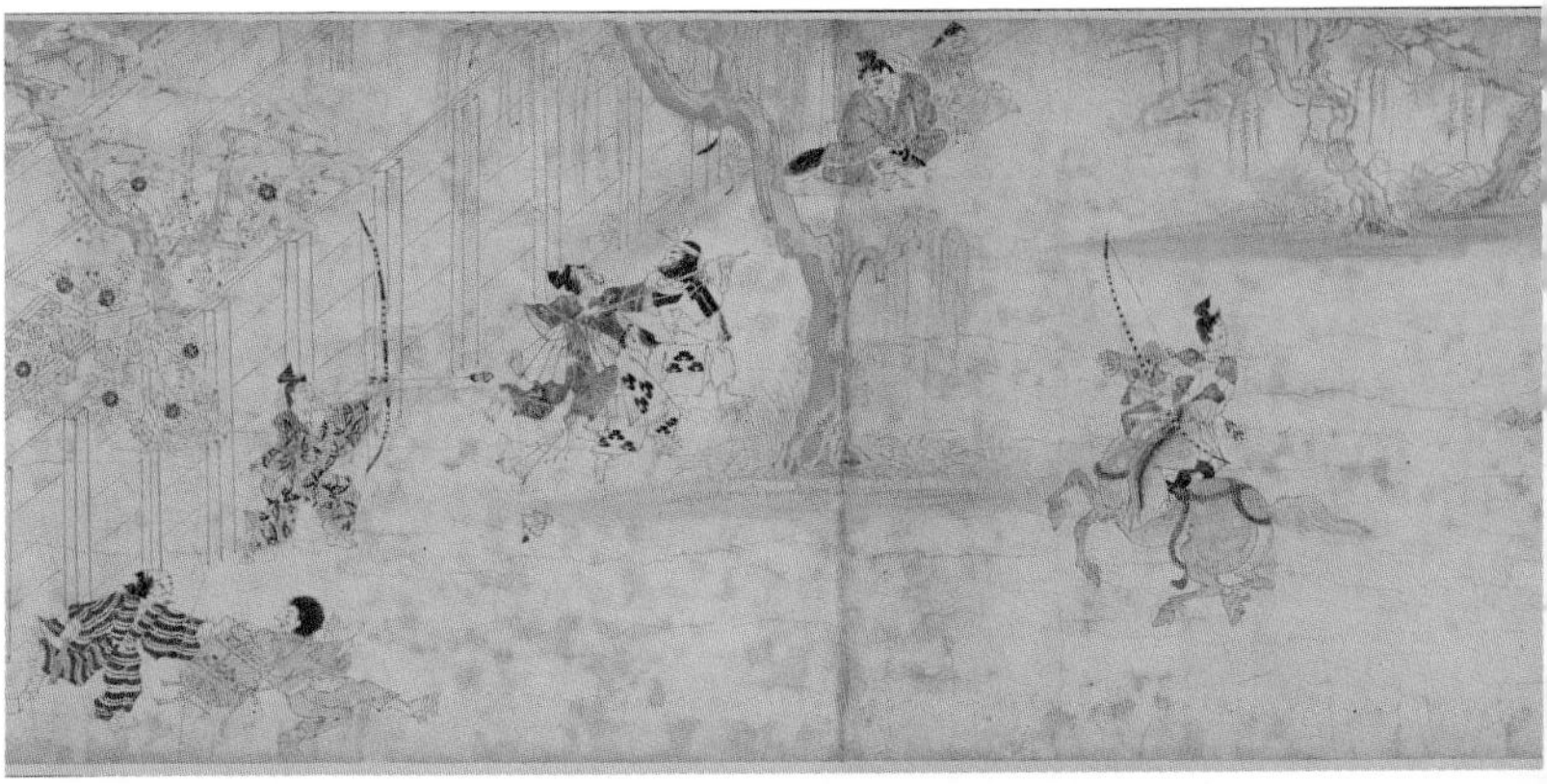

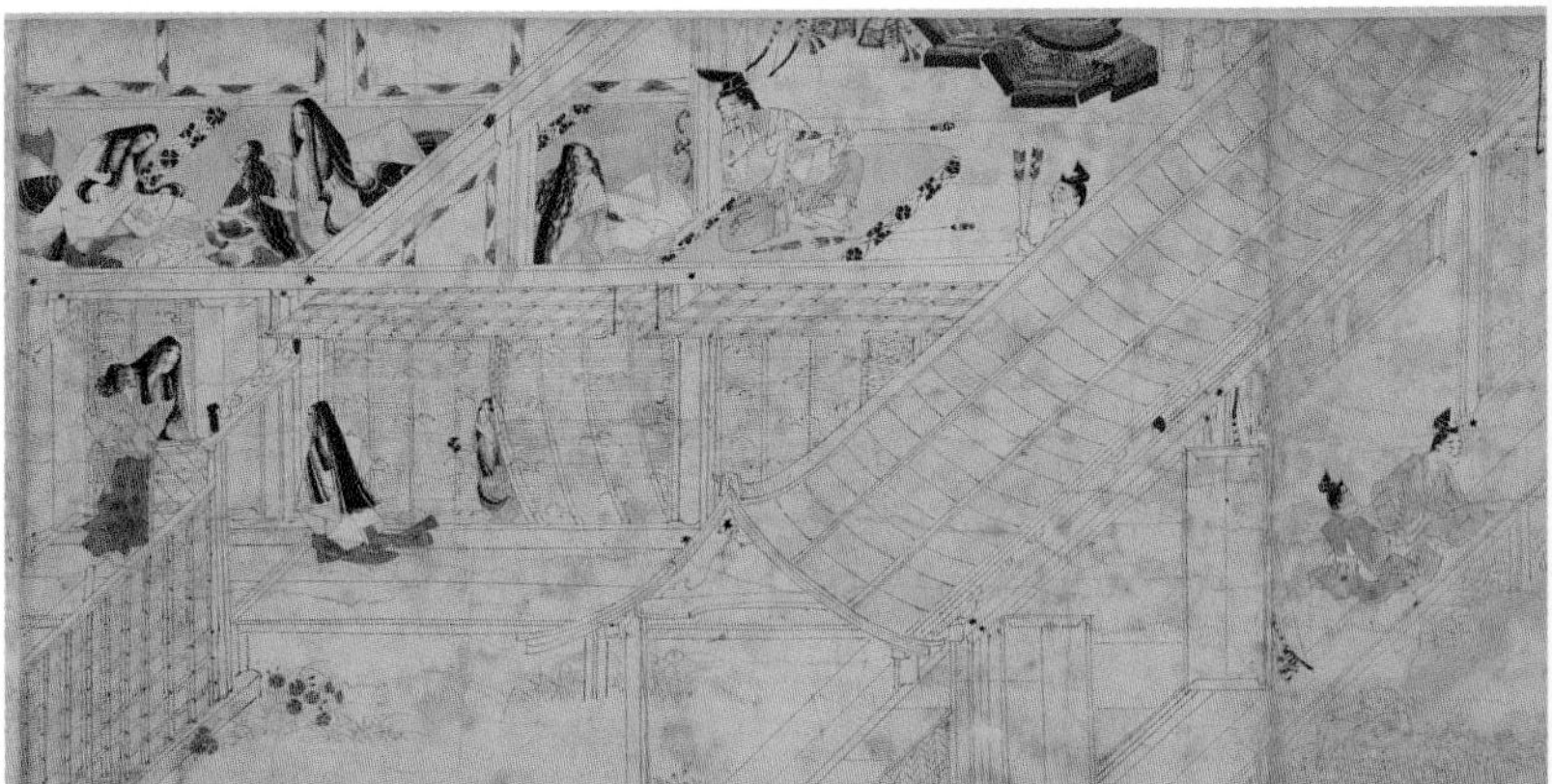

口絵6, 7　馬場での笠懸と男衾三郎屋形の門前（上）、男衾三郎の屋形の内（下）（『男衾三郎絵詞』東京国立博物館所蔵）

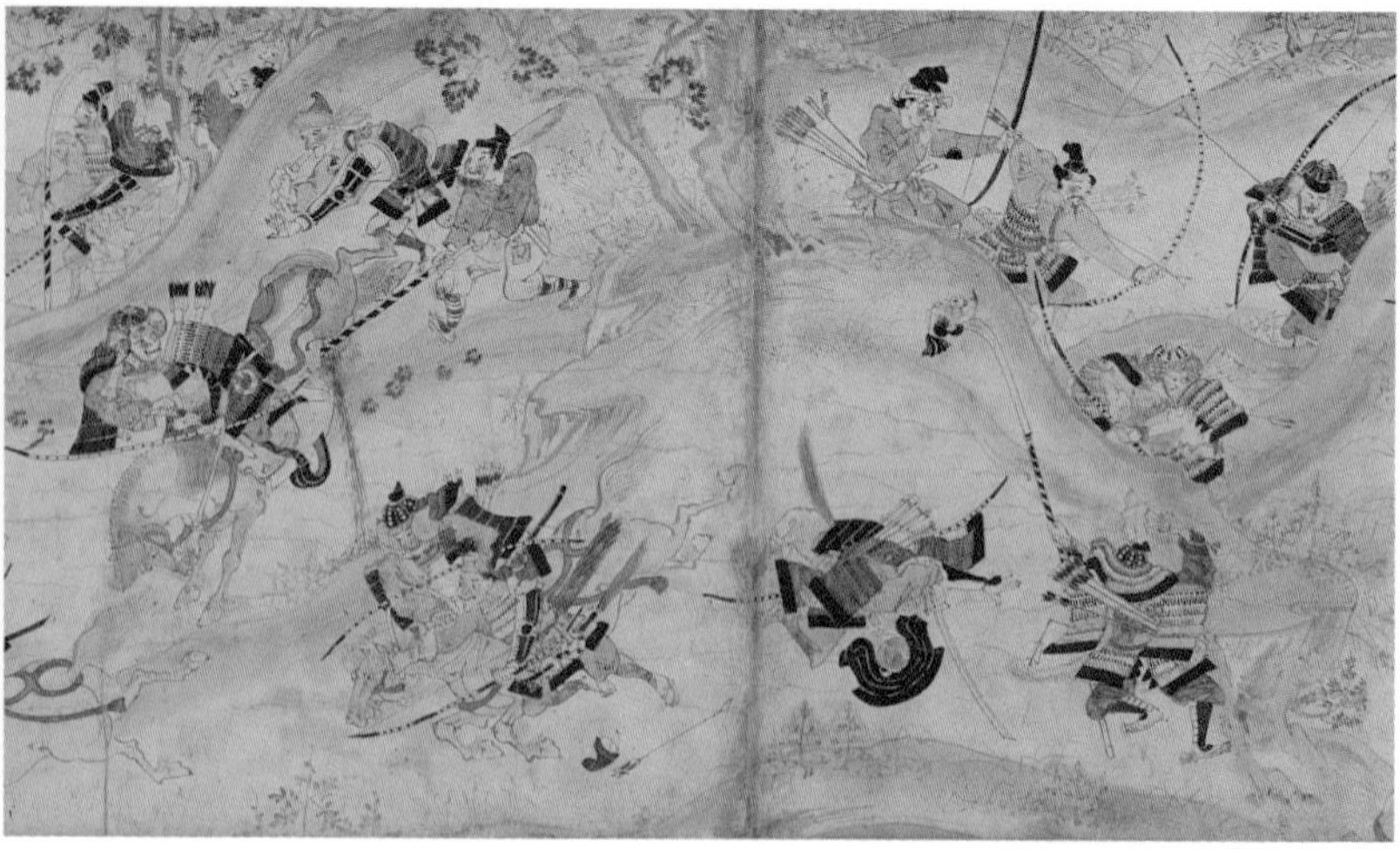

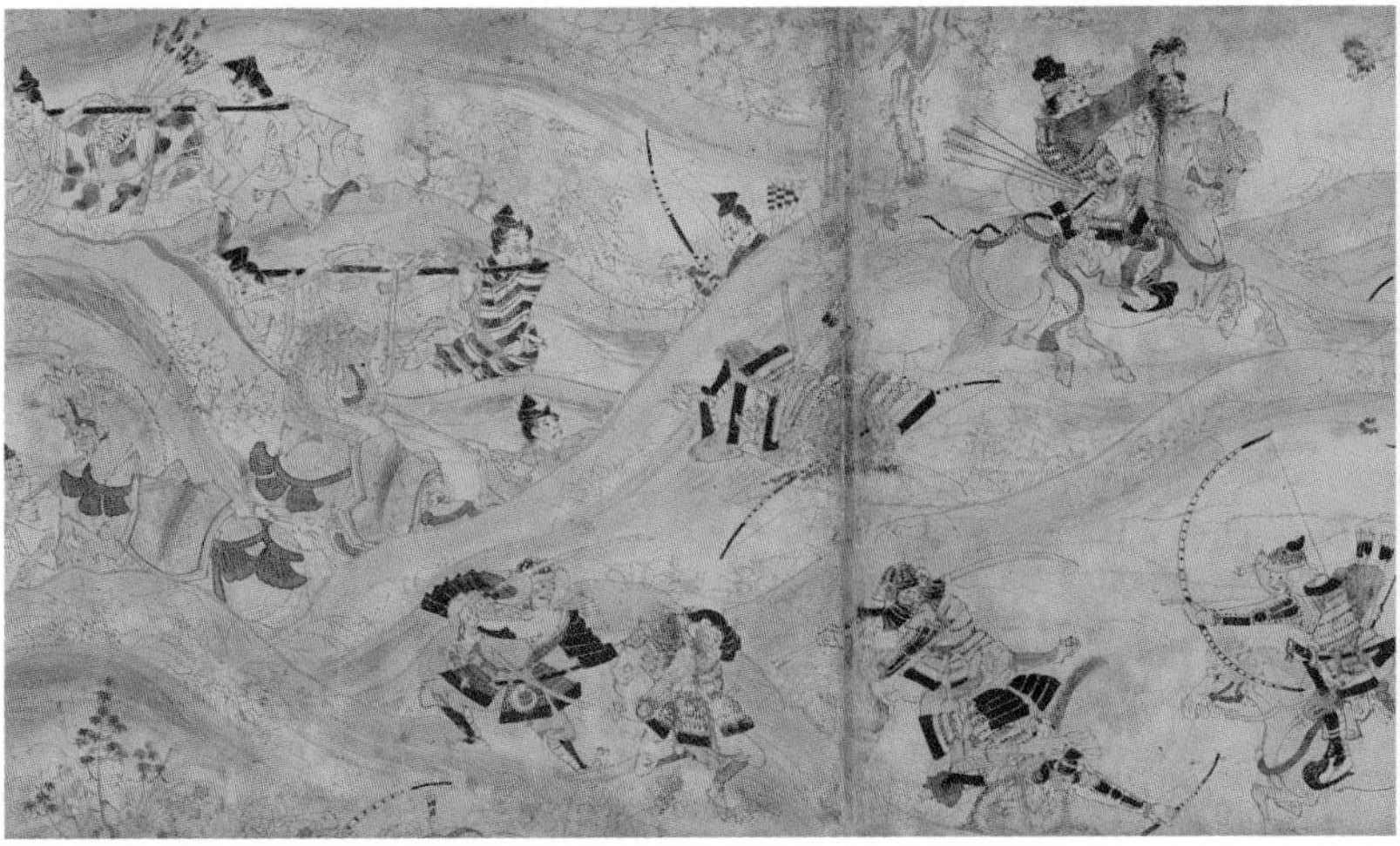

口絵8, 9　山中での山賊との戦い（『男衾三郎絵詞』東京国立博物館所蔵）

口絵10, 11　金髪で鼻の高い山賊（上）、武士の首を翳す山賊（下）（『男衾三郎絵詞』東京国立博物館所蔵）

講談社選書メチエ

748

武士論

古代中世史から見直す

五味文彦

MÉTIER

はじめに

鎌倉の世界文化遺産登録にかかわるなか、武士や武家について本格的に精査する必要を痛感したのにもかかわらず、鎌倉期の武士についてはは考えてみたのであったが、武士や武家の全体像を探るところまでゆかなかった。そこで本書は武士とはいかなる存在であり、いかに成長し武家政権を築いたのかを、探ってみよう。

これまでの武士の研究には、初期の武士に注目するもの、個々の武士団の性格や特質、及び武士一般の性格を考えるもの、武士の歴史的展開を概括的に把握して、武士の存在形態に触れるものなどがある。筆者も説話を通じて武士の多様な側面を明らかにしてきたので、これらの研究を踏まえつつ、古代から中世にかけての武士の在り方を丹念に見てゆこう。

武士がいかに台頭し、いかに諸国に広がったのか、またいかに武家政権を築いたのか、その武家政権とともに武士がどう生きたのか、武士の歩みとともに見てゆくこととする。その際に使う材料は通常の日記や文書、軍記物語はもとより、説話・絵巻さらには発掘報告などであって、これらを駆使して、武士のリアルな実態を明らかにしよう。

まずは少なからずの研究が武士をきちんと定義せずに論述を始めていることに鑑み、武士の定義から始めたい。多くの研究は存在形態から武士を論じていることから、辞典を見ると『日本国語大辞典』（第二版、小学館）には「武芸を習い、主として軍事にたずさわったもの」と定義され、さらに「中世、近世には支配層として、武家政治をになった」と、特別に中・近世における存在形態を記す。その典拠史料として『続日本紀《しょくにほんぎ》』養老《ようろう》五年（七二一）正月二十七日条の「文人・武士は国家の重みする所なり」以下の史料をあげている。

しかし果たしてこの定義でよいのか。引用文献は「武士」の初見史料であるが、これは官人を督励した詔《みことのり》の一部で、学業にすぐれた多くの官人を褒賞するなかの末尾に「武芸の正七位下佐伯宿禰式麻呂《さえきすくねのりまろ》」ら四人に絁《あしぎぬ》や糸を与えている。同書宝亀《ほうき》二年（七七一）十一月二十四日条にも「明経・文章・音博士・明法・筭術《さんじゅつ》・医術・陰陽・天文・暦術・貨殖・恪勤《かくごん》・工巧・武士」を讃え、五十五人の最末の「武士」にも糸が与えられている。

この例からは、武士とは朝廷に武芸を奉仕する下級武官で、文人と対をなす諸道の一つである、と定義できよう。多くの研究はこの下級という点を見落とすか、触れていても注意を払わずにきた。

このような古代に対し、では中世においてはどう定義されていたのか。鎌倉中期の説話集『十訓抄《じっきんしょう》』（十ノ五十五話）には次のように記されている。

武士といふは、乱れたる世を平らぐる時、是を先とするが故に、文に並びて優劣なし。朝家には文武二道を分かちて左右の翅《つばさ》とせり。文事あれば必ず武そなはる謂《いい》なり。

武士は朝廷に武を以て仕える者とされており、これは先の規定と同じである。ただ乱れた世を平らげるとあり、武家政権の成立が踏まえられているので、先の定義から「下級武官」という部分を取り去ればよい。永仁《えいにん》年間（一二九三—九九）に良季《りょうき》の著した『普通唱導集《ふつうしょうどうしゅう》』でも「武士」について触れているが、「武勇の家に生まれ、もとより能くその芸を受け、弓矢の道を携え」と記していて、武士の武芸という芸能を讃えたものであって、武士そのものを讃えたものではない。

以後、武士を定義した史料はなく、あっても『日葡辞書《にっぽ》』の「軍人」のように、その存在形態に関するもので、語義に関わるものではない。武士の存在が当然視されていたからであり、先の定義は近世にも当てはまり、幕末期になってその存在がゆらいだ時に改めて武士とは何か、武家とは何かが問われることになる。

ならば具体的に何時から武士について考えればよいか。律令制下での武士について考えるにあたっては、位も低く、待遇も上等でないことから、「公式令《くしきりょう》」の内外諸司条に「五衛府・軍団及び諸の帯仗の者、武と為す」とある点が注目される。「武士」とは記されていないが、このうちの身分の低い者が武士と見られていたと考えられる。

九世紀には「武士」の語は見えず、十世紀になってから、『日本紀略』承平《じょうへい》二年（九三二）七月十四日条に「滝口の武士」と見え、『宇津保《うつほ》物語』吹上に「武士・舎人ども同じ数なり」とあって、これらも下級の武官と同じである。

天禄《てんろく》元年（九七〇）十月の天台座主《てんだいざす》良源《りょうげん》の起請《きしょう》に、兵仗《へいじょう》を帯び山上を往来する者を規制するなかで、「兵器、是れ在俗武士の所持」とあるが、書かれた時期の問題もあって、判断できない。したがって武士の語のみから、武士を通じた歴史の流れを捉えることはできず、武士の語と同じような意味合いの語から考えてゆく必要がある。

先に「滝口の武士」とあったが、『貞信公記《ていしんこうき》』天慶《てんぎょう》九年（九四六）五月五日条には「滝口の武者《むしゃ》」と見えることから、この「武者」の語に注目し、さらに武者が『今昔物語集』では「兵《つわもの》」と称されていることから、「兵」にも注目したい。すなわち『続日本紀』や「公式令」の諸道の武士や軍団の武士の後身と見られる「武者」「兵」の語が頻出する十世紀から考えるべきであろう。

『二中歴』の「一能歴」の武者の項には、「田村綿麿　苅田貞兼　六監」以下を挙げるが、田村綿麿は坂上田村麻呂《たむらまろ》のことで、位が高く語義にあわない。苅田貞兼《さだかね》はよくわからないが、「六監」こと六位の近衛将監《しょうげん》藤原利仁《としひと》は『今昔物語集』に見えるので、この藤原利仁から見てゆこう。

下級の官人であった武士が、やがて武家政権を形成、確立する時期まで、すなわち武士の在り方が整う時期までを丹念に見ていく。その時々の存在形態や後世への影響などを詳しく、しっかり考察してゆくこととする。

目次

第I章 武士の源流

上：源頼義
下：源義家
（ともに『前九年合戦絵詞』国立歴史民俗博物館所蔵）

一　兵たちの世界

利仁と将門

「今は昔、利仁《としひと》の将軍と云う人有けり」とはじまる、関白藤原基経《もとつね》に仕えた若き藤原利仁は、同僚の「五位の侍」から、芋粥をたらふく食べたいと聞き、「勢徳の者」である妻の父有仁《ありひと》の「家」に連れ出した。その家は「にぎははしき事、物に似ず」「長櫃《ながびつ》に火多く」「畳厚く敷きたるに、菓子・食物など儲けたる様、微妙なり」という豊かさで、帰る際には、たくさんの綾や絹・綿などを皮子に入れ、鞍をつけた馬や牛に載せ渡された。

五位の食べたかった芋粥であるが、夜更けに「人呼びの岳」から「此の辺の下人承はれ、明旦の卯の時に、切口三寸、長さ五尺の暑預《やまのいも》、各一筋づつ持て参れ」との命令が出され、翌朝、庭に敷いた長《なが》筵《むしろ》四、五枚の上に、次ぎ次ぎと山芋が積み重ねられ、家の屋根ほどに高くなり、一石入りの釜五、六で煮て作られたので、余りの多さに五位は飽きてしまったという。

これは『今昔物語集』巻二十六の十七話で、利仁は藤原時長《ときなが》の子、越前《えちぜん》の兵である有仁の婿になっており、後に鎮守府将軍《ちんじゅふしょうぐん》になった武者。話は都の武者、国の兵、その本拠の家（宅）の在り方や宅の風景を見事に描いている。その子孫である利仁流の兵は加賀斎藤氏、弘岡斎藤氏、牧野氏、堀氏、富樫氏、林氏ら北陸道に広がっていった。

『今昔物語集』の巻二十五は、兵の列伝ともいうべき巻であって（以下、『今昔物語集』は『今昔』と記し、巻二十五の話の巻数は記さない）、一話は「東国に平将門と云ふ兵あり」という鎮守府将軍平良《よし》持《もち》の子将門の話、二話は「伊予《いよ》国に有りて、多くの猛き兵を集めて眷属」とした藤原純友（大宰少弐《だざいのしょうに》良範《よしのり》の子）の話、三話は「東国に源充《みつる》、平良文《よしふみ》と云ふ二人の兵」の話、四話は「平貞盛《さだもり》と云ひける兵の弟の繁茂《しげもち》が子」の話、五話は陸奥《むつ》の平維茂《これもち》・藤原諸任《もろとう》の「然るべき兵共」の話からなる。

このうち平将門は、常陸介《ひたちのすけ》藤原維幾《これちか》から国務を対捍《たいかん》した藤原玄明《はるあき》の追捕《ついぶ》を要請された時の宛先に「下総国《しもうさ》并《ならびに》将門」とあり、国と並ぶ存在であった。『将門記《しょうもんき》』には多くの「兵」が見えており、将門が任じた国司には、上野守《こうずけのかみ》多治経明《つねあきら》、常陸介藤原玄茂《はるもち》、上総《かずさ》介興世王《おきよおう》、安房《あわ》守文屋好立《ふんやよしたち》、下野《しもつけ》守の弟将頼《まさより》、相模《さがみ》守の将文《まさふみ》、伊豆《いず》守の将武《まさたけ》、下総守の将為《まさため》らがいる。

ほかに平国香と姻戚の「常陸前大掾《さきのだいじょう》」源護《まもる》、国香の子貞盛と甥公雅《きみまさ》・公連《きみつら》、将門の叔父平良兼《よしかね》・良正《よしまさ》など、多くの兵が登場する。将門が「新皇」として除目《じもく》を独自に実施したことは、後世に大きな影響を与えることになる。三話に見える「東国に源充、平良文と云ふ二人の兵」も「東国に」とあることから、国を越える存在と言えよう。

国の兵の根拠地は「宅」で、将門は敵対する源護らの「野本・石田・大串・取木等の宅より始めて、与力の小宅に至るまで、皆悉《ことごと》く焼き巡りぬ」と焼き討ちし、さらに「筑破・真壁・新治《にいはり》の三箇郡の伴類の舎宅五百余家を、員《かず》の如く焼き掃」った（『将門記』）。「兵」「与力」「伴類」に対応して、その拠点は宅・小宅・舎宅の三層からなっていた。さらに将門の本拠地は「石井の営所」と呼ばれ、「水守の営所」という表現もある。「営所」は宅を中心とする軍事的拠点を意味し、「兵具の置き所」「東西の馬打ち」「南北の出入」があったという。ほかに「宿」もあるが、これは駐屯地であろう。

純友の乱

伊予掾の藤原純友は、承平六年（九三六）頃に伊予の日振島《ひぶり》を根拠地に千艘を組織する海賊の頭目になっていた。父の従兄弟の藤原元名《もとな》が承平二年から伊予守であった関係から、純友は元名に代わって現地に赴き、租税の運搬や富豪層に対応をするうちに海賊勢力との関係が生まれたと見られる。

天慶二年（九三九）十二月、純友配下の藤原文元《ふみもと》は備前《びぜん》介藤原子高《さねたか》と播磨《はりま》介島田惟幹《これもと》を摂津《せっつ》国須岐《すき》駅で襲撃する事件を起こし、朝廷は翌年正月に小野好古《よしふる》を山陽道追捕使、源経基《つねもと》をその次官に任じたが、純友は海賊行為をやめなかった。

翌年二月、純友が淡路《あわじ》国の兵器庫を襲撃して兵器を奪い、京の各所で放火が頻発する事件をおこしたが、純友は船を日振島に返し、八月、四百艘で伊予・讃岐《さぬき》国を襲い、瀬戸内海諸国や大宰府、土佐《とさ》国まで襲撃し、反乱は西国一帯に広がった。

ところが、天慶四年（九四一）二月、純友軍の藤原恒利《つねとし》が朝廷軍に降ったのを契機に、乱は一転して朝廷軍が優勢となり、純友の本拠の日振島を攻めた。そこを逃れた純友は大宰府を攻撃し占領するが、五月、小野好古が陸路から、大蔵春実《おおくらのはるざね》が海路から攻撃にあたると、激戦の末、純友は大敗を喫し、八百余艘の船を失い、小舟に乗って伊予に逃れ、警固使橘遠保《とおやす》に捕らえられ、獄中で没し、純友の乱は終わった。

ただ、純友については、『今昔』では「伊予掾藤原純友と云者」とあって、「兵」とは記されていない。「筑前《ちくぜん》守良範と云ける人の子」と紹介され、純友を追捕すべく派遣された橘遠保も「散位《さんい》橘遠保

Ⅰ-1　古志田東遺跡想定復元図（米沢市（教育委員会）所蔵）

と云者」とあり、「兵」とは見えない。

　そこで他の史料を見てゆくと、純友らの海賊追捕に向け、承平四年（九三四）七月二十六日に「兵庫允《ひょうごのじょう》在原相安《すけやす》」が「諸家兵士」「武蔵《むさし》兵士」を率いて発向しているのがわかる（『扶桑略記《ふそうりゃっき》』裏書）。この藤原純友・橘遠保・在原相安は、『今昔』巻二十九の二十九話で、乞匂《こつがい》に追われた女が「調度負て馬に乗りたる者」「武者共」に助けを求めたのと同じ「武者」といえよう。

兵と武者と宅と

　その武者の在原相安が率いた「諸家兵士」「武蔵兵士」であるが、『日本紀略』天慶三年（九四〇）八月二十二日条によれば、近江《おうみ》国に勅符が出されて、「兵士百人」が徴発され阿波《あわ》国に送られており、「武蔵兵士」もこうした形で徴発したものと見られる。また同書天慶四年六月六日条には、右近馬場で「諸家及び貞盛朝臣兵士」を閲兵し、六月二十四日には同じく右近馬場で近江・美《み》濃《の》・伊勢《いせ》の兵士を閲兵したとある。諸家に組織された存

I–2　大島畠田遺跡復元図（案）（『宮崎県埋蔵文化財センター調査報告書』第28集「大島畠田遺跡」宮崎県埋蔵文化財センター、2000年、裏表紙、狩生佳代子氏作成、宮崎県埋蔵文化財センター所蔵）

在が諸家兵士である。なお平貞盛は『今昔』では「兵」と見えるが、将門の乱の功によって従五位上に叙され、その後の都での活動から武者と称されたのである。

「兵」の将門についても、「将門、少年の日、太政大臣殿下〔藤原忠平〕に名簿《みょうぶ》を奉り、数十年の間、勤公の誠を致し」とあって（『扶桑略記』裏書）、「私君」として忠平に仕えた諸家の家人であって、武者の側面を有していた。名簿には実名の二字（この場合は将門）を書くことから、「二字」ともいう。説話集『古事談』（巻四の三話）は、将門が仁和寺式部《しきぶ》卿宮《きょうのみや》に出入りしていたのを見た平貞盛が、謀叛を予見した、と記している。兵とは、国においては武勇の輩として活動した存在で、そのうちの「然るべき兵」が院宮王臣家《いんぐうおうしんけ》（権門）の家人になるなど武者として活動していたのである。

その兵の根拠地（宅）を描いた作品に『宇津保物語』がある。紀伊の牟婁《むろ》郡の長者「神南備種松《かんなびのたねまつ》」の家は、方二町、築地に囲まれ、周囲に田二十町、家には百六十の倉があって、綾・錦・絹・綿・糸が納められ、政所《まんどころ》や厩《うまや》、酒殿、作物所《つくもどころ》、鍛冶屋などで多くの家司《けいし》や職人が働いていた。理想像として描いているので規模が大きすぎるほどだが、兵が都の貴族にどう考えられていたのかを知るうえで貴重な作品である。

宅の実際を示しているのが次の二つの事例であって、一つは出羽《でわ》国置賜《おきたま》郡の古志田《ふるしだ》東遺跡である。米沢盆地の南端、標高二百五十七メートル、最上川の支流松川の扇状地に位置し、三間×十間の大型建物を中心に七棟の建物群からなる。西側の河川跡から多量の赤焼土器、土師器《はじき》・墨書土器、木簡・木椀・弓が出土している（図Ⅰ-1）。

もう一つは日向《ひゅうが》国諸県《もろかた》郡の大島畠田遺跡で、大淀川と庄内川の合流地点に形成された沖積地の微高地に位置し、大型建物を核とする掘立柱建物群や池状遺構、四脚門、区画溝、柵列があり、緑釉《りょくゆう》陶器、灰釉《かいゆう》陶器、越州窯系《えっしゅうようけい》青磁、白磁などが出土している（図Ⅰ-2）。二遺跡はともに十世紀後半に始まっており、兵の「宅」と考えられる。

兵の道と合戦

三話に見える源充と平良文の二人は、「兵の道を挑み」、互に仲が悪くなって競い合うなか、野に出て軍を整える約束をし、その日に各五、六百人程が集まった。兵らは「皆、身を棄て、命を顧みずして、心を励ま」すなどして、一町計《ばかり》を隔てて楯を突き渡し、兵を出し牒《ちょう》を通わして、「射組」を始める段になった。だが、それでは合戦の興がないということから、「只二人、走らせ合て」手の限り射る一騎打ちを始めたが、勝負がつかず平和裏に解散したという。

この話からは合戦の在り方が見えてくる。合戦にあたっては「多く猛き兵」を集めることが必須であった。五話の陸奥の平維茂、藤原諸任の場合、維茂が兵三千を集めたのに、諸任が千余人しか集められず、合戦を止めている。

合戦の場に臨んでは、両陣が楯を突き渡した後、合戦を始める旨の文書である牒を通わせ、矢を射る段になる。基本は弓矢の合戦であった。合戦の結果は、充と良文とは引き分けたが、維茂、諸任の場合、合戦を止めた後、維茂が馬に鞍を置き、櫓《やぐら》に上って敵襲に備えていたところに、多勢で夜襲され火をつけられ、多数が射殺されてしまう。しかし維茂は機会をうかがい、油断して野原で酒宴を開いていた諸任を襲って殺害している。多くは復讐の応酬となり、将門が「兵員遥かに劣る」ことから「野中」に隠れ潜んでいたところを射殺されたように、一方が殺害されるまで続く。

充と良文の二人は、「兵の道を挑み」合戦に至ったのだが、この兵の道とは何を意味するであろうか。九話の源頼信《よりのぶ》朝臣は「兵の道に付て、聊《いささ》かにも愚かなる事無ければ、公も此を止《や》む事《こと》なき者にさせ給《たまう》」と、「兵の道」にすぐれていたので、公に認められていたといわれ、頼信の兄頼光《よりみつ》も六話で「極めたる兵也《なり》ければ、公も其の道に仕はせ給《たまう》」と、公にその「兵の道」を認められて仕えたという。これらによれば合戦での武芸や心構えに秀でていたことをさしている。

七話の藤原保昌《やすまさ》は、「家を継ぎたる兵」でないが、「盗人の大将軍」の「袴垂《はかまだれ》」を恐れさせた兵で、「家の兵にも劣らずして心太く、手聞き、強力にして思量の有る事も微妙なれば、公も此の人を兵の道に仕《つか》はる」と見え、巻十九の七話でも、「兵の家にて非ずと云へども、心猛《たけ》くして弓箭《きゅうせん》の道に達《いた》れり」とある。合戦には多く弓矢が使われていたので兵の道は、「弓箭の道」とも称され、弓矢の戦に長け、その点を公に認められた存在といえよう。

兵の道にとって武芸に秀でることは第一であり、藤原明衡《あきひら》の著した『新猿楽記』に記されている

「天下第一の武者」は、「合戦・夜討・馳射《はせひき》・待射《まちゆみ》・照射《ともし》、歩射《かちゆみ》・騎射《のりゆみ》・笠懸《かさがけ》・流鏑馬《やぶさめ》・八的《やつまと》・三々九《さんざく》・手挟《たはさみ》等の上手」であって、合戦・夜討以外は、弓箭の芸である。まさに「弓箭の道」にすぐれていて、「一人当千」であるという。

そのうち「馳射」は馬を馳せて射る、「待射」は敵が来るのを迎えて射る、「照射」は矢に火を灯し樹上から射るもので狩猟技術に由来し、「歩射」は徒歩立《かちだち》で射る、「騎射」は馬上から射る儀礼的射芸、「八的」は的を八か所に立てて射る、「三々九」は高さが三尺の的を射る曲芸的芸で、「手挟」も曲芸的芸である。ここからは武士の出自が狩猟民であったことをうかがわせる。『続古事談』（巻五の四十五話）に藤原保昌の弟保輔《やすすけ》が強盗をして検非違使《けびいし》に追われ自ら腹を切って腸を出した話がみえるが、これは狩猟民の属性から生まれた行為と見られる。

兵の家と天道思想

この「兵の道」と深く関わるのが、「兵の家にて非ず」と見える「兵の家」である。巻二十三の十五話の陸奥前司の橘則光《のりみつ》は「兵の家に非《あら》ねども、心極めて太くて思量賢く」とあり、巻二十七の十話の歌人の右少弁源公忠《きんただ》は「兵の家なむどには非ねども、心賢く思量有て、物恐せぬ人」であったという。巻二十九の二十七話の肥後《ひご》守の源章家《あきいえ》は「兵の家には非ねども、心極めて猛くて、昼夜朝暮に生命を殺すを以て役とせり」とある。

いずれも「兵の家」ではない、と言うのは、それぞれ父や子が武者でなかったことによるもので、『将門記』に「未だ兵の道に練れず」と称された源経基は、清和天皇の皇子貞純《さだずみ》親王の子で、武蔵介として武蔵国に赴任、武蔵権守興世王と足立郡司武芝《たけしば》が争っていたところに、将門が介入して講和がなった際、身の危険を察知して京に上り、三人を密告したという。この時の経基は、兵の道に練るにはいたらず、子の満仲《みつなか》に至って兵の道に練れて、兵の家が開かれたのである。

したがって兵の家における兵の特徴は、「心太く、手聞き、強力にして思量の有る」「心極めて太くて思量賢く」「心極めて猛くて、昼夜朝暮に生命を殺す」ところにあり、その上に源充・平良文のように「身を棄て、命を顧みずして、心を励ます」ことや、将門のように「弓箭を以て身を荘《かざり》として多く猛き兵を集めて伴とし、合戦を以て業となす」ことなどもあげられよう。

兵を軍事貴族と捉える考え方があり、京から下って留住した兵の性格を把握するには有効な捉え方だが、そうではない兵、すなわち出自も明らかでない、たとえば『将門記』に見える数々の兵などは捉えられないなど、多くの問題があることから、本書ではこの見方を採用しない。

四話の上総介平兼忠《かねただ》は、子の維茂の第一の郎等の太郎介が殺した者の子を抱えていたので、その小侍に向かい、太郎介が汝の親の敵である、と教えたところ、小侍が親の敵を討ったので、その小侍の身柄を渡すよう維茂から求められると、「祖《おや》の敵をうつをば、天道許し給ふ事には非ずや」と語り、兼忠はその身柄を渡さなかったという。「祖の敵うつ事は、極《いみじ》き兵也と云へども、有りがたき事也」と『今昔』の編者は評し、親の敵討は天道に認められた「いみじき兵」の道であったことがわかる。

ここから敵討が広く行なわれていたことがわかり、そのことは天道に認められているとしている。『新猿楽記』に見える「天下第一の武者」は、甲冑《かっちゅう》を着て弓箭を帯び、干戈《かんか》を受け、大刀を用い、旗を靡《なび》かせ、楯を突き、陣を張り、兵を従える謀《はかりごと》を、天が与えた道、と記している。こうした天が物事を判ずるとする天道思想はこの時期に広まり、兵は自らの行為を天に認められたものとして突き進んだのである。

この天道思想は、保元《ほうげん》の乱において「義朝《よしとも》の多勢は天運のしらしめましますに非ずや」とあるような運を天や天道に任せる運命観をもたらし、さらに戦国期の武田信玄の「我一代に仕出《つかまつりで》る大名は、天道の恵み深かるべし」や、織田信長の「天道の感応」などの国家形成の行動へと継承されていくことになる。

国の侍と舘の侍

五話の陸奥の平維茂と藤原諸任の合戦の話は、近衛中将の藤原実方《さねかた》が陸奥守に赴任した時、「国のうちの然るべき兵共、皆前々の守にも似ず、この守を饗応《きょうおう》して、夜昼舘の宮仕怠る事なかりけり」とあって、国の兵が国衙《こくが》に組織され、国司の舘に仕えるようになった、と始まる話である。実方は長徳《ちょうとく》四年（九九八）に任国で亡くなっている。

陸奥が辺境の大国であったことを考えると、これ以前から諸国では「然るべき兵」も、国衙に組織されるようになっていたと見られる。国衙による国内の軍事組織については、『新猿楽記』に記されている「受領《ずりょう》の郎等」が、馬に乗っては五畿七道に至らぬ所はなく船に乗っては風波の時を測り、馬に乗っては山野の道を行く。弓箭にすぐれ、算筆の明るく、さらに「庁《ちゃう》の目代《もくだい》、もしくは済所《さいしょ》、案主《あんじゅ》・健児所《こんにしょ》、検非違所《けんびゐしょ》、田所《たどころ》、出納所《しゅつなうしょ》、調所《でうしょ》、細工所《さいく》、修理《しゅり》等、もしくは御厩《みまや》、小舎人所《ことねりどころ》、膳所《ぜんしょ》、政所《まんどころ》の或は目代或は別当」となって国衙の経営にあたったという。健児所や検非違所などの所が国衙には設けられていたが、こうした組織とともに国の兵が編成されたのである。

それが十一世紀に入ると、九話に見える常陸介源頼信が「舘の者ども、其国の兵ども」を率いて、鬼怒川の浅瀬を突破し、下総の兵の平忠常《ただつね》を降参させており、ここに国衙軍制は国司の舘に奉仕する兵と国内にあって国司の公事《くじ》に従う兵の二つの系列からなっていた。国司の拠点は舘《たち》（官＋舎《プラス》）と称され、そこに組織されたのが舘の者である。

十一世紀初頭成立の『高山寺古往来』からは、国衙に組織された兵の在り方がうかがえる。国司から押領使《おうりょうし》に任じられた「松影」は、「武者」の子孫ではあっても、その業を継いでおらず、一人の随兵も儲けていないとして断ったが、これに国司は、押領使として公事を勤めてきていることは郡司・書生の間で伝えられ、将軍の称号もある故、従うようにと返答している。また、「射手の名」を得、代々の国司に召仕われていた「鹿岡」は、「国内の人」をあげて挙行される国司の「大狩」に奉仕したいと記している。

こうした舘の風景を『今昔』は描いている。巻二十七の十三話は、近江守の「舘に若き男共の勇みたる、数居て、昔今の物語などして、碁・双六を打ち、万《よろず》の遊びして、物食ひ酒飲みなどし」ていた時に出された話である。巻二十四の五十六話は、播磨《はりま》守高階為家《たかしなためいえ》の「侍」の佐太が郡司の家にいた女に言い寄ったところ、女に呼び捨てにされ、拒否されたので、「舘」に帰って「御舘」の名にも関わると怒ったので、「同僚の侍共」に笑われたという。

国司の舘には侍の場があり、そこが舘の者どもの交遊、雑談の場であったわけで、『今昔』に載る兵や武者の話は、そこで語られた話が多かった。永延《えいえん》二年（九八八）に書かれた『尾張国郡司百姓等《おわりのくにぐんじひゃくしょうら》解《のげ》』に見える、尾張守藤原元命《もとなが》が都から連れて下った「有官散位従類、不善の輩」には内舎人《うどねり》や前滝口《さきのたきぐち》などの武者がいたが、彼らもその侍の場での話に加わっていたことであろう。

二　京の武者と諸国の兵

京の武者、京周辺の兵

天徳《てんとく》四年（九六〇）、「故将門の男」が入京したという噂から、勅が検非違使別当《けびいしのべっとう》藤原朝忠《あさただ》を通じて検非違使に、また蔵人頭《くろうどのとう》源延光《のぶみつ》を通じて源満仲・源義忠《よしただ》・大蔵春実らに出され警備が命じられており、同年に京中の群盗を禁圧するため「武に堪へたる官人」に夜行が命じられている（『西宮記《さいきゅうき》』）。このうち春実は純友の乱で右衛門志《うえもんのさかん》、追捕使の主典《さかん》となった武者である。

満仲は経基の子で安和《あんな》二年（九六九）の安和の変を契機に摂関に仕え、『今昔』巻十七の二十四話は、満仲を「心猛くして武芸の道に堪へたり」と紹介している。左京一条に邸宅を構えていて、『古事談』勇士の巻は、中務《なかつかさ》親王の次男親繁《ちかしげ》王および宮内丞《くないのじょう》中臣良村《よしむら》や紀近輔《ちかすけ》・倉橋弘重《ひろしげ》らが満仲の宅に押し入った話を載せており（巻四の一話）、天禄元年（九七〇）に摂津豊島《てしま》郡に多田院を建立した。

永観《えいかん》三年（九八五）二月十一日に円融院に武者所が置かれ、武者十人に弓箭を帯びることが宣旨《せんじ》で認められたが、その武者には天皇在位時の滝口の武者が多くあてられた。律令制の枠組みとは違う形で武者が編成されていったことがわかる。

その翌寛和《かんな》二年（九八六）八月に、満仲は多田で出家し「多田新発《しんぼち》満仲」と称されるが、巻十九の四話は、満仲の出家にまつわる話を載せている。満仲は「世に並び無き兵」で、「公」も「止《や》むごと無《な》き者に」思い、「大臣・公卿より始めて世の人皆、これを用ゐてぞ有りける」と紹介し、子の僧源賢や『往生要集《おうじょうようしゅう》』の作者源信の勧めにより、殺生を事としていたのに、ついに出家するに至ったといい、その様子を次のように語っている。

「兵の道」を立てるのは今夜ばかり、と郎等に伝え、郎等が調度を負い、甲冑を着て四五百人ばかりで「舘」を囲むなか、満仲は湯あみして出家した。その間に鷹屋の鷹、鷲屋の鷲が放たれ、簗《やな》が破られ、大網が切られ、倉にある甲冑や弓矢・刀などの武具・武器は皆焼かれた。満仲の出家とともに親しい郎等五十余人も同時に出家した。

殺生を専らにした兵が出家したことから話が取り上げられたもので、都を拠点にした武者が、都近くに舘を構えたことにも注目が集まったのであろう。都の武者の動きをさらに見てゆく。長徳二年（九九六）五月、藤原道長は、政敵の藤原伊周《これちか》・隆家兄弟を配流《はいる》するにあたり、陸奥前司平維叙《これのぶ》・維《これ》時《とき》、備前《びぜん》前司源頼光・周防《すおう》前司源頼親らの「つは物ども」に内裏を警備させている（『栄花《えいが》物語』）。

このうち平維叙は貞盛の子で、『今昔』巻十九の三十二話に、陸奥守となって任国に下り「神拝」を行なっていた時、「庁官」（在庁官人）さえもがいかなる神が祀られていたのか知らない小さな祠を整備したことから、帰京後に常陸介に任じられたとある。維時は維将の子で、維叙の甥、子は伊豆北条氏の祖である直方であった。

備前前司源頼光・周防前司源頼親はともに満仲の子で、頼光は三条天皇が東宮だった時に、東宮から御堂の西に現れた狐を射るように言われ、弓と蟇目《ひきめ》（弓矢につける鏑《かぶら》）を与えられて、見事、射落として馬を賜ったが、頼光はこれを「守護神の助け」によると語ったという。その後、国司を歴任し、父の多田院を継承、摂政藤原兼家・道長に仕え、その殿舎造営には受領として多くの調度や馬などを献上した。

頼親については、八話に「源頼親朝臣、清原□を罰しむる語」という本文を欠く話がある。頼親の

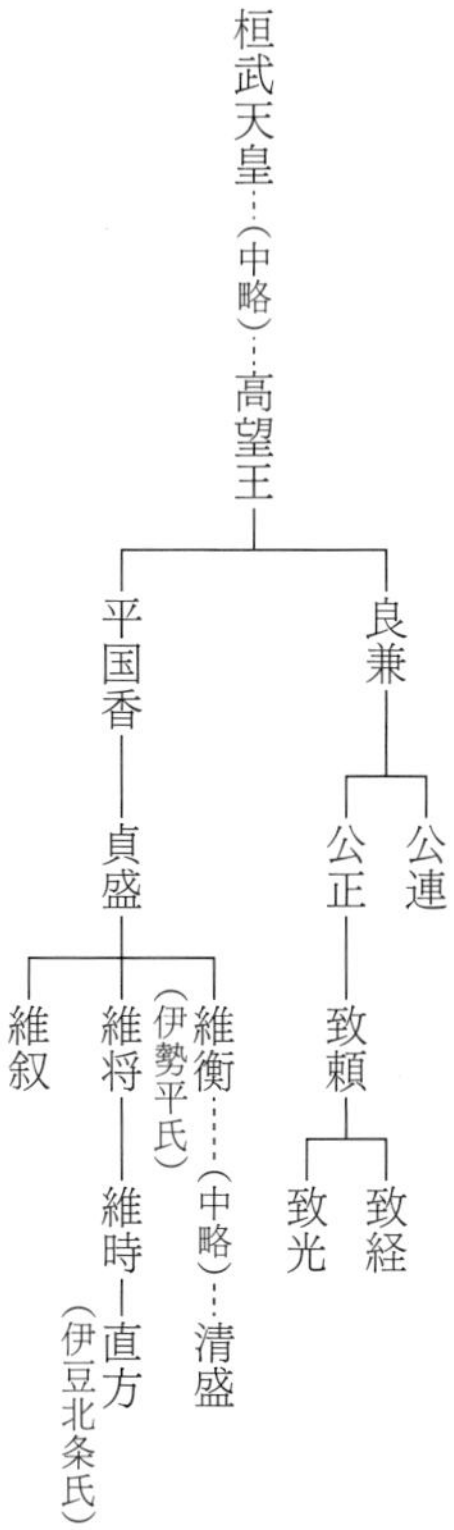

I-3　平氏系図1

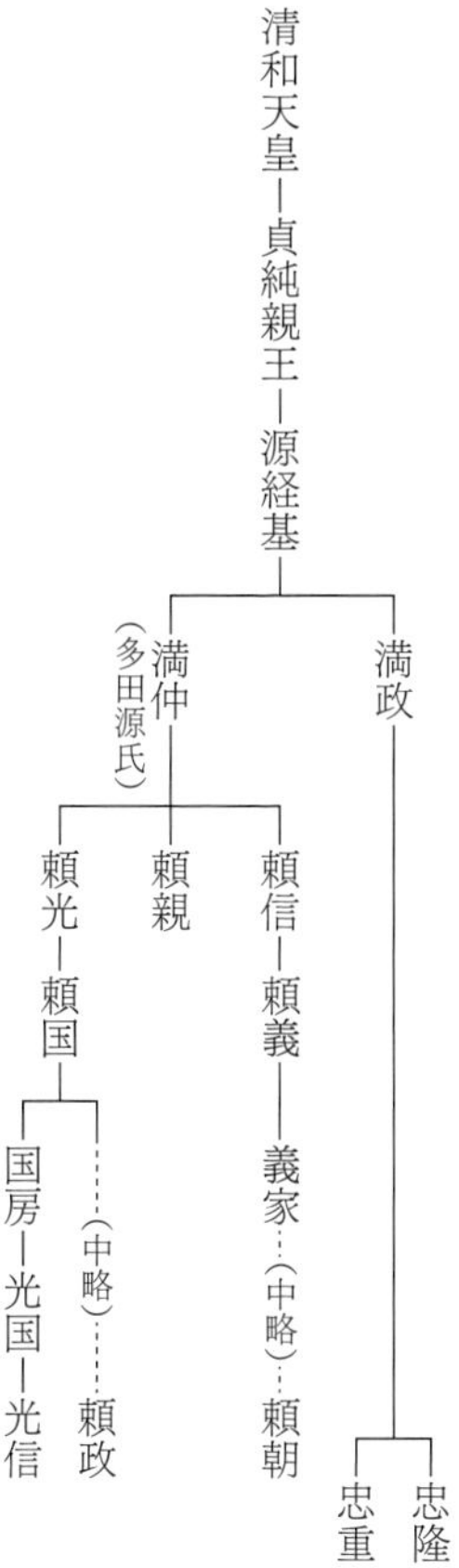

I-4　源氏系図1

討った「清原□」は、『御堂関白記』長和《ちょうわ》六年（一〇一七）三月十一日条に見える藤原保昌の侍の清原致信《むねのぶ》であろう。この記事では、頼親について道長は「殺人の上手」と称しており、頼親は、大和《やまと》の豊島郡に住む大和源氏の祖となる。永承《えいしょう》五年（一〇五〇）に興福寺の訴えによって土佐国への配流となっている（『尊卑分脈《そんぴぶんみゃく》』）。

京の武者群像

一条天皇の時（十世紀末から十一世紀初頭）の「天下の一物」の「武士」として『続本朝往生伝』は、「満仲・満正《みつまさ》・維衡《これひら》・致頼《むねより》・頼光」を列挙している。満正は満仲の弟で、正暦《しょうりゃく》五年（九九四）に盗賊の探索にあたり、陸奥守・武蔵守を歴任、藤原道長に名馬「翡翠《ひすい》」など多くの馬を贈った。その子の忠重《ただしげ》・忠隆《ただたか》の子孫は都の武者として活動した。

維衡は平貞盛の子で諸国の受領を経るなか、平致頼とともに伊勢国に勢力を広げ、長徳四年（九九八）十二月に所領をめぐって争った結果、都に召喚され、維衡は淡路に流され、致頼は隠岐《おき》に流された。許された後、維衡は寛弘《かんこう》三年（一〇〇六）に右大臣顕光《あきみつ》の推挙で伊勢守となり、伊勢平氏の祖となる。致頼は本位に復し、子孫は各地に広がって、子の「致光」は『桓武系図』に「大宰権大監《だざいのごんのだいげん》」と見える、刀伊《とい》の入寇に活躍した「平致行」と同じ人物か、同族と見られる。

致頼は『二中歴』の一能歴の武者の項にある「武蔵守公正」の子で、叔父は「公連」、子に「致経《むねつね》」がいる。この武者の項に見える十世紀後半から十一世紀前半にかけての武者をあげる。

常陸介維衡、平五大夫致頼、維時〈貞方父〉、維叙〈貞叙父〉、多田新発満仲、満政・頼光・頼親、大和守藤保昌、頼信、余五将軍維時、陸奥介忠依《ただより》、駿河《するが》介忠光《ただみつ》〈忠依弟〉、武蔵守公正〈致頼父〉、公連〈公正弟〉、文脩《ふみなが》将軍、源藤介千常《ちつね》〈文脩父〉、致経〈右衛門尉《うえもんのじょう》致頼子〉、頼国《よりくに》〔〈　〉内は細字を示す〕

このうち陸奥介忠依とその弟駿河介忠光については明らかでないが、源藤介千常は将門の乱を鎮めた藤原秀郷《ひでさと》の子で、千常の子が文脩将軍、その子孫は、近藤・大友・佐藤・尾藤・山内首藤《やまのうちしゅどう》・波多野・小山氏など関東中心に広がった。千常の兄千晴《ちはる》は安和《あんな》の変により隠岐国に配流になったため武者歴にないが、子孫は奥州の亘理経清《わたりつねきよ》・清衡《きよひら》へとつながる。

頼国は頼光の子で、諸国の受領を歴任し、子孫は源平の争乱で活躍した、『平家物語』にヌエを射たと言われる源頼政につながる。頼信は既に見たように満仲の三男で、諸国の受領を歴任し、摂関の藤原道兼とその弟道長に仕え、右大臣藤原実資《さねすけ》から道長の近習といわれ、河内《かわち》に舘を設けた。

武者の武威と心ばえ

十話は、頼光の郎等平貞道《さだみち》が頼光の弟頼信に人殺しを依頼されて、それを果たした話である。頼光の家での酒宴の最中、頼信から人殺しを頼まれた貞道は、主人でもないのに頼まれたことや、多くの人前であからさまに高言されたことなどから、依頼を辞退し引き受けるつもりはなく、駿河国で相手に逢った際にも、その意志がないことを伝えた。

この件をかねて知っていた相手は気を良くし、たとえ自分を殺そうとしても難しいだろう、と語った。これを聞いた貞道は「目ざましくも言ふ奴かな」と思うや、射殺して頼信に献ずる心が生じ、そのままやり過ごした後、来た道を引き返すや、油断していた相手を射殺して、頸《くび》を頼信に捧げて鞍馬を得たのである。

貞道はその後、人に、「由《よし》無きことを」言った奴を射殺したのは、「河内殿〔頼信〕の安からで思《おぼ》しける事の故也けり。哀れにかたじけなき人の威なりけり」(頼信が腹を立てたのはなるほどこういうわけだったのか、恐れ入る人の武威である)と語ったという。貞道は相手の不遜な態度から、頼信の武威に感じ入って、殺害に及んだわけである。

十一話は、頼信が上野介となって任国に赴いた時、同道した乳母子《めのとご》の藤原親孝《ちかたか》の家に捕らえられていた盗人が、親孝の子を質に取って籠ったので、頼信が駆け付け、刀を子に突きつけている盗人を説得した話。子を殺すつもりか、殺せば我は其方を殺す、それが嫌ならば、刀を投げよ、「我が心ばへはおのづから音にも聞くらむ、確かに投げよ」と説得すると、盗人は刀を投げ、子を解放したので、頼信は盗人に物を与えて解決を見た。

『今昔』の編者は、「これを思ふに、この頼信が兵の威、いとやむことなし」と評している。二つの話からは、郎等が主人に仕えたのは、武威や「心ばへ」にあったことがわかる。

十二話は、頼信と子頼義が名馬を盗まれたので盗人を追いかけ、逢坂の関山に追跡したところ、暗い中、頼信から「射よ、彼れや」と、言い終わらぬうちに頼義が射ると、馬の走って行く鐙《あぶみ》の音がからからと聞こえ、見事に盗人を射たことがわかり、馬を取り返した。翌朝、頼信は頼義を呼んで何も言わずに馬を与えたという。「兵の心ばへはかく有りけるとなむ、語り伝へたるとや」とある。

　この頼信の「威」「心ばへ」が発揮されたのが、下総の兵の平忠常《ただつね》への対応である。九話は頼信が常陸介であった時、忠常が下総・上総を「皆我がままに進退」して公事を納めず、頼信の命を聞かないので攻めることを決意、左衛門大夫《さえもんのたいふ》平惟基《これもと》を誘って、鬼怒川の浜に出た。その河海は広く渡ることは不可能に見えたが、頼信は必ず浅瀬があるはずと検分させ、そこから河を渡った。不意を突かれた忠常は周章し、名簿《みょうぶ》と、「怠状《たいじょう》」（謝罪文）を差し出したため、頼信は引き上げた。このことから、頼信を「いみじの兵なりけりと知って」、「皆人弥《いよい》よ恐ぢ怖れ」たという。

　この件からは広く主従関係が名簿の提出により結ばれたことがわかる。この主従関係が成立していたこともあり、万寿《まんじゅ》五年（一〇二八）に蜂起した忠常は戦わずして頼信に降っている。この時、追討使の平直方（維時の子）は派遣されたにもかかわらず、鎮圧ができず、房総三か国は荒廃したが、甲斐《かい》守頼信が追討使に任じられると、合戦もないまま忠常は降参した。

　この時のことを、中世に成立した軍記『陸奥話記《むつわき》』は「長元《ちょうげん》の間、平忠常坂東の奸雄《かんゆう》として、暴逆事《こと》と為《な》し、頼信朝臣追討使として、忠常を平らぐ。頼義軍旅にあるの間、勇決群を抜き、才気世を被る。坂東武士が多く楽属す」と記している。なお忠常の子孫は上総・下総平氏の祖で、平直方は伊豆北条氏の祖である。

田舎の兵の大夫

　常陸介頼信は、忠常を攻めるにあたり兵二千人を率いたのに対し、これを上回る三千もの兵を引き連れてきたのが平維幹（惟基）である。維幹は常陸平氏の祖であって、十二世紀前半に編まれた『古本説話集』は、その常陸国の住人「多気大夫《たけのだいふ》」維幹の富裕な様を描いている。

維幹が訴訟のため都に上った際、宿所の向かいに越前守高階成順《たかしななりのぶ》の家があり、その成順の家で生前にあらかじめ自らの死後の冥福を祈る「逆修《ぎゃくしゅ》」が行なわれることを知って、聴聞に赴いた。成順の家で御簾《みす》が風に吹き上げられた瞬間、成順と妻の歌人伊勢大輔との間に生まれた「なべてならずうつくしき」大姫が見え、これを連れ出そうと計画、乳母に金百両を渡して盗み出した。

その後、大姫の妹で歌人「伯《はく》の母」が、常陸介の妻として常陸国府に来ると、このことを伝え聞いた大姫の娘二人が、筑波山西麓の多気の地からやってきた。「田舎人とも見えず、いみじくしめやかに、はづかしげによかりけ」る美人で、二人が「伯の母」を亡き母にそっくり、と懐かしんで交流が続いた。常陸での任四年が果て、都に帰ることを伝えると、帰京の前日に二人がやってきた。

二人は一疋でも宝となるような上馬を十疋ずつ、財宝を詰めた皮籠《かわご》を背負わせた馬を百疋ずつ進め、何事もないような顔をして帰っていった。これを見た常陸介は、国司として得たこの四年間の富よりも多いことから、「ゆゆしかりける者どもの心の大きさ、広さかな」と語ったという。豪勢な富、都の姫を迎えて妻とする国の兵の存在が語られている。

維幹の「多気大夫」は「大夫」（五位）であったが、中納言藤原実資《さねすけ》の『小右記《しょうゆうき》』長保《ちょうほう》元年（九九九）十二月九日、十一日条には、実資の「僕」の維幹が五位になるため、進納の不足分の絹二十匹と名簿、馬を実資に贈ってきたことから、実資が仲介して五位になったとある。

『今昔』巻二十八の三十一話に見える「猫恐《ねこおじ》の大夫」藤原清廉《きよかど》は、伊賀《いが》・大和・山城《やましろ》の三か国に田をつくり「器量の徳人」といわれたが、大和の国に納める官物を滞納したため、国司に一室に閉じ込められ清廉の嫌いな猫を放たれ、泣く泣く官物を納めたという。

大夫の富豪ぶりと、経営の様子がわかるが、その清廉の跡を継承した藤原実遠《さねとお》は、伊賀では「当国の猛者《もさ》」と称され、その所領の経営が知られる。天喜《てんぎ》四年（一〇五六）に与えた養子信良《のぶよし》への譲状《ゆずりじょう》には伊賀・阿拝《あはい》・山田・名張《なばり》四郡二十八か所が載る。清廉や実遠が「兵」かどうかは明らかでないが、「兵」の所領の実際を知るに参考となる（「東大寺文書」）。

九州の兵たち

「大夫」と名乗る兵の姿を『源氏物語』玉鬘《たまかづら》巻が描いている。大宰府で成長した、夕顔（源氏の恋人）と源氏のライバル頭中将《とうのちゅうじょう》（今や内大臣）の間の娘、玉鬘に熱心に言い寄った「兵」は、大宰府の三等官の監《じょう》で、五位の位を有し、威勢強く声望もあり、肥後《ひご》国内の仏も神も自分には従うと豪語し、肥後に勢力を張っていた。そのため玉鬘は、逃げるように都に上ったという。創作とはいえ、具体的に人物像が描かれているので大いに参考になる。

東国で平忠常の乱が起きる少し前、九州では女真族の刀伊が入寇する事件が起きていた。寛仁《かんにん》三年（一〇一九）三月、刀伊が対馬《つしま》に来襲、壱岐《いき》を襲撃、筑前国怡土《いと》・志摩・早良《さわら》三郡を襲い、四月九日には博多の警固所を襲うと伝わり、大宰権帥《だざいのごんのそち》藤原隆家《たかいえ》が大蔵種材《たねき》、藤原明範《あきのり》・助高《すけたか》、平為賢《ためかた》・為忠《ためただ》、大蔵光弘《みつひろ》、藤原友近《ともちか》らを遣わし撃退した。

四月十二日には、志摩郡船津に上陸し、検非違使弘延《ひろのぶ》らと戦ったので、大宰少弐《しょうに》平致行《むねゆき》、種材、藤原致孝《むねたか》、平為賢・為忠らを派遣し、四月十三日には肥前《ひぜん》国松浦郡が襲われたが、源知《しる》に撃退され、朝鮮半島に撤退した（『朝野群載《ちょうやぐんさい》』）。

この時の討伐に加わった多くは、大宰府に編成された兵と、大宰権帥藤原隆家の郎等として都から下ってきた兵からなる。そのうちの大蔵種材は前大宰少監《しょうげん》で父は種光《たねみつ》、祖父は純友の乱で追捕使の主典となった右衛門志春実であって、天徳四年（九六〇）に「故将門の男」の捜索に当たっていた。大蔵氏は鎮西に下って大宰府の府官になっていたのである。光弘は種材の子で後に大宰少監となり、現任の府官の大蔵姓には大監光順がいる。代々、大蔵氏は大宰府の府官として勢力を広げていた。

藤原助高は「前監」、藤原致孝は「大監」で、ともに府官であったが、現任の府官にはもうひとり「少弐藤原朝臣盛規《もりのり》」がおり、藤姓の府官も勢力を広げていた。「権検非違使弘延」は財部《たからべ》姓で大宰府の検非違使であるなど、大宰府の業務を執行する府官が追捕の中心であった。

大蔵姓の府官は種の一字を継承し、源平の争乱時に平氏を支えた原田種直《たねなお》らの原田氏の祖と考えられる。藤姓の藤原盛規は『菊池系図』に載る対馬守政則《まさのり》と同一人物か、あるいは同族と見られ、政則（蔵規）は右大臣藤原実資の私領筑前の高田牧《たかだのまき》の牧司で、同系図によれば、博多の警固で異賊を打ち取ったといい、菊池氏の祖と考えられ、その子則隆《のりたか》が大宰少監となり、肥後菊池に下ったという。この菊池氏が玉鬘に熱心に言い寄った「兵」のモデルと見られている。

菊池氏が肥後に下ったのは、大宰府が九州各国の官物や公事の催促・徴収を担当する拒捍使《こかんし》を設けていたことがその契機であったと考えられる。後世の文書だが、豊前《ぶぜん》の宇佐社の御殿造営の文書に、「諸国の勤」として「筑前国　拒捍使藤原朝臣種次《たねつぐ》」が御殿二宇など催促するものとあり、以下、筑《ちく》後《ご》は監代藤原貞重《さだしげ》、肥前は大蔵種経《たねつね》、肥後は大監大蔵（原田）種直、豊前は貫主大蔵種主《たねぬし》、豊後《ぶんご》は大蔵某が拒捍使であった（『続左丞抄《ぞくさじょうしょう》』）。

十一世紀に拒捍使の呼称は見えないのだが、府官が検非違使などの形で諸国の催促に関わるようになり、在国するようになった兵は多かったと見られる。すでに見た日向の大島畠田遺跡の宅は、そうした兵の宅であった可能性がある。

府官ではない兵について見ると、源知は「前介」（前肥前介）で、一字名であり、肥前に勢力を広げていたことから、肥前の宇野御厨《みくりや》や五島列島に盤踞《ばんきょ》する松浦《まつら》党の祖の一人である。

平為賢は大宰権帥藤原隆家の郎等として大宰府に下ってきたと見られ、肥前の鹿島藤津荘に土着し肥前伊佐氏となった。祖父は「武略神に通ずる人」と系図に見える平繁盛で、その子は『今昔物語』四話に登場する兼忠、維茂で子孫は京を中心に活動した。

三　兵・武者から武士へ

『陸奥話記』の描く前九年の合戦

源頼義は十二話で、頼信の子として武威とその心ばえが讃えられたが、『陸奥話記』は「性沈毅〔落ち着いて物事にあたる〕にして、武略にまさり、最も将帥《しょうすい》の器」と評し、その騎射の武芸を見た上野介平直方は頼義に娘を入れて妻となしたという。この二人の間に生まれたのが義家《よしいえ》・義綱《よしつな》で、頼義は相模守となって武勇を好み、民が帰服し、「士を愛し施しを好みしかば、会坂より東のかたの弓馬の士、大半は門客」となったという。

その頼義が活躍したのが前九年の合戦である。永承六年（一〇五一）、奥州の「六郡の司」安倍忠《ただ》良《よし》の子頼良《よりよし》は「自ら酋長を称し、威権甚しくして村落をして皆したがへしめ、六郡に横行」したばかりか、衣川の外に出て朝廷への貢租を怠ったとして、陸奥守藤原登任《なりとう》が安倍氏懲罰を試み、秋田城介平繁成《しげなり》の支援を得て戦った。六郡とは鎮守府将軍管轄下の胆沢《いさわ》・和賀・江刺・稗抜《ひえぬき》・志波・岩手郡であり、この時期、鎮守府将軍は任じられていなかった。

戦いは安倍氏の圧勝に終わったので、朝廷は登任に代え、源頼義を陸奥守となして事態の収拾を図った。頼義は陸奥に赴任して、天喜元年（一〇五三）に鎮守府将軍をも兼ねると、安倍頼良は名を頼時に改め、これに従うようになった。任が終わる天喜四年（一〇五六）二月、頼義は鎮守府の胆沢城に赴き、国府に戻ってくる途中で、配下の藤原光貞《みつさだ》と元貞《もとさだ》が夜討にあい人馬に損害が出たという報告が入る。

これが頼時の子貞任《さだとう》の所行であると告げられて怒った頼義は、朝廷に報告し八月に頼時追討の宣旨が下されたので、兵たちが雲のごとく集まり、雨のごとく来た。なかには登任の郎従として下ってきた平永衡《ながひら》や亘理経清《つねきよ》などの頼時の娘婿もいた。しかし永衡が讒言によって頼義に切られたため、経清は頼時のもとに逃れ、追討は停止となり、頼義の陸奥の任が切れた。

十二月に再び陸奥守になり、翌年に頼時追討の宣旨が下されると、頼義は下北半島の夷狄《いてき》の主の安倍富忠に協力を依頼、これを知った頼時が富忠に思い止まらせようとして駆け付ける途中、伏兵の矢にあたり、本拠地の鳥海柵《とのみのさく》に帰って死去した。

いっぽう衣川関に向かう貞任追討の宣旨を得た頼義率いる征討軍は、黄海《きのみ》で貞任軍に大敗を喫し、佐伯経範《つねのり》は頼義を逃すために敵陣に突っ込んで討死、残ったのは長男義家、修理少進藤原景通《かげみち》、大宅光任《みつとう》、清原貞広《さだひろ》、藤原範季《のりすえ》・則明《のりあき》ら僅か六騎であった。大勝した安倍側は諸郡に横行、使いを放って官物を徴収、「白符を用ゐるべし、赤符を用ゐるべからず」と命じたという。赤符とは官印の捺された公的な徴収文書で「切下文《きりくだしぶみ》」と呼ばれており、白符は私的な花押の書かれた文書である。

再び頼義の任が切れたが、頼義は任終後も在国して貞任懲罰を試みた。出羽の仙北三郡（雄勝《おがち》・平鹿《ひらが》・山本）の「俘囚の主《ふしゅう》」清原光頼《みつより》と弟武則《たけのり》に「兵」の派遣を要請、七月に武則が派遣されて七陣が編成された。第一陣が武則の子武貞《たけさだ》、第二陣が橘貞頼《さだより》、第三陣が吉彦秀武《きみこのひでたけ》、第四陣が橘頼貞《よりさだ》、頼義《よりよし》が第五陣、第六陣が吉美侯武忠《きみこのたけただ》、第七陣が清原武道《たけみち》で、主力の第五陣は頼義の陣、武則の陣、国内の官人（在庁官人）の陣からなっていた。

これにより攻勢に転じると、貞任の弟宗任《むねとう》が守る衣川柵、貞任の守る鳥海柵を落とし、貞任が逃げこんだ厨川柵《くりやがわ》も九月十七日に落として勝利した。裏切った経清に、主を裏切るとは「大逆無道なり。今日、白符を用ゐることを得むや否や」と言って、鈍刀で苦しみを与えつつ首を斬った。白符で徴収したこともあってよほど腹を立てたのであろう。

十二月十七日の陸奥国解《こくげ》は、安倍貞任・重任《しげとう》、藤原（亘理）経清らを斬殺したこと、安倍宗任・家任《いえとう》・則任《のりとう》らの帰降したことを報告し、頼義は翌年二月十六日に貞任らの首三級を献じ、二十五日の除目《じもく》で頼義は正四位下伊予守、義家は出羽守、義綱は左衛門尉となった。

以上の経過を記した『陸奥話記』は、坂上田村麻呂の例を引いて、「頼義朝臣自ら矢石にあたり、夷人の鋒をくだきつ。あに名世の殊功に非ずや」と結んでいる。

合戦のその後

この九年にわたる合戦で辛苦をともにし、「万死に入りて一生を忘れて」戦った主従の絆は深まったことであろう。この点は合戦での次のエピソードから知られる。将軍に仕えて三十年の佐伯経範が「将軍と命を同じくして節に死せむ」と討死したり、藤原景通の子景季《かげすえ》が「賊の陣に馳せ入り」その将を殺すこと幾たびであったが、馬を射られて殺害されたことなど、苦戦しつつ見聞して主従の契りを深めていった。

合戦の後への影響を見てゆくと、藤原経清が朱印の捺された赤符ではなく、白符を用いて官物などの徴収にあたったが、この領域支配の在り方は経清の子清衡に継承されて「奥六郡の主」と称され、さらに源頼朝による東国一帯への下文《くだしぶみ》による支配へと繋がる。

頼義は平直方から鎌倉の地を譲られ（『詞林采葉抄《しりんさいようしょう》』）、由比浜に八幡若宮を勧請したが、これは義家の修理を経て、源頼朝により鎌倉の中心部に移されて、源氏の氏神として崇敬された。また頼義が宣旨なくして自ら征夷に出陣、七陣に隊列を整えて攻めたことを参考に、頼朝は文治《ぶんじ》五年（一一八九）の奥州合戦では、宣旨を得られぬまま、三陣を整え自ら征夷に赴き、行く先々で頼義の例に沿って行動している（『吾妻鏡《あずまかがみ》』）。

経範や景季らのエピソードは後世の主従関係にも影響をあたえた。経範の場合は波多野氏に、景季

Ⅰ-5　義家の矢が敵将の喉元に命中（『前九年合戦絵詞』国立歴史民俗博物館所蔵）

の場合は弟景清の加藤氏に影響をあたえており、特に加藤景廉《かげかど》は頼朝に早くから仕えている（『吾妻鏡』）。合戦が絵巻にも描かれたことも影響の大きさを物語っている。将軍源実朝は承元《じょうげん》四年（一二一〇）に京都から「奥州十二年合戦絵」を取りよせたが、これは『陸奥話記』を参考にしつつ制作されたものであろう。

その実物は残っていないが、これを受けて制作された『前九年合戦絵詞《えことば》』の断簡が伝わっていて、そこには『陸奥話記』にはない場面も描かれている。安倍貞任が頼義の館を襲撃して、両軍入り乱れての合戦となり、義家の放った矢が、見事に敵将の喉元に命中し、敵将は馬から落ちる（図Ⅰ－5）。郎等の後藤内則明の兜に敵将の熊手が食い込むが、それをものともせずに則明は矢を射て逃れるのを、安倍則任・金為行が射かけ追いかける。

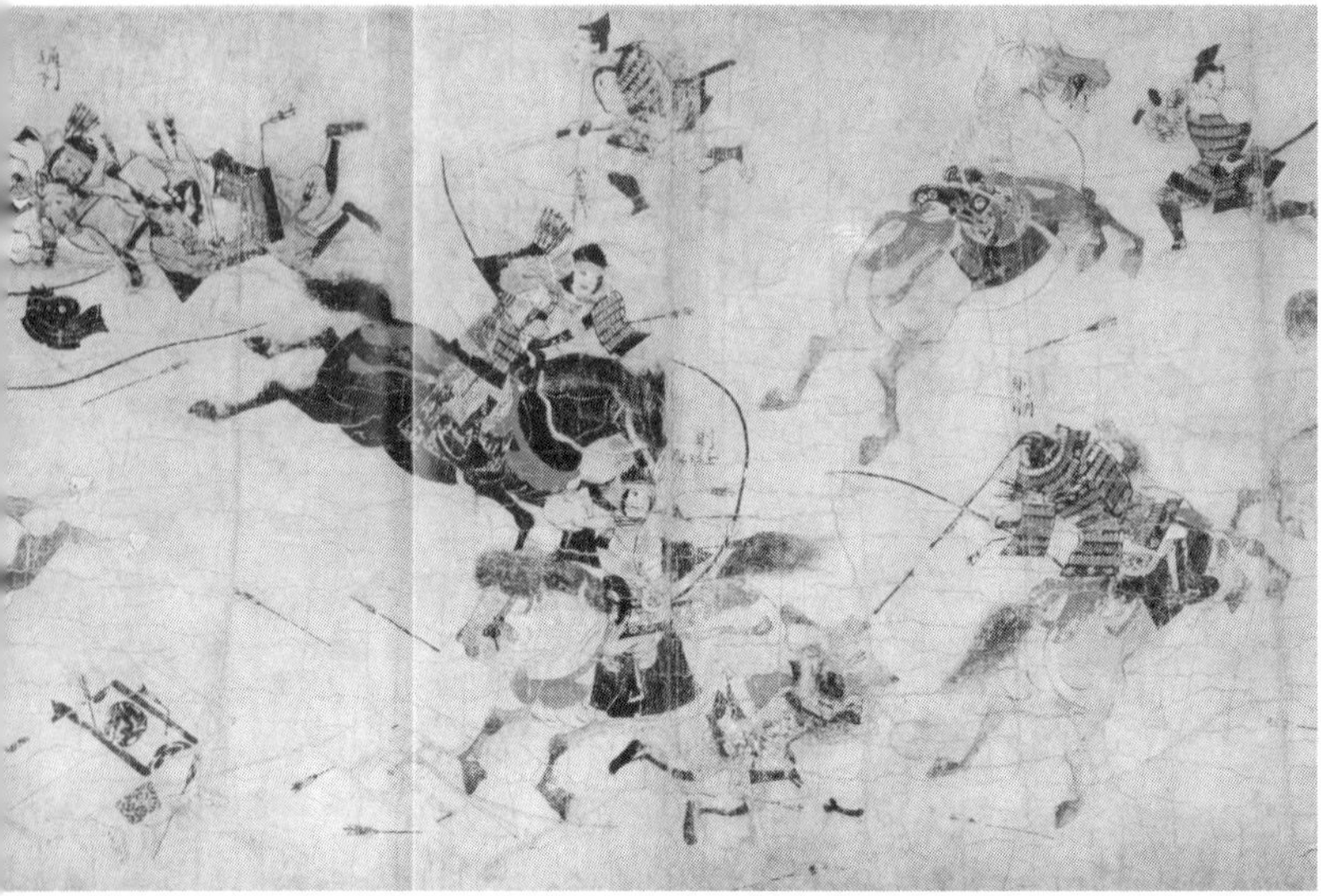

I-6　後藤内則明の活躍と、敵将の髻をつかむ藤原景通（『前九年合戦絵詞』国立歴史民俗博物館所蔵）

修理少進の藤原景通が敵陣深く進み後ろから敵将の髻《もとどり》をつかんで腰刀を振るう凄まじい場面である（図I－6）。

衣川の戦いの最中、義家が貞任を追撃しながら「衣のたてはほころびにけり」と詠みかけると、貞任が「年を経し糸の乱れの苦しさに」と応じたという、武者の優しい一面を描いた、『古今著聞集』に載る場面も、失われた「奥州十二年合戦絵」には描かれていたことであろう。

以上の奥州合戦における主従関係の広がりや合戦の影響の大きさ、また、合戦を記した『陸奥話記』では、源頼信が「坂東の武士」を従えていたと記し、成立時期が中世期であることなどから、以後、武者や兵を武士と記し論述してゆくことにする。とはいえ、これ以前の武者が武士でなかったわけではなく、古代武士と捉える。

安倍氏の拠点と武士の奥州への進出

奥州合戦の戦場になった衣川柵や鳥海柵、厨川柵のうちの鳥海柵の比定地が発掘されている。岩手県胆沢郡金ケ崎町西根、北上川とその支流の胆沢川の合流点から西北西の、胆沢川北岸の地点に位置する。胆沢川を挟んで約二キロメートル先には胆沢城跡があり、金ケ崎段丘の南扇端から見下ろすことができる。

規模は南北約五百メートル、東西約三百メートルで、掘立柱建物跡や竪穴建物跡、堀などが検出された。なかでも四面廂《しめんひさし》付きの掘立柱建物は、東西約十六メートル、南北約十三メートルと巨大で、柱列が整然と並び、焼土塊の出土から見て土壁で床張りの建物と考えられている。北側の廂柱列から円形土製品や鉄製品、柱状高台の土器底部が、付近からは水晶玉が出土している（図Ⅰ-7、8）。十一世紀中頃の土師器が堀から大量に出土しており、十一世紀前半の建物と考えられている。

なお『陸奥話記』は「柵」と記しているが、『今昔物語集』は「楯」と表現しており、実際は楯の可能性が高い。というのも後に源義朝の鎌倉の根拠地が「亀谷楯」と称されているからである（『平安遺文』二五四四号）。『陸奥話記』は都の貴族の手になるだけに古代的な表現を使用したのであろう。

ほぼ同じ頃の出羽、清原氏の居城の一つと考えられているのが大鳥井山遺跡である。『陸奥話記』に大鳥山太郎頼遠《よりとお》が安倍正任《まさとう》をかくまったということから、これを知った出羽守の軍勢が大鳥山を包囲したと見える。所在するのは秋田県の横手盆地中部、横手市新坂町・大鳥町で、横手川とその支流の吉沢川の合流点の東側に位置し、小吉山および大鳥井山の二つの小独立丘陵に立地する。巨大な二重の堀と土塁を有し防御性がきわめて高く、山頂部には四面庇の建物跡が検出されている。十世紀後半に築造が開始され、十一世紀後半に完成したと考えられている。このような山城は、他では十四世紀以降にしか認められておらず、山城の先駆けであった。

I-7　鳥海柵跡（空中写真）（金ケ崎町教育委員会）

I-8　鳥海柵跡（建物跡）（金ケ崎町教育委員会）

治暦《じりゃく》五年（一〇六九）二月に、朝廷は荘園整理令を出し、これまでの荘園審査の方法を改め、内裏の朝所《あいたんどころ》に審査機関の記録所を置いて、国司・荘園領主双方から書類を提出させて審査したが、これにともなって、諸国でも荘園以外の地を公領として把握していった。受領が土地の調査（検田）を行なってその帳簿（大田文《おおたぶみ》）を作成、政府からの臨時雑役《ぞうえき》賦課の基本帳簿とした。この荘園公領制の成立にともなって、武士はその荘園公領を「名字の地」としてそれを足場に勢力を広げていった。

頼義は自身や子息も恩賞を得、それだけでなく郎従二十人も恩賞を与えられ、従者の恩顧に応えた。このことを先例として前陸奥守源頼俊《よりとし》（頼親の孫）は、応徳《おうとく》三年（一〇八六）正月に「衣曾《えぞ》別島荒夷幷閉伊《へい》七村山徒」を討伐した功により、讃岐守に任じられることを申請している（『平安遺文』四六五二号）。頼俊が討伐に当たった時期は、頼俊の陸奥の任が終わる延久《えんきゅう》二年（一〇七〇）のことで、具体的な内容は明らかでないが、荘園整理令との関係もあって、征夷事業が奥州の奥の地へと進められたのであろう。

これに協力した清原貞衡《さだひら》（真衡《さねひら》）は、鎮守府将軍になって奥六郡を支配するようになり、その奥六郡の北の地は、閉伊七村に編成され、朝廷の支配権は本州の北辺にまで伸びたのである。

後三年の合戦

源義家は父頼義が革堂《こうどう》で仏事を修するのを聴聞していた時、美濃で源国房《くにふさ》（頼国の子で頼光の孫）のために郎等が「笠とがめ」と称されて弓を切られたという報が入ると、仏事が終わるのを待て、という父の制止を振り切り、急ぎ美濃に下って国房の館に討ち入ったという（『古事談』巻四の十七話）。

こうした郎等への対応が主従関係の強化につながっていった。

頼義は承保《じょうほう》二年（一〇七五）に八十八歳で亡くなるが、『続本朝往生伝』は「一生殺生をもて業」となしたにもかかわらず、多年念仏し出家して亡くなり、多くの人が「往生極楽の夢」を見たと記す。武者や兵の出家は源満仲に始まり、前九年の合戦で安倍方には僧が従軍し、頼義の「腹心」藤原茂頼《しげより》は主人が亡くなったと思い、出家した。頼義の往生は殺生をしても往生できることが示され、殺生を業とする武士に大きな救いになった。

義家は、承暦《じょうりゃく》三年（一〇七九）に美濃での右兵衛尉《うひょうえのじょう》源重宗《しげむね》が源国房と起こした私戦で、重宗の追討にあたり、永保《えいほう》元年（一〇八一）に白河天皇の石清水・春日社の行幸を警備していたが、永保三年（一〇八三）に陸奥守になって赴任すると、安倍氏に代わって奥州で勢力を得た清原真衡一族の内紛に介入した。

清原氏は前九年の合戦時の清原光頼から弟武則の系統へと移っていた。武則の子武貞は安倍氏に従っていた藤原経清の妻であった安倍頼時の娘を迎え家衡《いえひら》を儲け、経清との間に生まれた子を養子としていたが（清原清衡）、武貞には前妻の子に真衡がいて、武貞の死後は真衡が継いだ。真衡は「奥州六箇郡の勇士」であったが子が生まれず、海道小太郎の子を養子に迎え（成衡《なりひら》）、常陸にいた源頼義の娘を成衡の嫁とした。その成衡の婚礼に、出羽の清原一族の長老・吉彦秀武（武則の娘婿）が祝いに訪れると、「富有の驕り、過分の行跡」の真衡が、秀武を無視したので、長老の面目を潰された秀武が大いに怒って、二人の争いが始まった。

秀武を討つ軍が起こされると、秀武は家衡・清衡に援軍を依頼して兵を進め、白鳥村を焼き払って真衡の館へと迫るが、真衡が軍を返したため家衡・清衡は決戦を避けて本拠地へと退いた。ここに源義家が陸奥守として入ってきたことで、真衡は厚くもてなした。

清衡らは出羽に赴き、真衡の留守をついて襲ったが、義家の郎等の兵藤正恒《まさつね》・伴助兼《とものすけかね》の助力で真衡側は窮地を脱する。しかし真衡が行軍中に急死したため、義家は真衡の所領の奥六郡を三郡ずつ清衡と家衡とに分けるが、家衡がこの裁定に不満をもち、応徳三年（一〇八六）夏に清衡の館を奇襲し、清衡の妻子一族を殺害した。

この時に逃れた清衡は、義家の助力を得て家衡に対抗し、清衡と義家が沼柵に籠もった家衡を攻撃したが、十分な戦の用意なく冬を迎え、「官軍多く寒死、飢死す」という状態から、義家は撤収した。家衡勝利の報を聞いた武貞の弟武衡が家衡のもとに駆けつけ、義家に勝利したのは、武門の誉れと喜び、難攻不落といわれる金沢柵に移ることを勧めた。

翌寛治《かんじ》元年（一〇八七）、義家は「国のまつりごとをとどめ」、清衡軍と共に、金沢柵に拠る家衡・武衡軍を攻めた。しかし容易に落とせず、弟の義光《よしみつ》が来援したことから、義家が二方、義光が一方、清衡が一方から攻めるも、戦いは難航し、兵糧攻めへと移った。

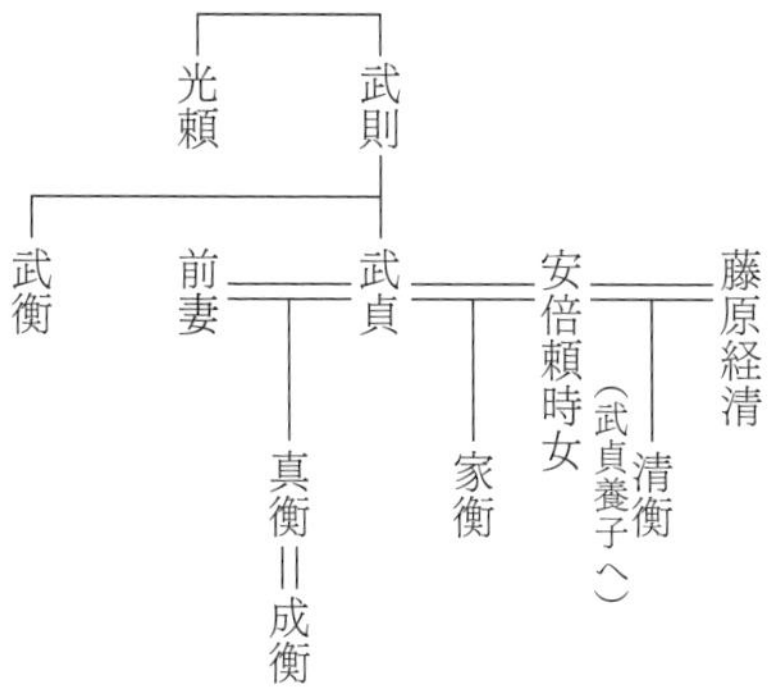

I-9　清原氏系図１

そのなか、家衡側は乳母子の千任《ちとう》が詞戦《ことばいくさ》をしかけてきた。

「汝が父頼義、貞任・宗任をうちえずして、名簿をささげて故清将軍〔武則〕を語らった」のは、相伝の家人となったことを意味し、その重恩に背くのは「不忠不義」というもので、その罪は定めて天道にせめられることになろう、と言ったことから、多くの兵が各々口先を研いで応じようとしたが、義家はこれを制し、千任の生け捕りを命じた。

武衡側は義光を介し投降を求めてきたのであるが、義家はこれをゆるさず、糧食の尽きた金沢柵を十一月十四日に火を付けて陥落し、武衡・千任を捕らえたが、家衡は逃れた。義家は武衡に向かって、千任の言った名簿の提出を命じ、功なくしてどうして謀反を事としたのかと責めたのであるが、返答はなかった。

義家が斬るように命じると、武衡が義光に助けを求めたので、義光が「兵の道、降人を宥《なだ》むるは古今の例なり」と義家に言ったが、戦いの場で生け捕りになった者を降人とは言わぬ、と言って、義家は斬らせ、千任は金箸で舌を抜いて吊るされた。

残るは家衡であるが、「当国に名を得たる兵」の縣《あがた》小次郎次任《つぎとう》が、城を逃れるものを捕らえていたなかにいたことから射殺されていた。次任の郎等が家衡の首を「縣殿の手作りに候」と鉾《ほこ》に差すと、義家は次任に紅の衣と馬を与え、武衡・家衡の郎等四十八人の首は義家の前に懸けられた。

義家は陸奥国解《こくげ》を朝廷に提出、早く太政官符《だじょうかんぷ》を賜り、首を京に奉ると申したが、私戦のため恩賞はないとわかって、将兵らは分捕り首を道に捨て、虚しく京に帰った。

『後三年合戦絵詞』

この合戦は比叡山の学僧玄慧《げんえ》が貞和《じょうわ》三年（一三四七）に制作した『奥州後三年記』に書かれ、それは『後三年合戦絵詞』の詞書《ことばがき》に相当する。絵巻は現在三巻残り、合戦前半の場面は失われているため、内容に信頼がおけるのかの問題が残るが、十二世紀後半に後白河院によって制作された『後三年合戦絵巻』を踏まえて制作されたと考えられ、比較的信頼はおけよう。絵も古様である。

そこで絵巻から後に伝わるエピソードなどを見てゆくと、義家の弟義光が兄の苦戦を聞いて白河院に暇を申して認められず、兵衛尉の官を辞して援軍として来たことから、義家は涙ぐんで、義光が副将軍になったので勝利は掌中にある、と語る場面。

絵は、義家の陣所の庭に畳が敷かれて座る紺裾濃《こんすそご》の鎧《よろい》の義光、五色《ごしき》の幔幕《まんまく》の中に座る義家の前には大盛飯の高坏《たかつき》が置かれ、近くには蒔絵《まきえ》の銚子《ちょうし》を捧げて武者が控え、手前の幕越しには矢を負う鎧武者が並ぶ（図Ⅰ－10）。

続いて戦場になる。「先祖より聞こえ高き兵」鎌倉権五郎《ごんごろう》景正《かげまさ》が、敵の矢によって右目を射られたが、答の矢を射て敵を射取った後、退いた末に仰向けに倒れた。これを見た三浦為次《ためつぐ》が、景正の顔を踏まえて矢を抜こうとしたので、景正は刀を抜いて為次を下から突こうとした。驚く為次に「いかでか、生きながら足にて面を踏まるることはあらむ」と語ったという。絵は為次が膝を屈め、顔を押さえて矢を抜いている（図Ⅰ－11）。

続いて義家出陣の場面となる。金沢柵を容易に落とせず、義家は数万の勢を率い金沢柵にむけて出立するその日、齢八十の大三大夫光任《みつとう》がついて行けず、乗馬の義家に駆け寄る。絵は、腰の曲がった光任を描き、門近くに控えて義家の出陣を待つ者、門外で馬に乗ったばかりの者、引き出された馬に

I-10　援軍に駆けつけた義光（『後三年合戦絵詞』東京国立博物館所蔵、出典：ColBase（https://colbase.nich.go.jp/）、この作品の出典は以下同様）

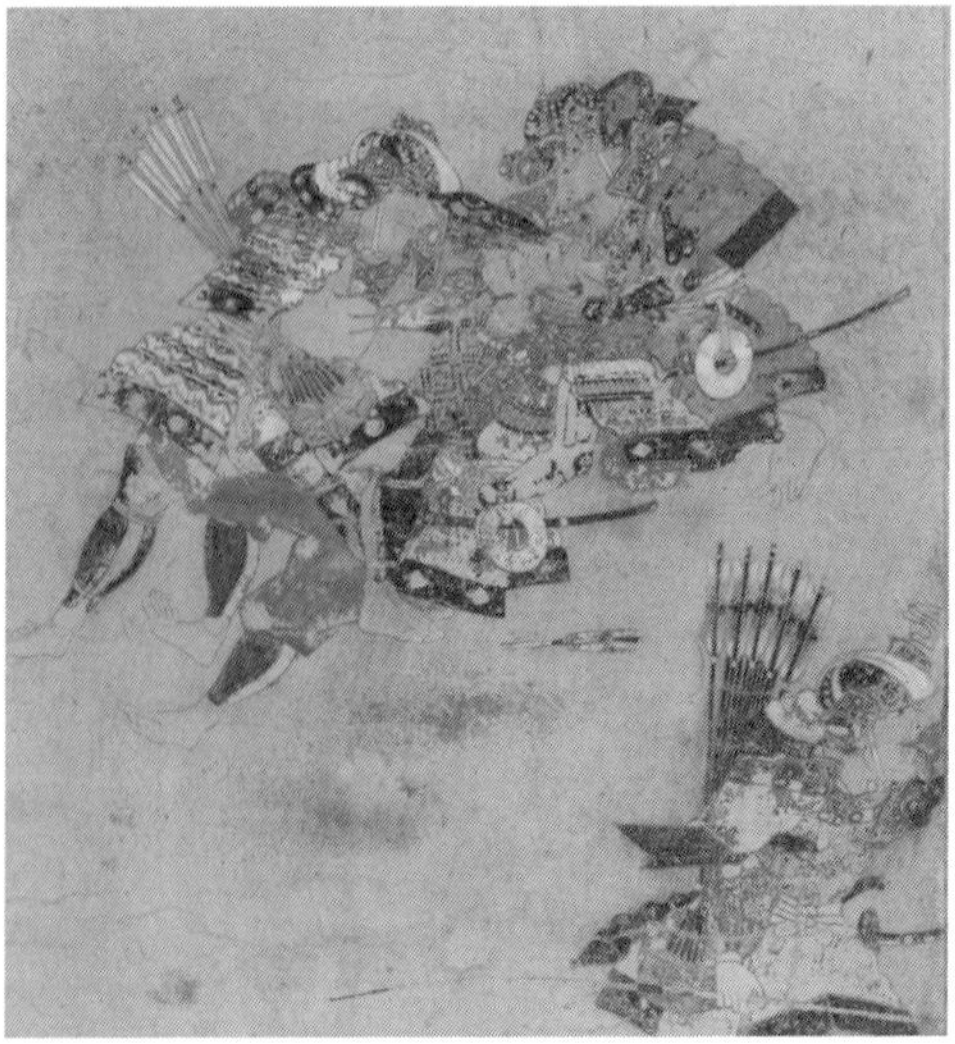

I-11　右目を射られた景正と矢を抜こうとする為次（『後三年合戦絵詞』東京国立博物館所蔵）

乗ろうと駆け寄る者、馬を引き出す者、乗馬して旗をかざし進む者などが描かれている（図Ⅰ－12、13、14）。

金沢柵に到着した義家は、斜雁が雲の上を渡って行くのを見て、「雁の陣、忽《たちま》ちに破れて四方に散りて飛ぶ」と察知し、怪しんで兵に野辺を偵察させると、三十余騎の兵が武衡に隠し置かれていたことが判明し、これを射た。このことは、先年、義家が大江匡房《まさふさ》から「文の道」を知る大事を教えられ、「兵、野に伏す時に、雁列を破るといふこと」を文で知ったという。絵は、雁が群れ飛ぶ下で騎馬の義家勢が野に伏せる武衡勢と戦う場面を描く（図Ⅰ－15、16）。

義家は兵の心を励ますために、剛臆《ごうおく》の座を設け、日毎《ひごと》に剛に見える者、臆病に見える者が、それぞれの席に座ることにしたところ、義光の郎等の腰滝口季方《こしのたきぐちすえかた》は一度も臆の座に着かなかったのだが、殊に臆病とされた者が五人いたという。

絵は、義家の陣所で、五色の幔幕の中、中央の畳の上に座るのが赤地錦《あかじのにしき》の鎧直垂《よろいひたたれ》の義家、その右手に朱地に金の牡丹文を散らした鎧直垂の義光が座り、切斑《きりふ》の矢を負った兵からの報告を受けている。義家の左手で義家と話をするのが季方で、その座るのが剛の座で、臆の座には画面手前の黒紺の幕越しの七人が座っている（図Ⅰ－17、18）。

最後の場面は、武衡・家衡の郎等四十八人の首が義家の前の首棚に懸けられ、それぞれに黄色い首札が付けられている（図Ⅰ－19）。

『後三年合戦絵詞』のように戦場をリアルに描いた絵巻はなく、貴重な絵画史料である。

I–12　義家に駆け寄る光任（『後三年合戦絵詞』東京国立博物館所蔵）

I–15　雁が群れ飛ぶ下で戦う義家勢（『後三年合戦絵詞』東京国立博物館所蔵）

I-13　門近くに控えて出陣を待つ者（『後三年合戦絵詞』東京国立博物館所蔵）

I-16　野に伏せる武衡勢（『後三年合戦絵詞』東京国立博物館所蔵）

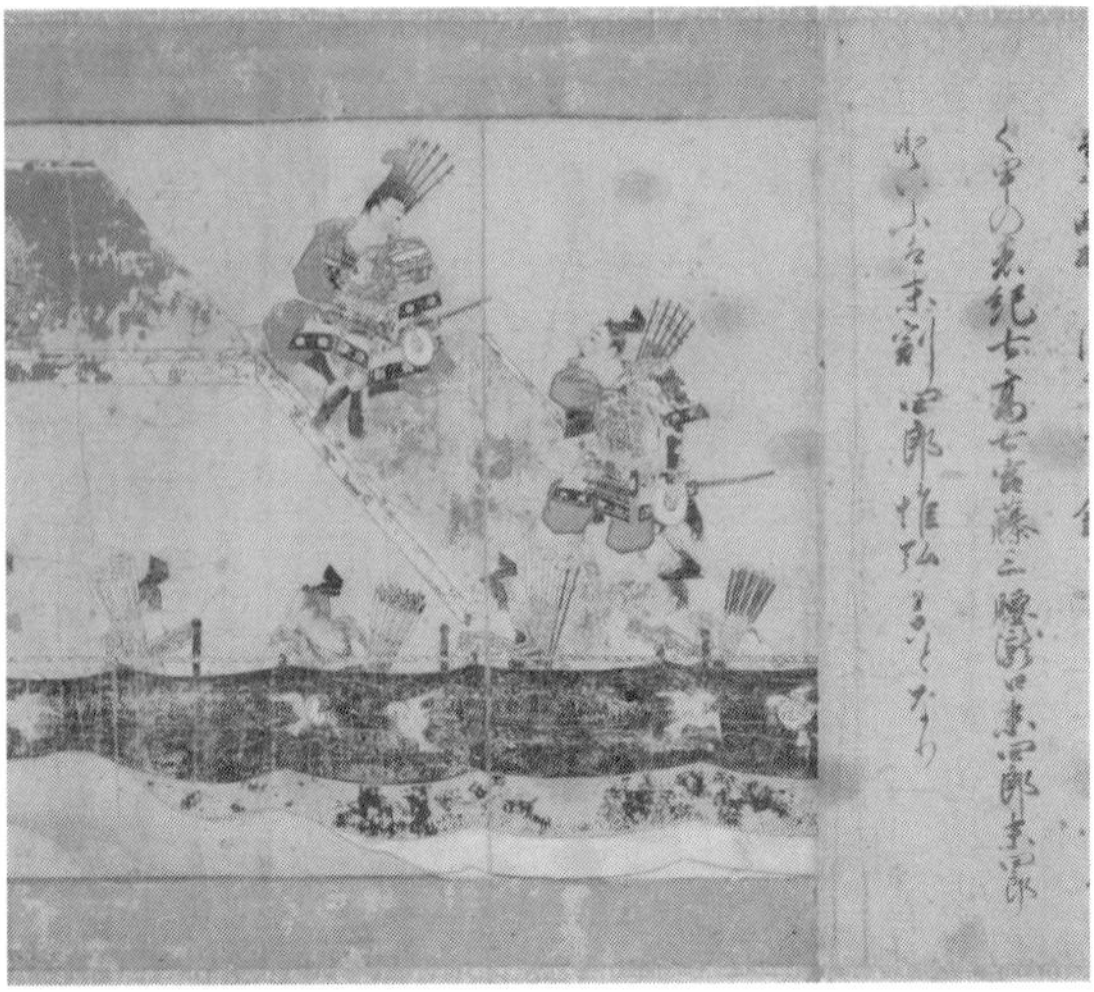

I-17　報告を受ける義光、手前が臆の座（『後三年合戦絵詞』東京国立博物館所蔵）

I-14　引き出された馬に乗ろうと駆け寄る者（『後三年合戦絵詞』東京国立博物館所蔵）

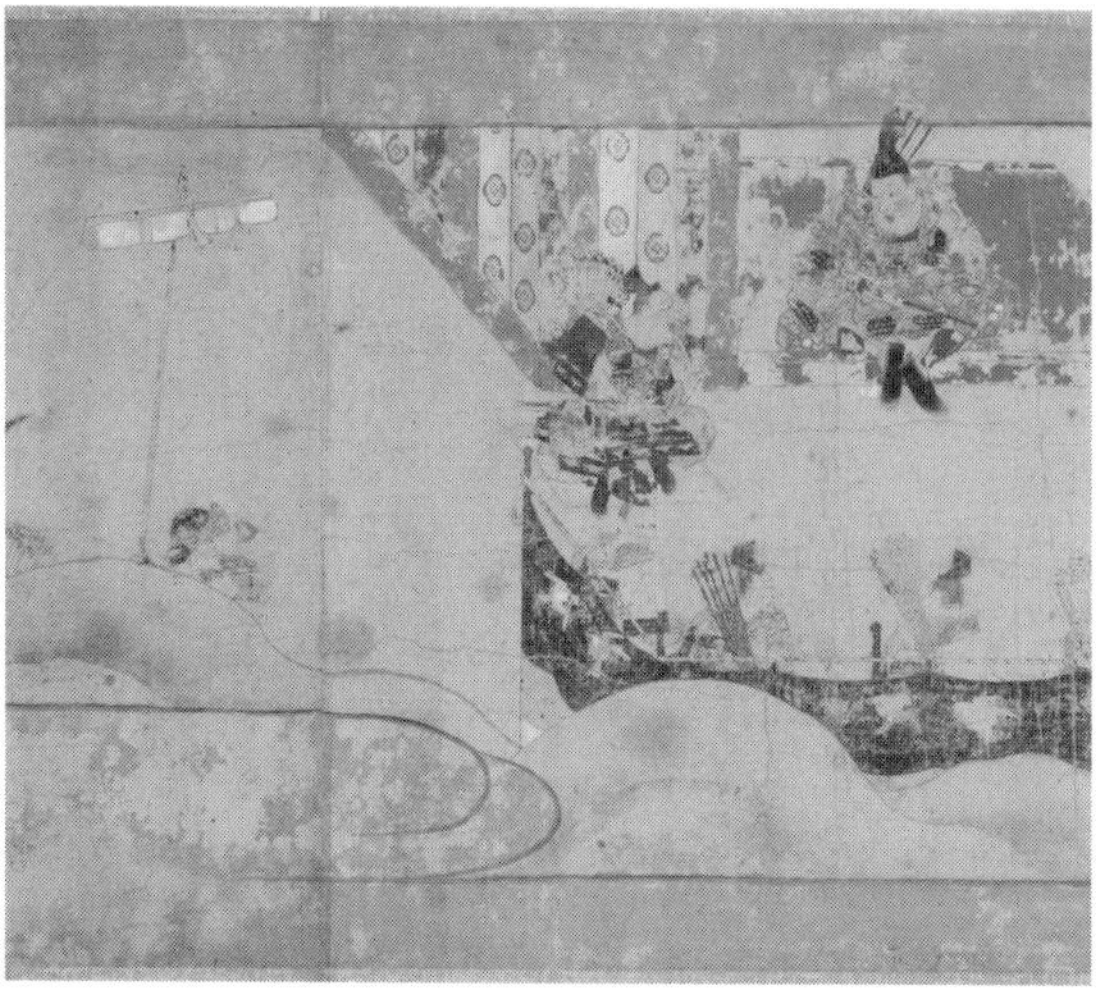

I-18　義家と剛の座の季方（『後三年合戦絵詞』東京国立博物館所蔵）

I-19　首棚に懸けられた首（『後三年合戦絵詞』東京国立博物館所蔵）

院政と武士

後三年の合戦後の奥州では、勝利した清衡が、清原氏の旧領を手にし、実父藤原経清の藤原の姓に復して清原氏の歴史は幕を閉じ、清衡が勢力を広げて奥六郡を継承した。

朝廷はこの戦いを義家の私戦とみなし、恩賞はもとより戦費の支払いをも拒否したうえ、義家が金の貢納をせずに戦費に回し、官物から兵糧を支給したことから陸奥守を解任した。

寛治五年（一〇九一）六月、義家が弟義綱と兵を構えようとしたことがあるとして、宣旨が五畿七道に下され、兵を率いた国司の入京を停止《ちょうじ》、諸国の百姓が田畠の公験《くげん》（証文）を義家に寄せることを禁じ、翌年に義家の構えた荘園を停止した。これをうけた義家は、関東から出征してきた将士に恩賞を私財で与えたので声望が高まるが、それだけの財力が義家にはあった。

白河天皇が恩賞を認めずにこの措置をとったのは、義家の武力と財力を警戒していたからであって、武の力をよく理解し、その武力を取り込んで治政の支えとするようにはかった。応徳三年（一〇八六）に譲位して、承徳《じょうとく》二年（一〇九八）に義家が陸奥守の公事を完了させると、十月二十三日に正四位下に叙し、院の昇殿を認めて院殿上人《いんのてんじょうびと》になした。殿上人は官位制の秩序とは異なる別格の待遇で、身分の低い「武士」とは違い、政権の中枢にあった。

源義家と白河院との関係を物語る話が『古事談』に見える（巻四の十九話）。院が物の怪に襲われたので、義家の弓を召し枕上に置いたところ、襲われることがなかったことから、義家を召して、この弓は十二年の合戦に所持していたものか、と質すと、義家が覚えていないと返答したので、義家を褒めたたえたという。また義家の郎従の後藤内則明から「合戦の物語」を聞いているなど、白河院には義家の武力に大きな関心があった。

　そうしたところから、院は源氏の武力を寺院大衆《だいしゅ》の強訴《ごうそ》に対応させた。寛治七年（一〇九三）、興福寺の衆徒《しゅと》が春日社の神木を擁して強訴すると、武士に高陽院《かやのいん》を警護させ、諸陣を武士に固めさせており、嘉保《かほう》二年（一〇九五）に延暦寺の衆徒が日吉社の神輿を奉じた際には美濃守源義綱を派遣して訴えに備えさせ、十月の叡山大衆が強訴するにあたっては、検非違使と武士を河原に派遣して防御にあたらせた（『中右記《ちゅうゆうき》』）。

　長治《ちょうじ》元年（一一〇四）十月の延暦寺の大衆の訴えに対しては、南都《なんと》北嶺《ほくれい》の僧徒の兵仗《へいじょう》を停止するとともに、義家や義綱・検非違使を比叡山の東西の坂本に派遣し、悪僧の追捕を命じた（『中右記』）。なお武装した大衆の存在は、「兵」が大寺院に組織され武装するようになったもので、僧の「兵」にほかならない。

　院は武士の組織化をはかった。院政を行なうなか院の北面には多くの諸道の輩や僧を伺候させたが、そこに武士も伺候させ、院庁を設けて武士を院判官代《ほうがんだい》や蔵人となして奉仕させ、さらに武者所も設けた。『吾妻鏡』に判官代や蔵人、武者と名乗る武士が多く見えるのは、このためである。

　この北面を経て台頭した伊勢平氏の平正衡《まさひら》の子正盛《まさもり》は、承徳元年（一〇九七）に伊賀国の所領を白河院の皇女郁芳門院《いくほうもんいん》の菩提を弔う六条院に寄進して院の北面に伺候するようになり、隠岐守を経て若《わか》狭《さ》守となった。

　以上、古代武士の存在形態にはじまり、主従関係を形成し永続的なつながりをもった武士が、奥州の二つの合戦に勝利するまでを見てきたが、次にはその武士が家を形成する過程を見てゆく。

コラム　伝説の武者像

この時代の武者たちは、兵台頭の時代、混沌の時代を武を以て生きたことから後世に様々に伝えられた。いくつかあげよう。平将門は関東の千葉氏周辺で編まれた『平家物語』の異本『源平闘諍録《とうじょう》』に、「日本将軍平親王」と称されて東国武士の自立の象徴とされた傍ら、志を果たせずに亡くなったとして首塚が各地に造られ、江戸の開府とともに江戸の総鎮守として整備された神田明神では御霊神《こりょうじん》として祭神にされた。

将門を破った藤原秀郷は、百足《むかで》退治と類似した『古事談』の粟津冠者《あわづかじゃ》の話と結びついて（巻五の三十四話）、室町時代に御伽草子「俵藤太《たわらとうた》物語」がつくられた。そこでは龍神の助けにより平将門の弱点を見破って、討ち取ることができたという。御伽草子の影響力は大きく江戸時代には浮世絵に描かれた。

月岡芳年『田原藤太秀郷』（1865年）

源満仲は清和源氏の祖と考えられ、その武勇と数奇な出家の事情とから、各地に置かれた供養塔がその墓所と考えられるようになった。高野山奥之院の

歌川国芳『源頼光公舘土蜘作妖怪図』（1843年）

五輪塔、箱根の元箱根石仏群の宝篋印塔《ほうきょういんとう》、大阪府能勢町地黄《じおう》の宝篋印塔、奈良市来迎寺の五輪塔、小浜市多田寺の宝篋印塔、香取市光明院の五輪塔など。ただ兵庫県川西市の多田神社の境内の墓所以外は鎌倉時代後期の石塔である。元箱根石仏群の宝篋印塔が峠を通る人々を護ってくれることを願ってのものであるように、それぞれに理由があって、満仲の墓所と考えられたのである。

源頼光は『保元物語』『梅松論《ばいしょうろん》』で古来の勇者として藤原保昌と併称され、御伽草子で丹波大江山での酒呑童《しゅてんどう》子《じ》討伐や土蜘蛛《つちぐも》退治などに、頼光四天王（渡辺綱《つな》、坂田金時、碓井貞光《さだみつ》、卜部《うらべ》季武《すえたけ》）と当たったと描かれ、江戸時代には浮世絵に描かれた。

特に歌川国芳《くによし》が天保《てんぽう》十四年に描いた『源頼光公館《みなもとのよりみつこうやかた》土蜘作妖怪図《つちぐもさくようかいず》』は、時が天保改革の最中だっただけに、仮眠中の頼光が将軍家慶《いえよし》に、四天王の卜部季武が水野忠邦、渡辺綱が真田幸貫《ゆきつら》、坂田金時が堀田正篤《まさひろ》、碓井貞光が土井利位《としつら》らの老中にあてられ、多くの妖怪が改革で被害を蒙った人々にあてられるなどして、民衆に楽しまれた。

第Ⅱ章

武士の成長

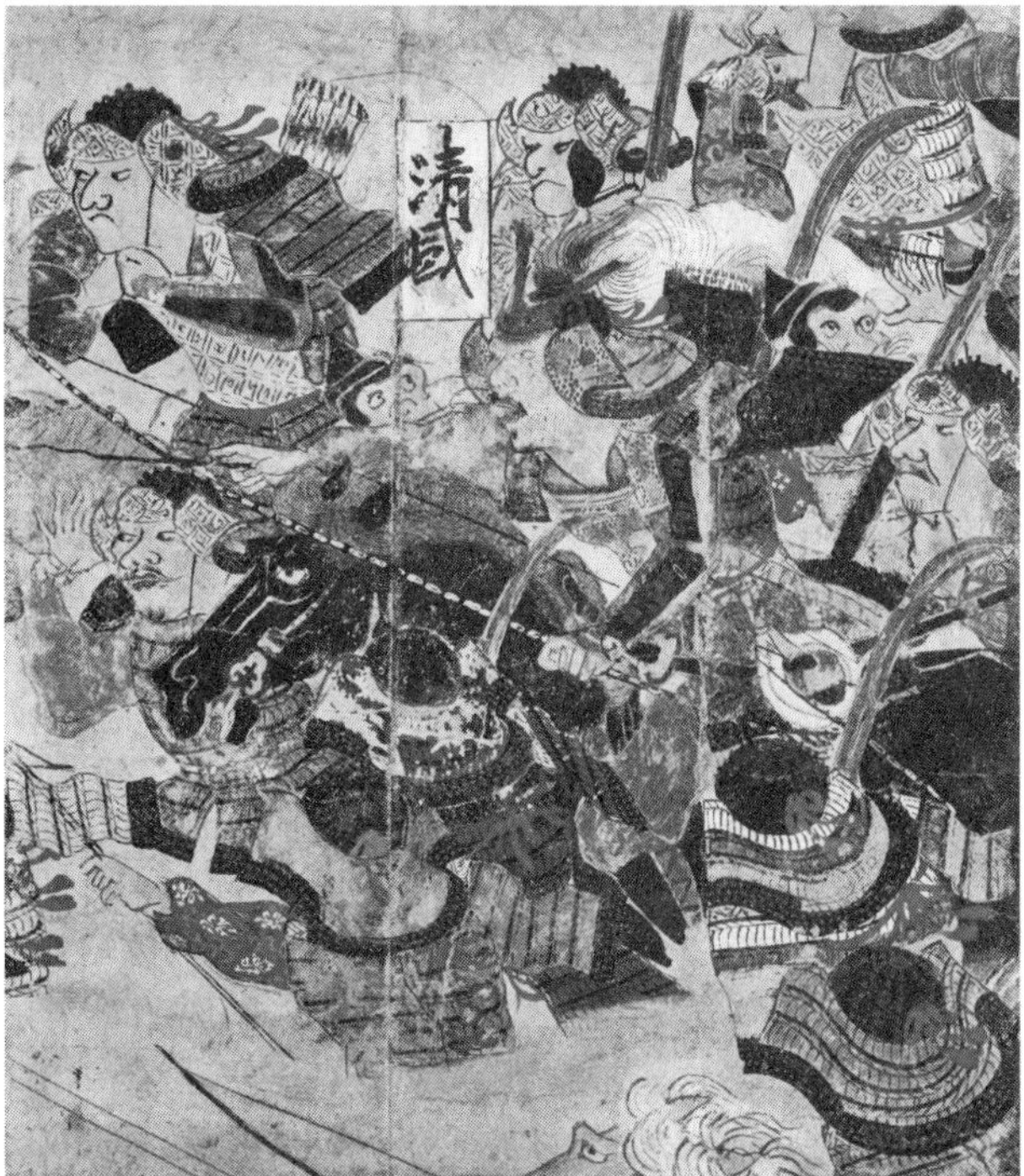

「平清盛」(『平治物語絵巻』六波羅合戦巻)

一　武士の家

院政下の武士

白河天皇は応徳三年（一〇八六）十月、廷臣や寺院から十か所の土地を交換、ないし進上させるなどして都の南の鳥羽の地に、鳥羽離宮を設けると（『言談抄』）、その「鳥羽殿」に侍百人のうち北殿に七十五人、南殿に十七人、泉殿に八人を配分した（『為房卿記』）。

寛治六年（一〇九二）二月に源義綱朝臣が引率した「武士」二十騎のうち進藤兼貞は紙幡河原で笠懸を行っており（『為房卿記』『中右記』）、嘉保三年（一〇九六）四月に離宮の馬場殿で流鏑馬を十人に行わせている。五月二日に高陽院《かやのいん》で関白の流鏑馬御覧があり、高階泰仲《やすなか》らが各「武士一人」を進めたが、藤原為隆《ためたか》や平業房《なりふさ》、平貞度《さだのり》らの進めた「郎等」はその体を得ていたという（『中右記』）。これらの武士が、都で流鏑馬などを披露し、組織されたことは、諸国の国衙軍制が整っていたことを物語っている。

諸国の国衙軍制については、承徳三年（一〇九九）二月、因幡《いなば》国に赴任した因幡守平時範《ときのり》の日記『時範記』からわかる。二月に因幡国に入った時範は、国庁西隣の惣社に参拝、二十六日の一宮《いちのみや》の宇倍宮での神拝には「館侍十人」を使者として派遣、三月六日の宇倍宮の百座仁王会《ひゃくざにんのうえ》では「在庁官人」が監臨し「館侍」が参仕した。十九日の宇倍宮での春の臨時祭には「館侍幷国侍」に競射《きょうしゃ》させ、一宮の神事は国の兵が勤めている。ここに国侍（国の兵）、館侍（館に詰める侍）、在庁官人からなる国衙軍制が整っていたことがわかる。

諸国では一宮・二宮、惣社（国内の諸神を国府近くに勧請した神社）など神社の再編が進められており、これと連動して国衙軍制も整えられたのである。応保《おうほう》二年（一一六二）二月の肥前国では河上宮一宮に、五・八月の流鏑馬役を先例に任せて勤行するように命じている。流鏑馬や相撲・村田楽・一物《ひとつもの》などの神事は国内の名《みょう》・保《ほう》を知行する武士が勤めることとされていたのであり、先例に任せとあることから、十二世紀初頭にまでさかのぼるであろう。

嘉承《かしょう》元年（一一〇六）七月、義家が亡くなった。正四位下に至り、「院殿上として、武威天下に満ち、誠に大将軍に足るものなり」と評され（『中右記』）、『古事談』（巻四の二十一話）は義家の向かいの家の女房が見た夢を紹介している。「鬼形」の輩が義家の家に乱入し、「無間《むげん》地獄の罪人源義家」と書かれた札をもって義家を引き立てていったという。父とは違い義家は往生しなかったと見られた。

義家の跡は嫡子義親《よしちか》が継ぐが、対馬守の時に前肥後守高階基実《もとざね》と結んで九州で濫行《らんぎょう》したことを、大宰府に訴えられ、義家に義親の召喚が命じられて郎等の藤原資通《すけみち》が派遣されるも、資道は義親に従い、官使を殺害した。

嘉承二年（一一〇七）、白河院は孫の鳥羽天皇を即位させ、摂政に藤原忠実《ただざね》を任じ、源光信《みつのぶ》（光国《みつくに》の子で国房の孫、土岐氏の祖）や源為義《ためよし》（義親の子）、藤原康清《やすきよ》（秀郷流）らの武士に、内裏の陣で宿直を勤めさせて警護にあたらせ、本格的に院政を展開することになる。

官使殺害で隠岐に配流になっていた義親が、出雲《いずも》国の目代を殺害したことから、院の命を受けた因幡守平正盛が追討使として派遣され、翌年正月に凱旋したが、それを待たずに行なわれた除目で「最《さい》下品《げぼん》」でありながら、「第一国」の但馬守《たじま》に任じられている。この時の除目において、院は近臣を国々の受領となし、ここに伊勢平氏は院近臣となった。

院の近臣が子弟を国司に任じ、自らは国の実権を握って、国には目代を派遣して国内を統治する知行国制が、この時の除目で整った。

平氏は源氏に対抗させるべく院に優遇されて隆盛を迎えるが、源氏嫡流は義親の子為義が義家の子として継いだものの、勢力は衰えた。義家の弟義綱は摂関家に仕え、院にも重用されたが、天仁《てんにん》二年（一一〇九）に子義明《よしあき》が義家の子義忠《よしただ》を殺害した嫌疑をかけられたことに怒って出京し、佐渡配流となる。

もう一人の弟義光《よしみつ》は、嘉承二年（一一〇七）に常陸で平重幹《しげもと》とともに義家の子義国《よしくに》と争うなどしたが、その後、義光の子は、常陸で佐竹氏として広がり、義国は、下野で足利氏の祖となる。源氏は都を中心に東山道《とうさんどう》沿いの地方に勢力を広げていったのである。

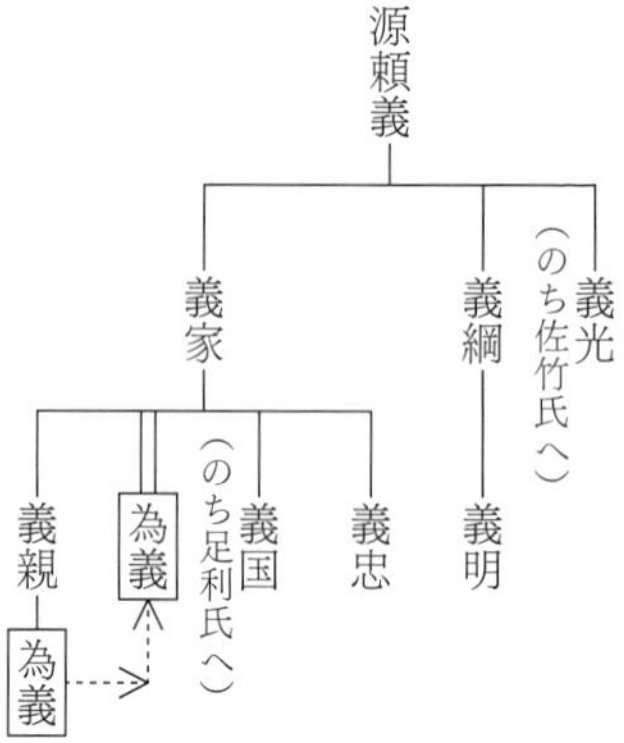

II-1 源氏系図2

武士の家の形成

後三年の合戦後、奥州では清衡が奥六郡を継承し、さらに奥六郡を出て本拠を豊田館から平泉に移し、陸奥・出羽両国に勢力を広げていった。清衡の館（平泉館）は衣川と北上川の合流地点近く、北上川の河岸段丘上にあって、西・北を壕で囲まれ、池の付属する家など多数の家屋の遺構が出土している。

平泉は奥州との出入り口の白河関と、蝦夷との境界である津軽外ヶ浜を結ぶ奥大道の中央に位置し、その奥大道の道筋には一町ごとに金色の阿弥陀仏を描く笠卒塔婆《かさそとば》を立て、国の中心となる平泉の山頂には一基の塔を建て、往還の道の左右に釈迦如来と多宝如来像を安置、多宝寺の整備をはかり大長寿院を建て、「寺塔四十余宇、禅坊三百余宇」を擁する中尊寺を形成していった（『吾妻鏡』）。

常陸で義光とともに、義国と合戦をおこした平重幹の子致幹《むねもと》については、『奥州後三年記』によれば、源頼義が貞任を討つために奥州に赴く途中、旅の「かりや」で常陸の国の「猛者」の多気権守《たけごんのかみ》致幹の娘に出会って子を儲けたという。その致幹は保安《ほうあん》三年（一一二二）に筑波山の南麓の東城寺の経塚に「大壇越平朝臣致幹」として「法界衆生平等利益」の銘を記した経筒を納めており、地方の武士にも仏教信仰が入ってきたことがわかる。

後三年の合戦に従軍した東国の兵たちは、合戦を経て自らの存在を自覚するようになり、子孫たちは家を形成していった。武蔵の小代《しょうだい》氏の場合、小代伊重《これしげ》が子孫のために記した置文によれば、小代の家の先祖は武蔵の児玉郡に本拠を置き、後三年の合戦に従軍した児玉弘行《ひろゆき》が祖であって、蓮華王院宝蔵にある『後三年合戦絵巻』には「八幡太郎の義家朝臣、大将軍にて屋形に御座せしますに、児玉の有大夫弘行朝臣、副将軍にて同じ屋形に赤革の烏帽子懸《えぼしがけ》して、八幡殿の御対座に書かれ給ひたる」と、八幡殿義家の対座（向かいの座）に描かれている、と記している（「小代文書」）。東国の武士の家形成の基点は後三年の合戦にあった。

相模の「聞こえ高き兵」鎌倉権五郎景政（景正）は、「先祖相伝の私領」を伊勢神宮に寄進して「御厨家《みくりや》」となし「浮浪人」を招き寄せて開発、長治《ちょうじ》年中（一一〇四―〇六）に国衙から認められ、永久《えいきゅう》四年（一一一六）に伊勢神宮領大庭御厨《おおばのみくりや》が成立した（「大庭御厨古文書」）。

朝廷はかつて諸国百姓が義家に土地を寄進することを禁じたが、他に寄進するのを禁じたのではなく、武士は中央の権門勢家に土地を寄進しその保護を得るようになっていた。

景政に当たった矢を抜こうとした三浦為次の子孫は、三浦郡を中心に勢力を広げ、三浦義明は天治《てんじ》年間（一一二四―二六）から相模国府に進出して「相模国の雑事に相交はる」ようになり、「三浦介」を名乗る（『吾妻鏡』）。受領はかつて赴任して在国したが、十二世紀初頭頃から任期中に一度、神拝で赴任するだけになり、都で院や摂関に奉仕し、目代を派遣して国の経営を委ねたので、武士は国衙に進出し在庁官人となり、国衙周辺に所領を形成した。

こうして東国の武士は領主支配を展開して家を形成していった。かつての「兵の家」とは違って、武芸のみならず財産

II-2　南都の衆徒と官兵の戦い（『春日権現験記絵』巻二、前田氏実・永井幾麻模本、東京国立博物館所蔵、原本は宮内庁三の丸尚蔵館所蔵）

や一族・郎等を継承してゆく家である。その本拠は、今様の「上馬《じょうめ》の多かる御館《みたち》かな　武者の館とぞ覚えたる」に見える館であり、かつての兵の宅は武士の館となっている。

源氏・平氏にならい武家を形成

天永《てんえい》四年（一一一三）四月、興福寺・延暦寺両寺衆徒の入《じゅ》洛《らく》を阻止するために、院が派遣したのは丹後守平正盛、出羽守源光国、検非違使の藤原盛重《もりしげ》ら「天下の武者源氏平氏の輩」であり、武勇の受領や検非違使を動員する体制が整った（『中右記』）。この時の南都の衆徒と官兵の栗駒山の戦いは、鎌倉末期制作『春日権現験記絵《かすがごんげんげんきえ》』に描かれている（図II－2）。

そこに名のあがる光国は、源国房の子で光信の父、盛重は周防の住人で院の寵童になって元服後は近習になっていた。正盛は伊勢平氏と言われたように伊勢を本拠地とし、永久二年（一一一四）に伊勢神宮の公卿勅使を鈴鹿関で迎え、一志《いちし》郡の木造荘《こづくりのしょう》や鈴鹿郡の和田荘を領していた。

この時期の院と近臣・武士との関係を物語るエピソードが

『古事談』（巻一の七十五話）に載る。院近臣の藤原顕季《あきすえ》は、武士の源義光《よしみつ》との間で起きた所領争いに、院が裁許を一向に下さないのを不満に思い、自分に道理があるのに成敗を下されないのはなぜか、と尋ねた。

院は、汝に理があることは分かっているが、もし勝訴を言い渡せば、子細を弁《わきま》えない「武士」のこと故、何をするかわからぬ。汝は「庄も少々侍り、国も侍る」が、義光はかの土地を「一所懸命」の地として知行しており、そこで裁許を猶予している、と答えた。

これを聞いた顕季は、義光を呼び、かの所領をあたえる旨を記して「避文《さりぶみ》」を渡したところ、喜んだ義光は、「二字」を顕季に捧げた。その後、顕季が鳥羽殿から退出して京に向かった際、甲冑を帯びた武士五、六騎が義光の命で警護に当たっていたという。

武士らが「一所懸命」の地を知行していたのに対して、院近臣は荘園や知行国（国衙領）を知行して裕福だったことがわかる。次にあげるのは、保安年間（一一二〇—二四）に白河院が全国に殺生禁断令を命じた時の話である。禁断令が発されると、各地で狩猟が禁じられ、漁業の網が焼かれ諸国で網が無くなるなど禁令は徹底されたが、それにもかかわらず、加藤成家《しげいえ》が鷹を使い狩をしたことがわかって召され、尋問を受けた。

禁制が出されたのに何故に鷹を使ったか、と問われた成家は、「刑部頭殿《ぎょうぶのかみどの》」（平忠盛）の命令で行なったまでのことで、「源氏・平氏の習《ならい》」では、重い罪ともなれば首を切られるが、宣旨に背いただけでは、重くても禁獄か流罪かに過ぎず、命にまでは及ばない、と嘯《うそぶ》いた。この言を聞いた法皇は呆れ、その痴《し》れ物《もの》は追放せよ、と命じたという。かつての「兵の道」は、「源氏・平氏の習」という武士の家ごとの慣習へと変化してきていたことがわかる。

奥州平泉の藤原清衡は、中尊寺に上下四壁や内殿が皆金色の金色堂を建て、平泉館から拝していたが、大治《だいじ》三年（一一二八）七月十三日に七十三歳で亡くなる（『中右記』）。金色堂の堂内の壇には清衡の遺体が納められ、その清衡の跡をめぐって「基平《もとひら》・惟常《これつね》」の二子の間で合戦が起き（『長秋記』）、「基平」は弟の御曹司基衡《もとひら》であって平泉の世界を継承した。

武家の形成

白河院は、源氏・平氏の武士たちとの間に主従関係を形成し、御所や京都を守護させていたが、その中で台頭したのが平氏である。忠盛は父正盛と同じく伯耆《ほうき》・越前の受領を歴任し、院領を知行し、肥前国の神埼荘《かんざきのしょう》を知行した時には、大宰府の関与を「下文」で遮って貿易を行なった（『長秋記』）。「先祖の旧宅」六波羅に根拠地を築き、白河院の思い人である「祇園女御」の屋敷の警護にあたるなか、女御の妹との間に清盛を儲けたが、この嫡子清盛が大治四年（一一二九）正月に十二歳の若さで左兵衛佐《さひょうえのすけ》になって驚かれた。通常の武士は四等官の一つ下の官職である兵衛尉《ひょうえのじょう》から任官が始まるからである。三月には山陽・南海道の海賊追討を院宣で命じられて西国に勢力を拡大し、西国に確固たる基盤を築いた。

大治四年（一一二九）七月に白河院が亡くなった。跡を継承した鳥羽院も忠盛を寵遇し、天承《てんしょう》二年（一一三二）に但馬守となって得長寿院を造った功によって昇殿を認められ、内《うち》の殿上人となった。院の殿上人より格は高く、平氏は武家として待遇されたことになる。よく知られているように『平家物語』冒頭の「殿上の闇討」は、この昇殿の際の事件に始まる。

殿上人に仲間入りをすると、新任者をいたぶる闇討が頻発していたことから、忠盛はこれを切り抜けるため、郎等の平家貞《いえさだ》を殿上の小庭に控えさせ、自らは木刀を腰に差して節会《せちえ》の座に臨んだ。この忠盛のあるまじき行為に憤慨した殿上人は、挙《こぞ》って院に訴えたが、忠盛は院の問いにうまく答え、その用意周到さを褒められたという。これを契機に平氏は貴族と親しく交わるようになり、昇殿は平氏の武家政権への第一歩となった。

平家の台頭に追い風となったのが、続いて起きた飢饉、海賊の横行である。長承《ちょうしょう》三年(一一三四)に「天下飢饉」がおき、翌年に悲惨を極めて、餓死者が「道路に充満す」る事態となって保延《ほうえん》に改元されたが、翌二年も「世間多く道路に小児を棄つ、大略天下飢餓」という状況となった(『百錬抄』)。この飢饉は中世の飢饉の端緒となり、飢饉とともに海賊や山賊が横行した。

長承三年(一一三四)閏《うるう》十二月に忠盛の「第一の郎等」兵衛尉平家貞が、海賊追捕の賞で左衛門尉になり、長承四年四月に、西海《さいかい》の海賊追討に向け追討使選任の審議があり、備前《びぜん》守平忠盛と検非違使源為義が候補にあがった。為義では路次の国々が「滅亡」する恐れがあるということから、西海に勢力を広げていた忠盛に決定した。忠盛は早速八月十九日に海賊七十人を捕らえ上洛するが、その多くは忠盛の家人ではない者を「賊虜」と称して捕らえてきた、と噂された。

八月二十一日に海賊追討の賞として忠盛の譲りによって清盛が破格の従四位下《じゅしいのげ》となり、忠盛はこの頃から所領経営に下文《くだしぶみ》という文書を用いている。その一例を掲げる。

下す　　左衛門尉家貞
早く停止《ちょうじ》せしむべき家実《いえざね》の狼藉の事
右、東大寺御領丸柱村《まるばしらむら》、国司と相論《そうろん》の間《あいだ》、家実よこしまに出来《しゅったい》し、非道の沙汰を致して、有限の寺役を勤仕《ごんし》せしめさるの由、右、東大寺より訴へ有り、事実《じち》たらば所行の旨、甚《はなは》だ非常なり。〔中略〕勘当に処すべきの状、仰する所、件のごとし。宜しく承知し違失する勿《なか》れ、以《もっ》て下《くだ》す。
　　保延五年三月廿三日
美作《みまさか》守平朝臣　在判

平家貞の子家実が伊賀の国司との相論で狼藉を働いているので取り締まって欲しい、という東大寺の訴えに、美作守平忠盛が家貞に取り締まりを命じたもの。これに応じて家貞は家実に宛てて下文を出した。家貞の子には家実の他に家継《いえつぐ》・貞能《さだよし》がいて伊勢・伊賀を中心に勢力を広げ、忠盛は西国の海賊追捕使に任じられ、裕福な国々の受領となり勢力をのばしていった。

私合戦の広がり

源氏は為義が成長するなか、畿内周辺に勢力を広げていた。長承二年（一一三三）に為義の郎等が丹波国で多くの人を殺したという報《しらせ》が、検非違使別当の源雅定《まささだ》の耳に入り、雅定はこれを院に訴えており、永治《えいじ》二年（一一四二）二月、京において近江の武士の佐々木友員《ともかず》が殺害される事件が起きたが、これに為義が関わっていたという。

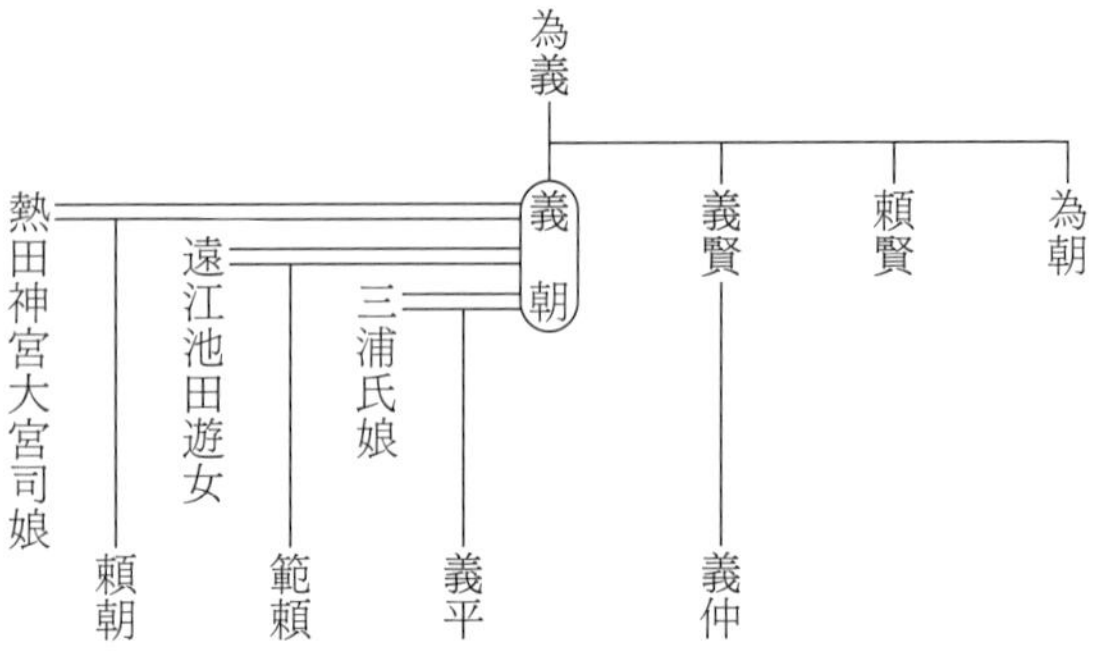

II-3 源氏系図3

佐々木一族内では血で血を洗う紛争が繰り返され、犯人は源為義の郎等で従兄弟の道正《みちまさ》であると言われたことから、検非違使が為義との関係を友員の叔父行真《ゆきざね》に問うと、近江の佐々木荘に為義がやってきた時、子を一人差し出した、と答えている(「愚《ぐ》昧《まい》記《き》裏《うら》文書」)。

為義は自ら地方に出るだけでなく、我が子を地方の国々に派遣し、主従関係を築く核としていた。長子義朝《よしとも》は東国で育ち、義賢《よしかた》や頼賢《よりかた》は東国に下り、末子の八郎為朝《ためとも》は鎮西に下っていた。諸国で荘園が立荘され、武士の家が形成され、所領を拡大するなかで私合戦が起きて、それに介入して勢力を伸ばしたのである。

美作では久米郡の押領使漆間《うるま》時国《ときくに》と稲岡荘《いなおかのしょう》の預所《あずかりどころ》である明石定明《さだあきら》の争いから、時国が私邸を襲われ討たれた事件が起きた。残された子は敵討を考えたものの、争いを避けて出家を遂げ、比叡山に登った。法然である。もし法然が違う道を歩んだのならば、当時の美作守は平忠盛だったので、平家の郎等になっていたのかもしれない。

天養《てんよう》元年(一一四四)の九月・十月の二回にわたって、「上総曹司」源義朝が相模国の目代や在庁官人三浦庄司義継《よしつぐ》・中村庄司宗平《むねひら》らの武士を同国伊勢神宮領の大庭御厨に乱入させ、御厨の停止を告げ、九十五町の田の稲を刈り取り、荘官の私財雑物を奪い取っている。この大庭御厨は前任の国司の時に宣旨で特権が認められたばかりであった（「大庭御厨古文書」）。

義朝は東国に下って房総半島で成長し、康治《こうじ》二年（一一四三）に下総国の相馬《そうま》御厨《みくりや》に介入して千葉常重《つねしげ》から所領を奪い取り、続いて相模の三浦氏に迎えられ鎌倉の亀谷《かめがやつ》に「楯」を築いていた。京都と鎌倉を結ぶ東海道を往来するなか、鎌倉では三浦氏の娘との間に悪源太《あくげんた》義平《よしひら》を、遠江《とおとうみ》国の池田の遊女との間に蒲冠者範頼《かばのかじゃのりより》を、尾張国の熱田神宮の大宮司の娘との間に頼朝を儲けるなど、東海道に勢力を広げた。

同じ為義の子義賢は、保延六年（一一四〇）夏頃に起きた滝口の源備《そなう》と宮道惟則《みやじのこれのり》との争いに入って備を殺して東宮帯刀長《とうぐうたちはきのおさ》の職を剝奪され、東国に下って上野国の多胡《たご》にいたが、武蔵国の秩父氏に迎えられ大蔵館に移った。しかし義朝の長子義平に攻められ、義賢は亡くなり、子義仲は木曾に逃れて成長する。

肥後国では康治二年（一一四三）四月三日、国内の有力武士の田口新大夫行季《ゆきすえ》が千人余りの軍勢を率い、在庁官人の権介季宗《すえむね》の私領を襲って四十余の在家を焼き払う事件、大将軍の木原広実《ひろざね》とその養子秀実《ひでざね》らが貢御所の専当《せんどう》を殺害し、国の二人の目代《もくだい》を弓で射殺《いころ》そうとする事件が起き、「国中の濫行はただ広実一人に在り」と指弾された（『高野山文書』）。

荘園が各地で生まれるなか、知行国支配は新たな段階に入り、諸国での紛争は絶えなかった。荘園領主は国衙の強硬な態度に反発、武力をもって対抗し、朝廷や院庁に訴えて宣旨や院 庁 下文《いんのちょうくだしぶみ》を得るなど特権の確保に動いた。康治元年（一一四二）八月、紀伊《きい》国の目代・在庁官人は大伝法院《だいでんぽういん》領石手 庄《いわでのしょう》に数百の軍兵と数千の人夫を引き連れて乱入し、在家四十を焼き、稲や大豆・米・資財雑物を奪い取った、と訴えられている（『根来要書《ねごろようしょ》』）。

康治三年（一一四四）正月に藤原忠実の子忠通《ただみち》は、伊賀・大和の二か国で国内の田地を調査する国検の実施を図った。年貢免除が認められてきた以外の加納や出作の地の年貢免除を否定しようとしたものであったが、大和では興福寺の寺僧の強い反発から、中途半端に終わってしまう。

東国武士団の広がり

東国の武蔵で勢力を広げていた秩父氏は、鎌倉・三浦氏とともに平良文の流れにあり、秩父郡に本拠を置くなか武蔵の各地に勢力を広げた。南北朝期に成った『源威集《げんいしゅう》』には、前九年の合戦に際し「秩父大夫別当武基《たけもと》」の子秩父武綱《たけつな》が先陣をつとめていたと見え、系図には武綱の子重綱《しげつな》に「秩父権守」とあるので、在庁官人として武蔵国に権益を有するようになったのであろう。重綱の子重弘《しげひろ》が秩父を、重隆《しげたか》が河越を、重継《しげつぐ》が江戸を名乗ってそれぞれの地を基盤とした家を形成した。

房総半島では上総氏や千葉氏が支配地を拡大し、相模では鎌倉郡を中心に梶原・大庭などの鎌倉党が広がり、三浦半島を本拠とする三浦一族は勢力を房総半島や鎌倉郡、武蔵南部にまで広げており、相模西部では波多野・中村氏が国衙と関わりをもって勢力を広げた。

上野の新田、下野の足利、常陸の佐竹、甲斐の武田など源氏の武士も、東国に勢力を広げており、常陸の佐竹氏は常陸北部に、常陸南部では筑波山を挟んで多気大夫平維幹の流れを引く常陸大掾《だいじょう》氏が勢力を広げた。甲斐の武田氏は佐竹氏と同族で、常陸から甲斐の市川に移り、甲府盆地の周辺に勢力を伸ばした。さらに北陸の越後《えちご》から会津にかけては、平氏の城《じょう》氏が勢力を広げつつあった。

奥州では後継者争いに勝利し奥六郡の主となった藤原基衡が、毛越寺《もうつうじ》の建立に意を注いだ。「堂塔四十余宇。禅房五百余宇也。基衡建立す。先《ま》づ金堂は円隆寺と号す」（『吾妻鏡』）とあって、最初に円隆寺を建てた。中尊寺が山岳寺院であるのとは異なり、平場に立地し、前面に池がある伽藍配置である。

II-4　毛越寺の復元模型（岩手県立博物館所蔵）

南大門は東西三間・南北二間、その北側の東西に広がる池には中島が築かれ、橋を渡って北岸に出たところに東西両廊をもつ円隆寺の金堂がある。円隆寺の寺号の円は、後三条天皇の御願寺である円宗寺《えんしゅうじ》を始めとする四つの御願寺（四円寺）に因んでいる（図II－4）。

続いて嘉勝寺《かしょうじ》を造営したが、これは白河上皇が創建した法勝寺を始めとする六つの御願寺（六勝寺）に因むもので、この円隆・嘉勝の二寺はあわせて毛越寺と号された。基衡は莫大な富をつぎ込み、円隆寺本尊を仏師雲慶に依頼した時は、蝦夷地や奥州特産の円金百両や鷲羽百尻・水豹《あざらし》皮六十余枚・希《け》婦細布《ふのほそぬの》二千反・糠部《ぬかのぶ》駿馬五十疋など山海の珍物をそえて送ったという。勢力は奥州から蝦夷地にまで及んでいた。
この豊かな平泉の富をめざして、陸奥守藤原師綱《もろつな》は陸奥国の公領の官物の増収を狙って田地の検注を実施しようと動き、その合戦をも辞さない態度に、基衡は折れて検注の実施を認めざるをえなかったという（『古事談』巻四の二十五話）。左大臣藤原頼長《よりなが》は基衡の知行する摂関家領荘園の年貢を増やすように要求したが、そこで得た金は宋から書物を購入する資金となった。

家々の争い

都では鳥羽院が永治元年（一一四一）に崇徳天皇に退位をせまり、「ことに最愛に」思っていた得子（美福門院《びふくもんいん》）との間の皇子を皇位につけたが（『今鏡《いまかがみ》』）、近衛天皇は病弱で子が生まれず、その後の皇位をめぐって、崇徳上皇が、子の重仁《しげひと》親王を立てることを考え、美福門院が、養子としている雅仁《まさひと》の子守仁《もりひと》を立てることを考えるようになった。

その二つの思いが競りあうなか、これに密接に絡んできたのが摂関家の内紛である。前関白の藤原忠実は、子の関白忠通と不仲になって、不遇な時期に手元で育て寵愛していた末子の頼長を後継者と考えるようになり、そこから忠通・頼長兄弟の争いが生まれた。こうしたなかで起きたのが、久安《きゅうあん》三年（一一四七）六月十五日、祇園社に宿願の成就を祈って平清盛が田楽を奉納する際に起きた事件、田楽法師を守護する武士と祇園社の下部とが争い、清盛郎等の放った矢が社僧や宝殿にあたったのである。

祇園社を末社としている延暦寺の大衆が、忠盛・清盛父子の流罪を求めて入洛をはかる噂から源氏・平氏の輩は鳥羽院の命を受け、番を組んで西坂本を守護した。七月十八日に河内守源季範《すえのり》、検非違使源光保《みつやす》、近康《ちかやす》、季頼《すえより》、為義、隠岐守平繁賢《しげかた》、前右馬助《さきのうまのすけ》平貞賢《さだかた》、二十一日に散位平正弘《まさひろ》、源重成《しげなり》、右衛門尉平公俊《きみとし》、二十四日に佐渡《さど》守平盛兼《もりかね》、平盛時《もりとき》、源親弘《ちかひろ》、散位源義国《よしくに》（義康《よしやす》）、主殿助《とのものすけ》源時光《ときみつ》、二十七日に為義、繁賢、貞賢、八月一日には季範、光保、近康らである。

　実に多様な武士で、事件の当事者平氏一門をあわせると、当時、これが京にあった主要な武士である。彼らは院の閲兵を受けそれぞれ家の流儀で行進した。為義は検非違使だったにもかかわらず、縹《はなだ》色の水干《すいかん》の上に鎧を着ており、源重成の郎従は流れ矢を防ぐため甲冑に「保呂《ほろ》」という数幅の布をつけており、すでに「一族の風」となっていたという（『本朝世紀』）。源氏・平氏の習いのなかに独特の流儀が生まれていたことがわかる。

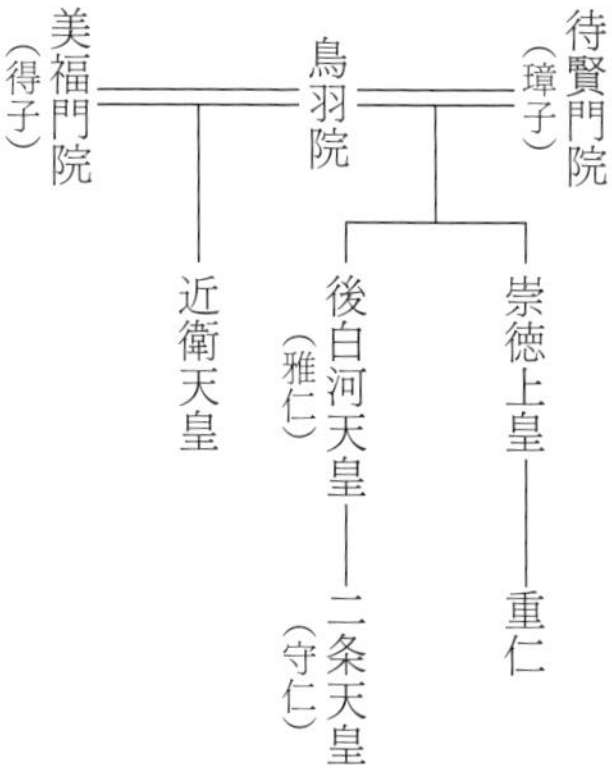

Ⅱ-5　鳥羽院関係系図

　この事件で清盛は罪を蒙り、代わって異母弟の家盛《いえもり》が頭角を現したが、久安五年（一一四九）二月十三日に鳥羽法皇の熊野御幸に家盛が同行した後に亡くなり、これによって平氏一門における清盛の立場は安泰となった。当時、清盛の弟には教盛《のりもり》、頼盛《よりもり》（家盛の実弟）がいた。五月十二日に高野山の根本大塔が焼失したので、その造進を命じられた忠盛は、七月九日に造営の事始《ことはじめ》を行なったが、父に代わって清盛が登山して代官として臨んでいる。仁平《にんぴょう》三年（一一五三）正月十五日に忠盛が五十八歳で亡くなって清盛は

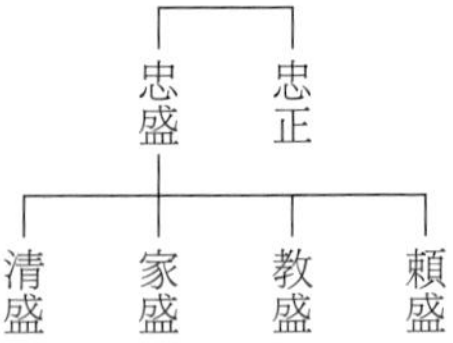

II-6　平氏系図2

平家の家督を継承した。

ひとたび生まれた家の実権をめぐる争いは、貴族や武士の家でも起きていた。源氏では源為義と嫡子の義朝との間で、平氏では忠盛と兄弟の忠正《ただまさ》との間で起き、崇徳・頼長派と美福門院・忠通派に分裂する様相を帯びていた。仁平元年（一一五一）九月、忠通は弟頼長が近衛天皇の譲位を企てている、と法皇に訴え、翌年九月には天皇の眼病の悪化を理由に守仁への譲位を奏上したが、法皇は守仁が仁和寺の覚性《かくしょう》法親王のもとに入室していたことから、訴えは取り上げなかった。

だが、久寿《きゅうじゅ》二年（一一五五）七月二十三日、近衛天皇が十七歳の若さで亡くなると、守仁の父の雅仁を立てることに定まり（後白河天皇）、皇太子には守仁が立てられた。この間、四月に源氏の武士為朝が鎮西で濫行を働いたとして訴えられ、その責を負って父為義が解官《げかん》され、八月には東国に下っていた為義の子義賢が義朝の子義平に滅ぼされる事件がおきた。上洛した義朝は妻の熱田大宮司家の支援があって、日光造営の受領功により下野守になっていた。

二　武家と武士団

保元の乱

久寿三年（一一五六）四月、鳥羽院の病気が重くなり、それとともに生じた不穏な情勢から、保元《ほうげん》に改元されたその五月、死を予期した法皇は、源義朝・義康らの武士に起請《きしょう》の祭文《さいもん》を書かせて臣従を誓わせ、禁中警護を命じた。

保元元年（一一五六）七月二日に鳥羽院が亡くなると、生前の指示に沿って葬儀は院の執事別当であった藤原公教《きみのり》と院近臣藤原信西入道（後白河天皇の乳父）により執行された。その三日後、崇徳院が藤原頼長と同心し、軍兵を発し皇位を奪おうとしているという噂が流れて禁中の警護が強化され、検非違使らは京中の武士の動きに警戒するよう命じられた。

この情勢に主導権を握ったのが信西である。後白河を皇位につけたものの、あくまでもそれは中継ぎの天皇であり、その不安定な立場を強固なものにする必要があった。そのためには実力によって存在感を示さねばならず、敵対勢力を実力によって葬ろう、と考えたものと見られる。七月八日、忠実・頼長父子が諸国の荘園から軍兵を集めたとして、それを固く停止するという綸旨《りんじ》（天皇の命令）を発し、摂関家の氏長者《うじのちょうじゃ》の拠点である東三条殿を没官《もっかん》する措置をとった。

ここに頼長の藤氏《とうし》長者の権限を否定されたことで、崇徳院・頼長も対処せざるをえなくなった。だが上皇・頼長が鴨川東の白河殿に入った七月十日、集まったのは散位平家弘、大炊助《おおいのすけ》平康弘《やすひろ》、右衛門尉平盛弘《もりひろ》、兵衛尉平時弘《ときひろ》、判官代平時盛《ときもり》、蔵人平長盛《ながもり》・源為国《ためくに》、それに前大夫尉《さきのたいふのじょう》為義、前左衛門尉頼賢、八郎為知（為朝）、九郎冠者《くろうかじゃ》（行家）、前右馬助《さきのうまのすけ》平忠正、散位源頼憲《よりのり》らであった（『兵範記《へいはんき》』）。

これに対し後白河と忠通の内裏の高松殿に集ったのは、「下野守義朝、右衛門尉義康〔義国の子〕」、この外、「安芸《あき》守清盛朝臣、兵庫頭頼政《ひょうごのかみよりまさ》、散位重成《しげなり》、左衛門尉源季実《すえざね》、平信兼《のぶかね》、右衛門尉平惟範《これのり》」らで（『兵範記』）、朝餉《あさかれい》の間に召された清盛と義朝の二人が、合戦の方策を進言するように命じられると、翌日に義朝は夜討を進言した。兵法に背くとの意見もあったが、信西は公の戦であるからよしとし、受け入れたという（『愚管抄』）。

夜、清盛は紺の水干・小袴、紫革威《むらさきかわおどし》甲冑を着して常陸介頼盛《よりもり》、淡路守教盛《のりもり》、中務少輔《なかつかさのしょうふ》重盛《しげもり》らを率い、義朝は赤地錦の水干・小袴を着し、頼政以下は思い思いの姿ではあるが、多くは紺の水干・小袴であって、十一日の鶏鳴、清盛・義朝・義康らは軍兵六百騎で白河に発向した。

清盛三百余騎は二条大路方より、義朝二百余騎は大炊御門《おおいのみかど》大路方から、義康百余騎は近衛大路方から向かい、それに続いて頼政・重成・信兼らが白河に向かった。かれこれ戦った後、辰の刻に火が上がって、「御方軍、已《すで》に責め寄せ火を懸け了《おわん》ぬ」と天皇方の勝利となり、清盛以下の大将軍が内裏に帰参した。夜、勲功賞として清盛が播磨守、義朝が右馬権頭《うまのごんのかみ》に任じられ、義朝・義康には昇殿が認められた。

以上は、摂関家に仕える平信範《のぶのり》の日記『兵範記』に見える保元の乱である。天皇方の中心の武力は清盛・義朝・義康らの軍勢であって、夜討により短時間で決着を見たことや、都がかつてない戦乱の巷となったことなどがわかる。

注目されるのは、恩賞が清盛・義朝・義康らに与えられ、義朝・義康が内の殿上人になったことであって、平家に続いて二つの武家が誕生したのである。それぞれに清盛が平氏政権、義朝の子頼朝が鎌倉政権、義康の流れの高氏《たかうじ》が室町政権と、武家政権を築くことになった。

武士たちは常に先祖の業績や活躍を重んじ、また朝廷でも先例を重視していたので、このことは単なる結果論とはいえない。保元の乱を描く『保元物語』が著され、琵琶法師によって語り継がれたのである（『普通唱導集』）。保元の乱を経てその後の武家の在り方は定まった。

南北朝期に著された歴史書『保暦間記《ほうりゃくかんき》』は、保元の乱に起筆して室町政権が成立する暦応《りゃくおう》期までの歴史を記し、『愚管抄』は「鳥羽院ウセサセ給テ後、日本国ノ乱逆ト云コトハヲコリテ後、ムサノ世ニナリニケルナリ」と記している。

武士団の活躍

合戦の実際を伝える『保元物語』によれば、内裏に召された義朝が「我れ生まれて、この事に合ふは身の幸ひ也。私の合戦には朝威に恐れて、思ふ様にも振舞はず。今、宣旨を蒙って朝敵を平げ、賞に預らん事、是れ家の面目なり」と喜んだという。

義朝に従った軍勢は、乳母子の鎌田正清《まさきよ》を始め、近江・美濃の武士、尾張から安房にいたる東海道諸国の武士、上総介八郎広常《ひろつね》や下総の千葉介常胤《つねたね》、武蔵の「河越・師岡・秩父武者」の「高家」や小武士団、上野・下野・常陸の北関東、甲斐・信濃《しなの》の武士からなっていた。頼政は摂津の渡辺党を従えて百騎を超えず、義康は百騎であったという。

清盛の軍勢はその子弟のほか、平家貞・貞能《さだよし》らの郎等、伊勢の住人伊藤武者景綱《かげつな》らの武士、伊賀国の山田小三郎是行《これゆき》、備前国の難波三郎経房《つねふさ》、備中《びっちゅう》の妹尾《せのお》太《た》郎兼康《ろうかねやす》ら六百騎であった。清盛の軍勢が多いのは根拠地が都とその近くの伊勢にあったからで、義康の勢の内訳がないのは、合戦の翌年に亡くなり、聞き取りができなかったからであろう。

彼らは日頃は私合戦で追捕の対象となっていただけに、晴れて都大路で思う存分に戦った。なかでも清盛が赴いた先には源為朝が門を固めており、清盛の「御内《みうち》」伊勢国住人の伊藤武者景綱らがその突破を目指してかなわず、伊賀国住人の「猪武者」山田小三郎是行が「昔、鈴鹿山の立烏帽子を搦《から》めて、帝王にたてまつりし山田庄司行季が孫也。海賊・夜討・強盗を搦《からめと》る事、数《あま》注すに及ばず。大事の合戦に三度あいて、一度も不覚仕《つかまつ》らず」と名乗って討死した。この平氏に代わって為朝に向かった義朝側の大庭景義・景親兄弟は、次の名乗りを発した。

昔、八幡殿の後三年の軍に、金沢の城責められしに、鳥海の館〔沼柵の誤り〕落とさせ給ける時、生年十六歳にて軍の前に立て、左の眼を射られながら、答の矢を射て敵を討ち取りて、名を後代に留めたる鎌倉権五郎景政〔正〕が五代の末葉に、相模国住人大庭平太景義、同三郎景親。

先祖の高名を誇らしく語り、名乗って存分に戦ったのである。こうして鴨川を渡って攻め寄せる天皇方の前に、上皇方の源為朝も奮戦したが、それも空しく、火を放たれた白河御所は焼け落ち、上皇・頼長は逐電《ちくでん》した。清盛以下の「大将軍」が内裏に帰参すると、頼長が流れ矢に当たって死去したとの報が入り、上皇は仁和寺に逃れたことが判明、やがて讃岐に流されたが、上皇配流はこれまでになかったことである。

白河・鳥羽院政期を通じ院の王権が諸階層に優越するなか、摂関家や貴族の家が成立して朝廷は家の集合体としての性格を帯びるようになり、それとともに政治と家の主導権をめぐる対立が激化し、これを解決する手段として武力が用いられたのである。『愚管抄』は「王臣ミヤコノ内ニテカヽル乱ハ鳥羽院ノ御トキマデハナシ。カタジケナク、アハレナルコトナリ」と評している。

後白河天皇方が勝利し天皇の地位が安定したので、信西は天皇を前面に立てて政治を推進した。嵯峨天皇の時から絶えていた死刑を復活、清盛に六波羅辺で叔父の平忠貞（忠正）らを、義朝に父為義らを船岡辺で斬らせた。武士の習いである私的制裁を公的に取り入れたものであって、この死刑復活は実力で敵対者を葬る考え方を公的に認めたことになる。

続いて国政改革の第一弾として、荘園整理令を軸とする保元の新制を保元元年（一一五六）九月十八日に出している。七か条からなる新制の第一条は「九州の地は一人のたもつところなり。王命のほか、何ぞ私威を施さん」と、「九州の地」（全国）が天皇の支配に服すべき王土であるという王土思想に基づいて荘園整理の断行を宣言した（『兵範記』）。

白河院政の後半から続々と成立した荘園を天皇支配の下に組み込み、王権の下に諸権門を統合し、その命令に従わせようとしたのであって、そのことは第三条以下の、神社に仕える神人《じにん》や寺院の悪僧の取締令、諸山・諸社の荘園・神仏事の保護・統制令にも認められる。

平治の乱

保元の乱を経て二年後ともなると、抑えられていた諸勢力が頭をもたげてきた。なかでも後白河を中継ぎの天皇として認めた美福門院が、退位を求めてきて、「仏と仏の沙汰」という美福門院と信西との出家者同士の談合により（『兵範記』）、二条天皇が即位したことにより、天皇の親政を求める勢

II-7　三条殿焼き討ち（『平治物語絵巻』ボストン美術館所蔵）

II-8　信西の首を掲げる検非違使（『平治物語絵巻』静嘉堂文庫美術館所蔵）

力も台頭してきた。

台頭が著しかったのが平家であって、清盛は乱の恩賞で大国の播磨を知行し、弟教盛が淡路を、保元三年（一一五八）八月に大和を知行し、乱前の二か国知行が五か国知行となり、さらに保元三年八月に清盛が大宰大弐になって、日宋貿易に深く関わり、天皇の直轄領を経営する後院《ごいん》の年預《ねんよ》になって経済的基盤を充実させた。政治的には後白河院の院庁の別当となったばかりか、二条天皇の乳父《めのと》にもなった。

平治《へいじ》の乱は、政治の実権を急速に握った信西に対する院近臣の反発や、二条天皇の親政を求める動きがあわさって起きた。院近臣の藤原信頼《のぶより》が武力を源義朝に頼み、四月二十日に改元された平治元年（一一五九）の十二月九日、清盛が熊野詣に赴いた隙を狙い、兵を挙げた。

『百錬抄』には、「右衛門督《うえもんのかみ》信頼卿、前下野守義朝等謀反す。三条烏丸《さんじょうからすま》御所に放火し、上皇、上西門院〔上皇の姉〕を大内の一本御書所《いっぽんごしょどころ》に移し奉る」とあって、信頼・義朝らは三条烏丸の院御所を襲って火を放ち、上皇を大内の一本御書所に移したという。『平治物語』の記すところでは、信西は宇治田原に逃れたが、観念して自殺を遂げたという。信頼は早速に除目を行なって義朝を四位に、義朝の子頼朝を右兵衛権佐《うひょうえごんのすけ》になした（『愚管抄』）。

しかし成り上がり者である、と信頼に不信を抱き、院の政治に危機感をもっていた旧勢力は、この行動を支持しなかった。信西とともに鳥羽院に仕え、記録所の運営にあたっていた内大臣の三条公教を中心に打開策が練られた。二条天皇の側近を取り込み、熊野詣の最中にあった平清盛が六波羅に帰還するのを待った。

その清盛帰還を許したことが、信頼・義朝勢力の第一の失敗であり、信頼の子信親《のぶちか》の護衛に付けられていた清盛の侍の難波経房《つねふさ》・館貞安《たちさだやす》・平盛信《もりのぶ》・伊藤景綱らを信頼が清盛に戻したのが第二の失敗。最大の失敗は、天皇が六波羅に入ることを阻止できなかったことで、摂関家の忠通・基実《もとざね》父子も入ったことにより、信頼の孤立は明らかとなり、信頼・義朝追討の宣旨が出された。

信頼は上皇に助けを求めたが、その途中で捕まって処刑され、源義朝は平家軍と戦って敗れる。この時の清盛の勇姿を『愚管抄』は次のように記している。

大将軍清盛ハ、ヒタ黒ニサウゾキテ、カチノ直垂《ひたたれ》ニ黒革オドシノ鎧、ニヌリノ、矢オイテ、黒キ馬ニ乗テ、御所ノ中門廊ニ引寄セテ、大鍬形ノ甲取テ着テ、緒シメ打出ケレ。

義朝の子朝長は都を落ち行く途中の美濃の青墓で自害し、義朝と郎等の鎌田正清は尾張の内海庄司《うつみのしょうじ》長田忠致《おさだただむね》の宅に逗留したところを寝返りにあって亡くなり、合戦で武勇を発揮した義朝の子悪源太義平は石山寺辺で捕まって六条河原で斬首された。頼朝・希義《まれよし》は捕まった後、伊豆と土佐に流された。

平治の乱についても『平治物語』が書かれたが、『保元物語』と同様に琵琶法師によって流布し、さらに絵巻『平治物語絵巻』が鎌倉後期に描かれ、そこに載る悪源太義平の活躍や三条殿焼き討ちの御所の炎上の場面（図Ⅱ－7）、信西の首を長刀に付けて検非違使が歩む場面（図Ⅱ－8）、さらに大鎧を着けた武士のスタイルが大きな影響を後世に与えたことであろう。

武家と二頭政治

乱はあっけなく終わり、平治元年（一一五九）十二月二十九日、合戦の恩賞で平頼盛《よりもり》が尾張守に、平重盛が伊予守に任じられたほか、遠江守に平宗盛、越中《えっちゅう》守に平教盛、伊賀守に平経盛がいるなど平家の知行国は乱前の五か国から七か国に増え、経済的にも抜きんでた存在となり、政治的地位は不動なものとなった。

後白河上皇は院政の復活を試み、二条天皇もまた親政を望んだので、両勢力の争いが勃発し、天皇側近の藤原経宗《つねむね》・惟方《これかた》が、院に国政を沙汰させず、親政を画策しているという噂が伝わった。怒った院は「ワガ世ニアリナシハ、コノ惟方・経宗ニアリ、コレヲ思フ程、イマシメマイラセヨ」（『愚管抄』）と清盛に命じ、二人を捕縛させ、惟方の知行する武蔵を清盛に与えた。

これにより武蔵が平家知行国となって、関東への平家の足がかりが生じた。清盛は永暦《えいりゃく》元年（一一六〇）六月、念願の三位《さんみ》の公卿に昇進すると、八月五日に厳島社に「年来の宿願」と称して赴きその喜びを伝えている。

清盛は保元の乱前、安芸守の時から安芸一宮の厳島社を深く信仰するようになっており、その清盛が高野山の根本大塔の造営に関わり、材木を手にしていた時、僧が現れて「日本の国の大日如来は伊勢大神宮と安芸の厳島である」と告げ、伊勢大神宮は「幽玄」で恐れ多いことから、「汝は国司であるから早く厳島に奉仕するように」と述べて姿を消したという。

大塔には大日如来が安置され、現れた僧を弘法大師の化身と考えたのであろう。その後、清盛が神拝のため厳島社に赴くと、巫女が託宣し、清盛は従一位《じゅいちい》の太政大臣にまで昇り、伴の後藤太能盛《よしもり》も安芸守になる、と予言したという（『古事談』巻五の三十三話）。

清盛は平家が武家として朝廷を守護する存在になることをこの時に確信したであろう。事実、三位になった六日後に政治に参画する参議に任じられて、政権掌握へと歩んだ。時勢の動きに沿い、朝廷を支える武家の地位を獲得していった。『愚管抄』は清盛について「時ニトリテ、世ニタノモシカリケレ」と記している。

やがて上皇と天皇の争いも一段落、両者の関係は波乱含みながら安定し、「院・内、申シ合ツヽ同ジ御心ニテ」と称される、共同して国政に関わる二頭政治が行なわれ、それを武力の面で清盛が、政治の面で摂関が支えた。このように白河・二条の両主による二頭政治が行なわれるなか、清盛は永暦二年（一一六一）正月に検非違使別当となって、京都の警察行政を掌握し、九月十三日に中納言に昇任した。

二君に奉仕した清盛の動きを、『愚管抄』は「清盛ハヨク〳〵ツヽシミテ、イミジクハカラヒテ、アナタコナタシケルニコソ」と記しており、この「アナタコナタ」とは二君に仕え、盤石の体制を築いたことを意味している。

だが『愚管抄』が「主上〔二条院〕世ノ事ヲバ一向ニ行ハセマイラセテ」と記すように、天皇が院の国政介入を拒否し、院政を停止すると、清盛は「押小路《おしこうじ》東洞院《ひがしのとういん》ニ皇居ツクリテオハシマシテ、清盛ガ一家ノ者サナガラソノ辺ニトノヰ所ドモツクリテ、朝夕ニ候ハセケリ」（『愚管抄』）と、押小路東洞院の内裏に武士を派遣し、宿直して警護する体制を整えた。後々まで続く武家が皇居を守る大番役成立の前段階である。

院は東山に法住寺御所を建て、その鎮守として永暦元年（一一六〇）に新熊野社《いまくまの》と新日吉社《いまひえ》を建てたが、その新日吉社の神事には在京する武士に流鏑馬を勤めさせた。諸国では武士が一宮の神事に相撲や流鏑馬などを勤め、中央では新日吉社の神事に武士が奉仕するシステムが整った。

後白河院政と武家政権

院は新熊野社で精進し、応保二年（一一六二）二月に熊野に赴いて都に戻ると、熊野での奇瑞から千手観音を本尊とする蓮華王院（三十三間堂）を法住寺殿御所に付属して造営した。蓮華王とは千手観音の別称である。これの造営には清盛が備前国を知行してあたり、家督の重盛はこの賞で長寛《ちょうかん》二年（一一六四）に正三位の公卿になった。

病の二条上皇が、六条天皇に譲位した直後の永万《えいまん》元年（一一六五）七月二十八日に押小路東洞院の内裏で亡くなり、永万二年（一一六六）七月には摂政の藤原基実も亡くなった。『愚管抄』が「俄ニ《にわか》コノ摂政ノウセラレニケレバ、清盛ノ君、コハイカニトイフバカリナキナゲキニテアル」と記すように、基実を婿にしていた清盛は大いに嘆いたが、これにより院政への障害はなくなったのである。「世ノ政ハミナ院ノ御サタ」と、院政が完全に復活し、院は単なる「おりゐの帝」（位をおりた帝）から「治天の君」（政治を執る王）となり、すぐ十月十日に清盛の甥にあたる憲仁《のりひと》親王を皇太子（高倉天皇）とした。清盛が東宮大夫、他の平氏一門が東宮職を占め、東宮を平氏が支える体制が築かれ、仁《にん》安《あん》元年（一一六六）十一月に清盛は内大臣に昇進、この清盛の後援を得て後白河院政は本格的に開始した。

仁安二年（一一六七）二月、法皇は清盛を太政大臣、重盛を大納言に任じ、五月十日に海賊追討の宣旨を重盛に下した。追討・追捕の宣旨はこれまでは受領や検非違使に下されていたもので、高い地位にある大納言に出されることはなかった。これは現実の海賊の横行に対処するというより、武家の存在を国制として位置づけ、あわせて重盛の武門による長として立場の継承を認めたものである。

その七日後、清盛は太政大臣の辞表を出して受理され、政界からの形式的引退と家督重盛への自己の地位の継承とを示した。軍制・官制において、武家権門による平氏政権が誕生したのである。

とはいえ、平氏は直接に国政の運営には加わらなかった。政治の大事は公卿の意向を聞いて、摂政の松殿基房《もとふさ》（基実の弟）の内覧を経て院が裁断、通常の政務は蔵人や弁官などが院の近臣の伝奏を通じ、院からの指示を受け、摂政の内覧を経て執行されるなど、院政下での武家政権であった。

平氏政権の経済的基盤の一つは知行国にあり、平治の乱後の七か国がこの時期までに十二か国に増え、以後、治承《じしょう》三年（一一七九）までに、国の変化はあるものの維持されてゆく。二つ目は荘園であって、平家が寿永《じゅえい》二年（一一八三）に都落ちして没収された「没官注文《もっかんちゅうもん》」に載る所領は五百余か所あり、それに載らない所領もあり、増減などを考えると、ほぼこの数値へと増加していったものと考えられる。

一門の所領のうち池禅尼の息子、平頼盛の所領は、源平合戦中の寿永三年（一一八四）四月五日と六日に源頼朝によって安堵され、荘園が三十四か所、うち頼盛が領主として知行するのが二十二か所

（うち没官注文に載る所領は十七か所）、八条院に仕えて知行するのが十か所、妻の所領が二か所であって、伊賀・伊勢を中心に東は駿河の大岡荘、西は鎮西に及んでいた（「久我文書」）。広大な筑前の安富領や日向の国富荘を頼盛が知行していたのは、大宰大弐となって慣例を破り大宰府に赴任していたからである。

平氏政権の基盤

平家領荘園の形成の一端を物語るのが、永万二年（一一六六）に成立した備後国大田荘である。備後の世羅郡大田・桑原郷を清盛の子尾張守重衡《しげひら》が院に寄進して出された院庁下文は、荘園の境を定め田畠や在家・桑の数を報告するよう在庁官人に命じている。

これに基づいて国司から国司庁宣が留守所《るすどころ》に出され、留守所から留守所下文が出され、立券状が作成され、院領荘園として成立したのであるが、実質の権利は清盛が握り、本所が院、領家が清盛、預所《あずかりどころ》が重衡の系列で経営された。さらに年貢の積みだしの湊として、尾道浦が追加された。院領であったため、没官注文には載らずに、院から高野山に寄進されたことから、その実情が知られることになった（『高野山文書』）。

三つ目の経済的基盤は日宋貿易であって、大宰府や博多周辺の地を知行し、摂津の大輪田泊を整備した。応保二年（一一六二）、清盛は家人の安芸前司藤原能盛《よしもり》を派遣して摂津の八部《やたべ》郡の検注を行なわせ、小平野・井門・兵庫・福原の四つの平家領荘園の領域を拡大させた（「九条家文書」）。

出家して福原に別荘を造営した清盛は、仁安四年（一一六九）三月二十日に院を大輪田浦に迎えて千僧供養を行ない、九月二十日に福原の別荘で院と宋人との対面を実現させた。『延慶本《えんぎょうぼん》平家物語』によれば、阿波の豪族粟田氏の阿波民部大夫成能《しげよし》に命じて経島《きょうがしま》を築かせ、往来する船から石を投入させたという。貿易でいかなる利益を得たかは明らかでないが、宋銭の流入は経済に大きな影響をあたえたことは疑いない。

平氏一門はここから瀬戸内海を経て篤く信仰する厳島神社に参拝に赴き、武家政権の護持を頼んだ。長寛二年（一一六四）九月、清盛は厳島社に平家文化の粋を集めた「平家納経」を寄せたが、その願文には、安芸の「伊都岐島大明神」を信仰してからというもの、「家門の福禄」「子弟の栄華」がもたらされたとあり、『妙法蓮華経』一部廿八品《にじゅうはちほん》と『無量義経』『観普賢経』『阿弥陀経』『般若心経』など各々一巻を書写し、宝殿に安置するとした。

清盛を始め「家督三品武衛将軍《かとくさんぼんぶえいしょうぐん》」重盛らの子息、舎弟「将作大匠《しょうさくだいしょう》」頼盛、「能州」教盛、「若州」経盛、「門人家僕」などすべて三十二人が一品一巻ずつ、善と美を尽くして制作にあたったという。ここからは武家政権が清盛・重盛を中心に平家一門、門人家僕などの家人が中核をなしていたことがわかる。

政権の根拠地は京の東の六波羅であって、京から山科に抜けて東国へとつながる起点、大和大路を経て南都を結ぶ道の起点という交通の要衝である。六波羅は清盛の祖父正盛が天仁三年（一一一〇）に阿弥陀堂を建てたのに始まり、忠盛がこの地に池殿を造営した。六波羅邸を継承した清盛は、平治の乱で熊野詣からここに帰還、源義朝が六条河原へ押し寄せると、清盛は「六波羅には五条の橋をこぼちよせて、垣楯掻てまうけたり」と防いだという（『平治物語』）。

『延慶本平家物語』は次のように六波羅邸について記している。

　南門は六条末、賀茂川一丁を隔つ。元、方町なりしを此の相国《しょうこく》〔清盛〕の時四丁に造作あり。是も屋数百二十余宇に及べり。是のみならず北の倉町より初て専ら大道を隔て、辰巳の角の小松殿に至るまで、廿余町に及ぶまで造営し、

清盛は館を方四町に拡大し、その邸宅泉殿を中心に、弟頼盛の池殿、教盛の門脇殿、子の重盛の小松殿など一門の屋敷が立ち並び、周辺には殿原や郎従・眷属の住居が広がっていた。

さらに八条大宮周辺の方六町の地に西八条殿を建て、妻時子を住まわせ、下京を東西で挟むとともに、八条朱雀から南下して作道を経て淀に出る、西国支配の拠点とした。

この六波羅や福原・西八条は発掘が行なわれており、建物が大きく領域も広かったことがわかった。市街地化の著しいなか、全貌は明らかでないが、僅かに西八条殿では建物の配置が知られている。

館の社会

日宋貿易を行なうには、奥州産の金を必要としたこともあり、奥州の藤原秀衡《ひでひら》を嘉応《かおう》二年（一一七〇）五月に鎮守府将軍に任じた。基衡の跡を継承した秀衡は、平泉館を整備し、その柳之御所《やなぎのごしょ》遺跡からは宴会用の大量の土器や大陸渡来の白磁、国産陶器、絹を人々に与えるリストを記した折敷《おしき》（板で作った食器）が出土、郭内に建物遺構がある。

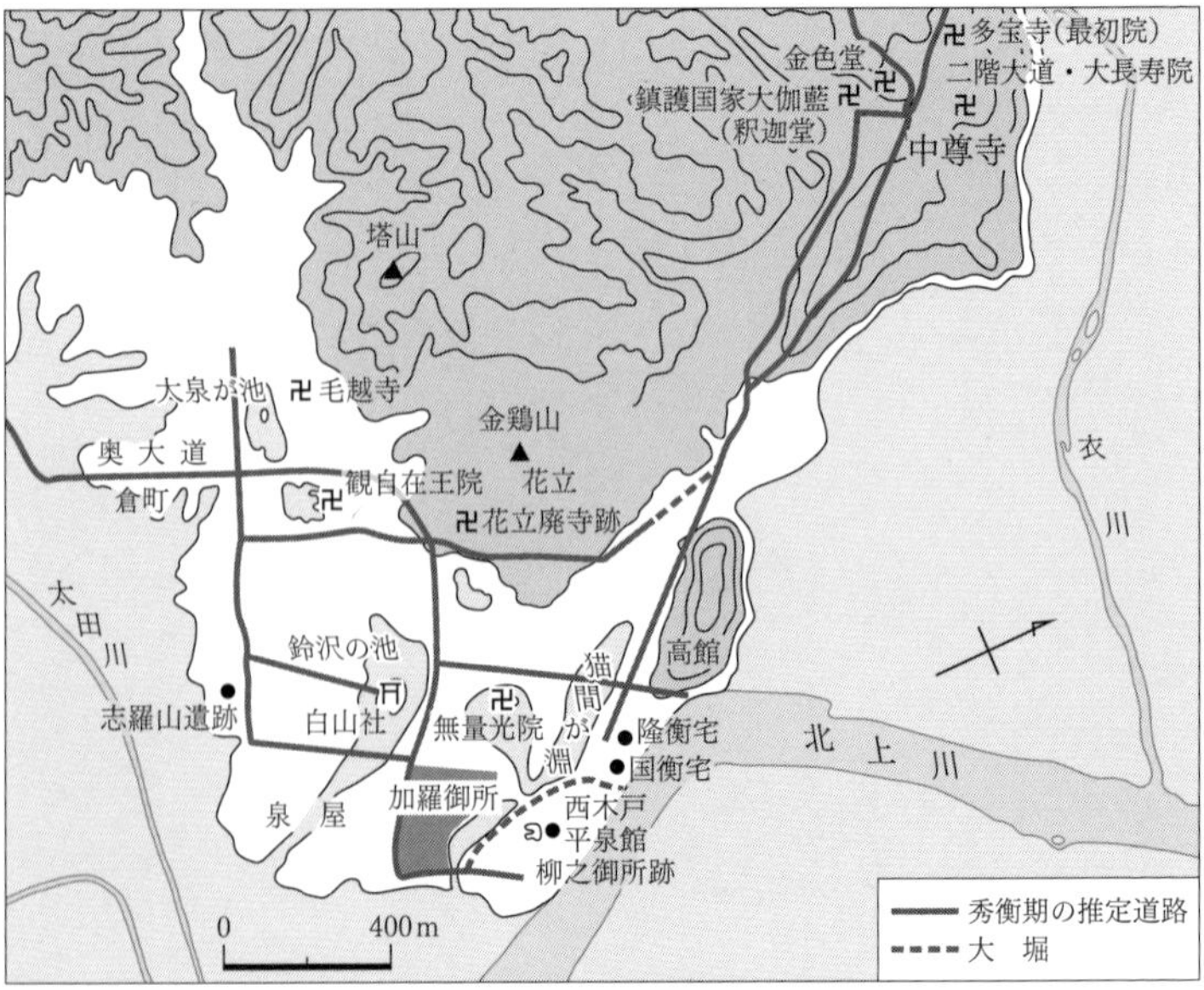

II-9　平泉の発掘成果（入間田宣夫・豊見山和行『日本の中世』第5巻「北の平泉、南の琉球」、中央公論新社、2002年、114頁の地図をもとに作成）

秀衡は子弟を館周囲に配置し、自らは無量光院の東門の伽羅御所を居所となして、その西に小御所を設け、持仏堂の無量光院を宇治の平等院に模して建て、毛越寺周辺に街区を形成した(図II－9)。毛越寺の東隣にはかつて基衡館があったと考えられるが、その跡に建てられた観自在王院の南大門の南北路に東西に数十町に及び倉町が造り並べられ、数十宇の高屋が建てられたという(『吾妻鏡』)。一門は本吉冠《もとよしか》者《じゃ》隆衡《たかひら》が本吉郡に、比爪《ひづめ》俊衡《としひら》が斯波《しわ》郡にと平泉周辺の地に館を構え、奥州南部には郎等の佐藤《さとう》庄司《しょうじ》継信《つぐのぶ》・忠信《ただのぶ》が館を構えていた。

関東に目をやると、永暦元年(一一六〇)に伊豆に流された頼朝の警固にあたったのは、伊東・工藤・北条・狩野などの伊豆の在庁官人であり、そのうち工藤氏の工藤祐経《すけつね》は院の武者所に仕え、北条氏の時政は、伊豆平野の中央を流れる狩野川に沿う守山の麓に館を占めていた。発掘調査によって仁安の頃（一一六六―六九）から賑わっていたことが知られている。

この時期の南関東の武士の動きを活写しているのが『真名本曾我物語《まなぼんそが》』で、「武蔵・相模・伊豆・駿河、両四箇国の大名たち、伊豆の奥野の狩して遊ばむとて、伊豆の国へ打越えて伊藤（伊東）が館へ入りにけり。助親《すけちか》（祐親）大きに喜て、様々にもてなしつつ、三日三箇夜の酒宴あり」と、東海道四か国の武士たちの狩や武芸による交流を描いている。

事件は、伊東祐親の館に入って酒宴を行ない、奥野で狩を行なった、その狩の後に「馬の上、歩《かち》立《だち》、腕取《うでどり》、躍超物《おどりこえもの》は武士の仕態《しわざ》なり」と始めた相撲を発端に起き、曾我兄弟の敵討へとつながる。館の主である伊東祐親の子河津祐通《すけみち》が、同族の祐継《すけつぐ》の子工藤祐経に殺害されたので、祐通の子の兄弟は、母の再婚相手の曾我祐信《すけのぶ》のもとで育った。

親族の武士である「三浦介義澄《よしずみ》は伯母婿なれば、これにても五、六日は遊び」「和田左衛門義盛《よしもり》は母方の伯母婿なれば、此れにても二、三日は遊び」とその館を訪れて成長した。そのほか訪れた武士の館は渋谷庄司重国《しぶやのしょうじしげくに》、本間、海老名、渋美（二宮）、早川（土肥）、秦野権守など相模一帯の有力武士であり、彼ら東国の武士は保元・平治の乱に都に出て、家の名乗りを高らかに叫んで存在感を示し、帰郷して所領の中核となる宅を館となし、館を中心とする独自な館の社会を築いていた。

三浦氏は三浦半島に衣笠城《きぬがさじょう》を築いて一族は半島一帯に広がり、鎌倉党は梶原景時《かげとき》が鎌倉郡に、大庭景義《かげよし》・景親兄弟が大庭御厨に館を構え、その北の渋谷荘には武蔵の秩父氏の流れを汲む渋谷氏が館を構えていた。武蔵では秩父氏の子孫が河越・畠山・渋谷・豊島・葛西・小山田・稲毛・榛谷《はんがや》などの家を形成、このうちの稲毛氏の拠る稲毛荘は、二百六十町の田のうち新田が五十五町あって、この新田が稲毛氏の直営田に相当する収入源であった。ほかに横山党は多摩郡にあった。

下野では、「小山と足利とは一流の好み有りといへども、一国の両虎たるにより、権威を争ふ」と、藤原姓の小山氏と足利氏とが一国の両虎として武威を争う存在で（『吾妻鏡』）、彼らは利根川を挟んで武蔵の秩父氏とも争いを繰り返していた。常陸では常陸北部の奥十二郡に佐竹氏が勢力をのばし、南部は筑波山を挟んで常陸大掾《だいじょう》氏が勢力を広げ、多気《たけ》、下妻、東条、真壁、吉田、石川、行方《なめがた》、鹿島、小栗などの武士が広がっていた。

下総では下河辺《しもこうべ》・千葉、上総では上総氏が大勢力を築いていた。甲斐では武田氏が甲府盆地の周辺に勢力をのばし、一条・安田・石和《いさわ》・加賀美・板垣などの家を興したほか、工藤氏や市川氏、在庁官人の三枝《さいぐさ》氏もいた。武田信義《のぶよし》の子有義《ありよし》は都に出て平重盛に仕え兵衛尉になった。

北陸道では、越後の城《じょう》氏が会津に勢力を広げ、越中で石黒、加賀《かが》で斎藤・林・富樫、若狭で稲葉氏などの有力武士たちが広がっていた。

西国の武士の館

畿内とその周辺地域は、美濃に土岐・小河・蓑浦《みのうら》・上田・葦敷《あじき》氏、近江には義光流源氏一門や佐々木氏、伊賀・伊勢では平氏家人の勢力が広がり、大和には大和源氏の宇野氏、河内には河内源氏、紀伊には湯浅党があった。

摂津渡辺には源競《きそう》など一字名の源氏や藤原姓の渡辺党の武士が広がり、その出身の「遠藤武者」盛《もり》遠《とお》こと文覚《もんがく》は、神護寺の再興勧進のため後白河院中に赴いて乱入し、伊豆に流された。多くは和泉《いずみ》の和田、摂津の真上、河内の水走《みずはい》氏など小武士団であって、水走氏の場合、「河内郡有福名水走の開発田」を中心に大江御厨の川俣・山本の執当職《しっとうしき》、河内一宮の枚岡《ひらおか》神社の社務・公文職《くもんしき》、周辺の寺の俗別当職《ぞくべっとうしき》など様々な職《しき》を有していた。

西国に目をやると、山陰の伯耆《ほうき》では海六《かいろく》大夫成盛《しげもり》が一国の豪族として支配を広げ、備中では妹尾氏、備後の沼田《ぬた》氏、安芸では厳島社の神主佐伯氏が平氏と結んで勢力を広げていた。四国では阿波《あわ》の有力な在庁官人粟田氏出身の阿波民部大夫成能が清盛に仕えて摂津の大輪田泊の修築に関わり、伊予の河野通信《みちのぶ》は後白河院の北面となって勢力を広げ、土佐には頼朝の弟希義《まれよし》が流され、また蓮池権守などの武士がいた。

九州では肥前に松浦党があり、筑前に山鹿氏があったが、さらに大宰府府官の原田種直は平氏政権の大宰府支配の橋頭堡《きょうとうほ》となり、同じ府官出身の菊池氏は肥後北部に独自の勢力を保持していた。薩摩《さつま》には阿多平権守忠景《ただかげ》、薩摩・大隅《おおすみ》・日向南部に及ぶ広大な島津荘の現地を支配する惟宗《これむね》氏（島津氏）、豊後《ぶんご》に緒方氏、豊前《ぶぜん》に宇佐大宮司があって、その一族は豊後国東《くにさき》半島の富貴《ふき》寺阿弥陀堂を建立し、外護していた。

これら地方の武士たちは、国の一宮に流鏑馬や相撲の武芸を奉納して結びつきを強めるいっぽう、大番役で在京し、平家に「家礼《けらい》」の待遇を受けたり、「家人《けにん》」として「服仕」することがあった。また院や女院、摂関家などの権門に仕えた。

彼ら武士の所領経営を物語るのが備後の大田荘の下司《げし》橘兼隆《かねたか》と太田光家《みついえ》である。建久《けんきゅう》元年（一一九〇）十一月の高野山の訴えによれば、数百町の田畠に加徴米反別二升五合を課した「門田門畠」と称して公物を押しとったばかりか、「雑免」と称し寺の所役を納めず、数百宇の在家の所役を納めず、「平民の百姓」を駆使しているという。館があり、門田・門畠があり、周辺に田畠・在家が広がる同心円的な領主支配の構造が見てとれる。

源平の争乱直後のことで、訴状によく見られる過剰な表現ではあるが、多くの荘園の武士は、「門田門畠」を直営とし、公田畠からは「雑免」「加徴米」を徴収し、在家から公物を得ていた。また新田畠を開発して所得としていた。

以上、源氏平氏の武士が家を形成、武士団としてまとまりを有するようになり、家の習いや流儀が生まれるなど、武士が成長し、やがて朝廷の家の争いにかかわって武家形成の道を開き、保元・平治の乱にのぞんだ結果、平氏が武家政権を形成してきたことを見てきた。次はその武家政権の展開を見てゆく。

コラム　為朝伝説の行方

保元の乱で活躍した鎮西八郎為朝については、『保元物語』に逃亡を続け近江の坂田で捕らえられ、八月に肘を外し弓を射ることができないようにされてから伊豆大島に流刑となった。九年後の永万元年（一一六五）に鬼の子孫で大男ばかりが住む鬼ヶ島に渡り、島を「蘆島」と名づけ、この島を加えた伊豆七島を支配したが、嘉応二年（一一七〇）に工藤茂光《しげみつ》らに攻められ自害したという。このことから、様々な伝説が生まれた。

九州の各地には為朝伝説が多く残るが、江戸時代になると、為朝は伊豆諸島では死なずに琉球《りゅうきゅう》に流れたとされるようになる。琉球王国の『中山世鑑《ちゅうざんせいかん》』や『おもろさうし』は、このとき源為朝が琉球へ逃れ、大里按司《あじ》の娘と子をもうけ、その子が初代琉球王舜天になったとしている。浮世絵にも描かれたが、曲亭馬琴作・葛飾北斎画のスケールの大きな『鎮西八郎為朝外伝　椿説弓張月《ちんせつゆみはりづき》』が書かれ、そこでも琉球に渡った為朝が琉球王国の初代琉球王舜天につながるとする。

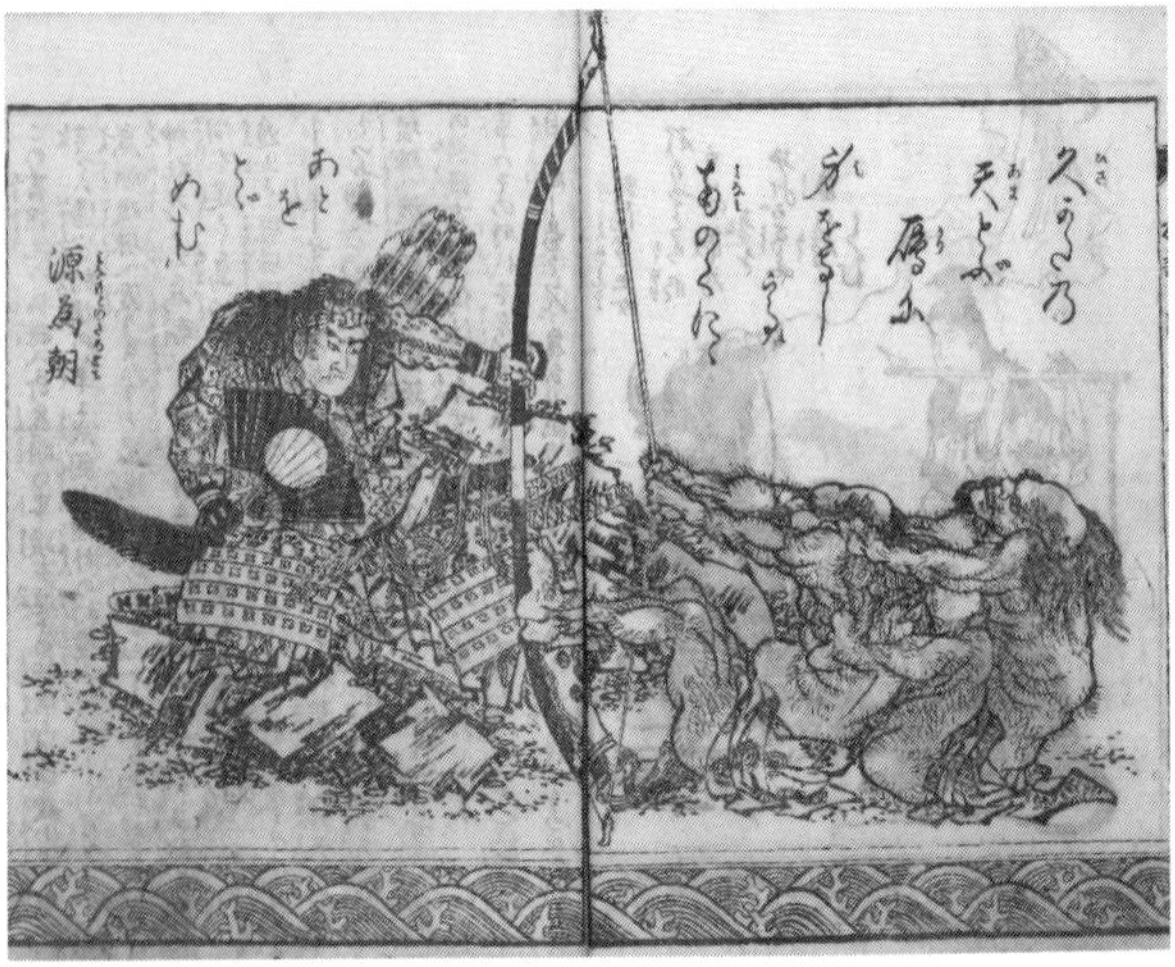

葛飾北斎挿画『鎮西八郎為朝外伝 椿説弓張月』(1807-11年)

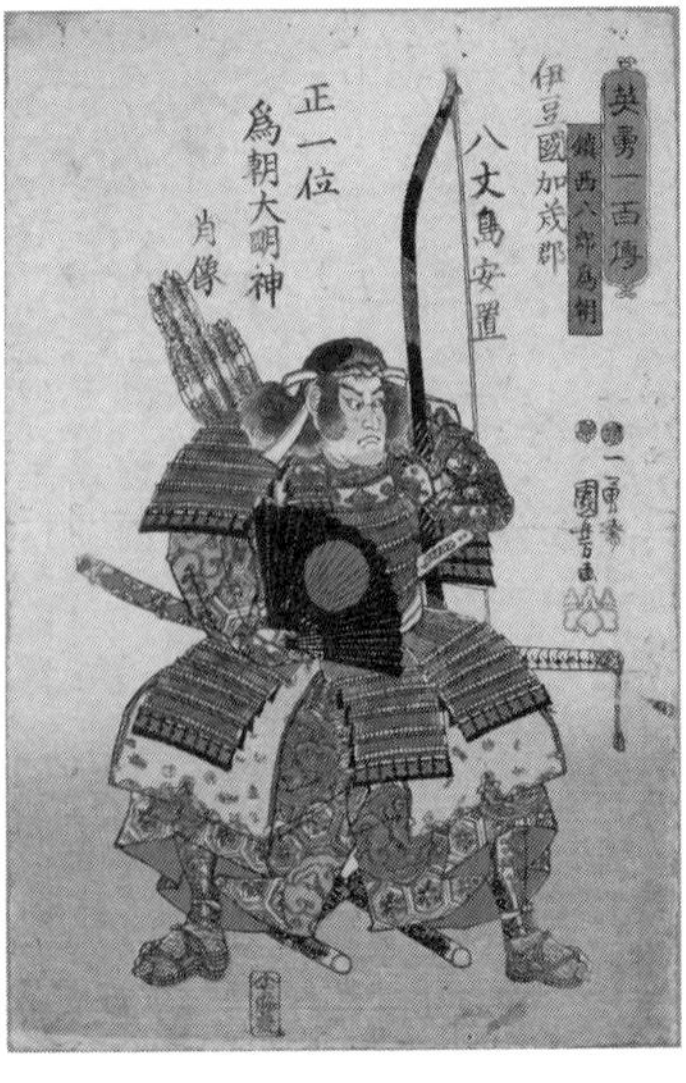

歌川国芳『伊豆国加茂郡八丈島安置正一位為朝大明神肖像』(1851年)

第Ⅲ章

武家政権と武士

伝源頼朝坐像
(東京国立博物館所蔵、出典:ColBase (https://colbase.nich.go.jp/))

一　二つの武家

内乱の始まり

院政下の武家政権として、院と平家とは協調関係にあったが、安元《あんげん》二年（一一七六）七月八日に両者を結んでいた建春門院が亡くなり、さらに山門（延暦寺）の強訴があったことで両者に亀裂が走った。大衆は加賀白山の末寺鵜川寺の僧と争った加賀守藤原師高《もろたか》の配流を要求、比叡山から下ってきたのだが、矢で射られた神輿を放置したことから、院は神威を恐れ山門の要求に屈した。

無念の院を襲ったのが安元三年（一一七七）の「太郎焼亡」と称される京都の大火である。これを目の当たりにした院は態度を翻し延暦寺の住職である天台座主《ざす》の明雲《みょううん》の座主職を解いて所領を没官し、五月二十一日に配流に処した。伊豆に向かう明雲の身柄を大衆に奪われると、福原から清盛を呼び寄せ、東西の坂本を固めて攻めるよう命じた。

躊躇する清盛の西八条邸に多田源氏の源行綱《ゆきつな》が訪れ、藤原成親《なりちか》らの謀議を密告した。『愚管抄』は、院が東山の鹿ヶ谷《ししがたに》にある静賢《せいけん》法印の山荘に御幸した際、近臣の藤原成親や西光《さいこう》、法勝寺執行《しぎょう》の俊寛《しゅんかん》らが集って、平氏打倒を議し、行綱を召して旗揚げの白旗用に宇治布三十反を与え、合戦への用意を命じたという（鹿ヶ谷の陰謀）。

密告を聞いた清盛は行綱持参の布を焼き捨て、西光を呼び出し「ひしひし」問い詰めて、すべて白状させると、六月四日、院の近習を搦め取り、俊寛や検非違使の平康頼《やすより》ら六人を流罪に処した。院に

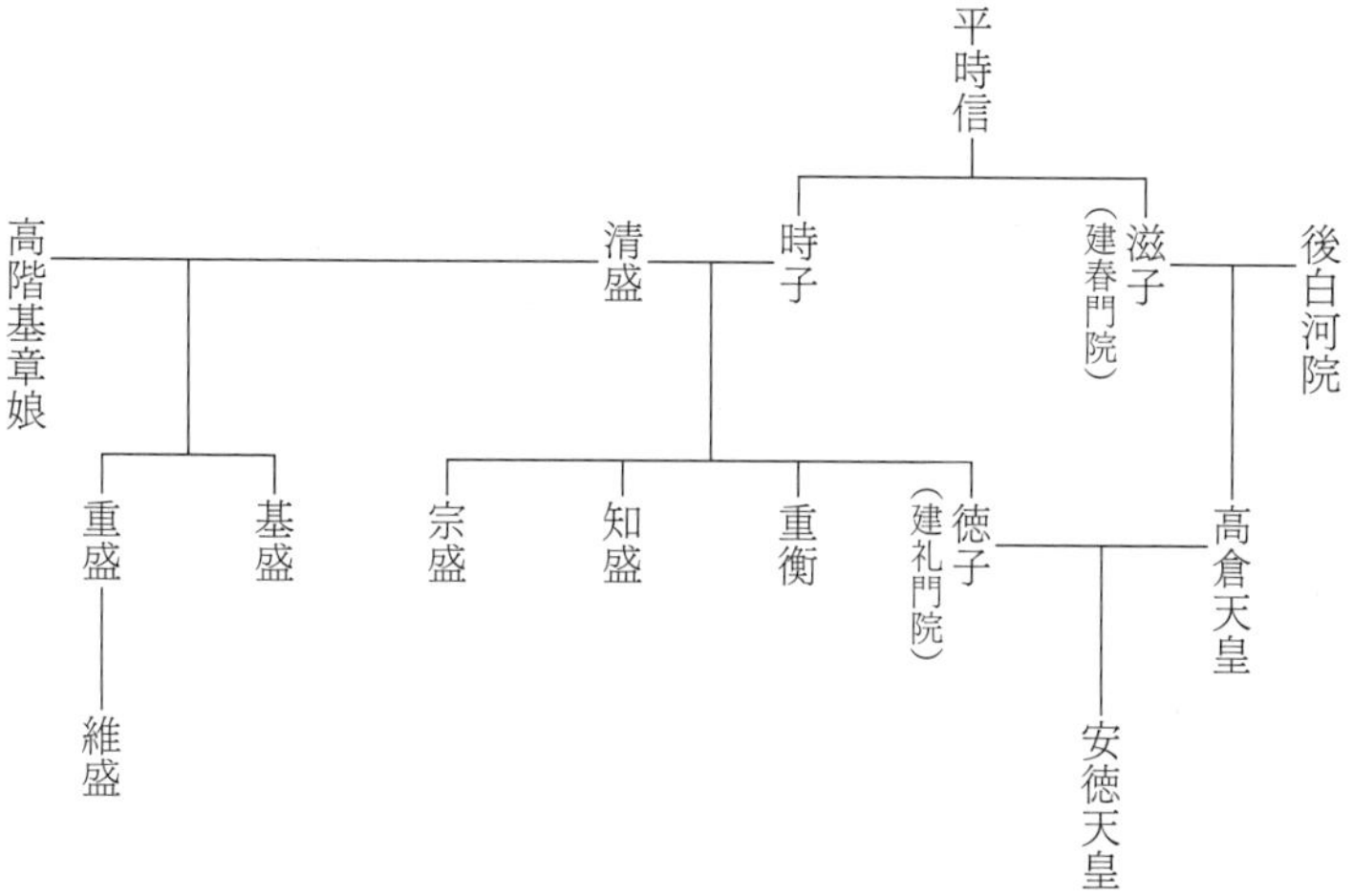

Ⅲ-1　平氏系図３

累は及ばず、未遂に終わったが、反平氏の動きは明らかとなった。

　鹿ヶ谷事件後、清盛は高倉天皇の皇子誕生を望んでいたが、娘の中宮徳子の懐妊がわかり、治承二年（一一七八）十一月十二日に皇子が誕生して喜び、皇子の身体を守ることに精力を注いだ。皇子は治承四年（一一八〇）二月に践祚して（安徳天皇）、清盛の喜びはいっそうのことであったが、治承三年六月には高倉天皇准母であった娘盛子が亡くなり、閏七月に家督の重盛が亡くなるなど悲しみが続いた。

　そこに山門の学生と堂衆とが争う学生・堂衆合戦が起き、城郭を構え、両者が勝負を決するという噂が流れ、学生が朝廷に訴えたので、七月二十五日に院は悪僧追捕の宣旨を出し平氏に追討を命じた。ためらう清盛に、十月九日、亡くなった重盛知行の越前が没収され、関白基房の子師家《もろいえ》が、前摂政基実の子で清盛の娘婿基通《もとみち》の官職を超越し、中納言に任じられた。清盛の面目は丸潰れとなり、法皇に裏切られたとの思いが湧き、強硬な態度に出た。

十一月十四日、数千の大軍を擁して福原から上洛し、西八条の邸宅に入った清盛は「武者ダチテ俄カニ上リテ、我ガ身モ腹巻ハヅサズ」という戦《いく》さ姿であったと伝える（『愚管抄』）。「天下を恨み、一族を引き連れ鎮西に下る」と、院に圧力をかけたことから院は屈した。院政が停止され、基房に代わって基通が関白・内大臣となり、十六日には院近臣が搦め取られ、十七日に大量の院近臣が解官され、十九日に院の身柄が鳥羽殿に移されてしまう。

しかし清盛に新たな政治方針とてなく、大量の知行国を手にして福原に戻った。だが、院を鳥羽殿に幽閉した影響は大きかった。これまで武士や武家は院の命令で動いてきており、実力で治天の君を代えることはなかった。これを契機に武士が積極的に政治に介入する道が開かれ、武力を行使し反乱を起こすことが可能となった。禁は破られたのである。

以仁王の乱

翌治承四年（一一八〇）二月二十一日に安徳天皇が位につくが、その頃、源頼政は法皇の皇子・以《もち》仁《ひと》王の三条高倉御所を訪れ、東国の源氏をはじめとする武士たちに挙兵をよびかける令旨を出し、平氏一族を討って天下を執るよう進言したという。その令旨には「清盛法師」の「悪行」が次のように記されていた（『吾妻鏡』）。

威勢をもって凶徒を起こし、国家を亡じ、百官万民を悩乱、五畿七道を虜掠、皇院を幽閉、公臣を流罪し、命を絶ち身を流し、淵に沈め楼《ろう》に込め、財を盗みて国を領し、官を奪ひて職を授け、功無くして賞を許し、罪にあらずして過に配す。

クーデター後の清盛の「悪行」をかぞえあげ、平氏追討への決起を源氏に促したのである。熊野にいた源氏一門の源行家が八条院蔵人に任じられ、令旨は東国各地の源氏や武士に伝えられた。これが列島全体にわたる内乱の始まりであって、各地で自力を蓄えていた武士たちが動き始めた。

三条宮（以仁王）の謀反はすぐに発覚し、五月十四日に鳥羽殿にいた院が京に移され、翌日に宮の配流が決まり、検非違使が三条高倉の御所に向かったが、頼政は宮を連れて三井寺に逃げ込んでいた。宮と源氏は三井寺大衆と結びつき、山門の大衆にも協力を要請したが、拒まれたので五月二十六日に三井寺を出て南都に向かい、興福寺の大衆を頼ったところ、その途中を官軍に攻められ宇治であえなく討死した。

『平家物語』は、この時の宇治川の合戦を詳しく描く。橋桁《はしげた》がはずされた宇治橋の上を渡って奮戦する悪僧、馬筏《うまいかだ》で川を渡った平家方の関東武士の足利忠綱の心意気など、日頃の合戦での成果が発揮された。一件が落着した二十六日、清盛は福原から上洛し、追討にあたった武士たちに恩賞をあたえ、来月三日に天皇・法皇・上皇らを福原に移すことを伝えた。

この急な知らせを聞いた右大臣九条兼実《かねざね》は「仰天の外他無し」と驚いたが（『玉葉《ぎょくよう》』）、清盛は早くから決めていたものと見られる。これまで列島の各地の動きを基本的に受け止めたのは院であり、柔軟に対応してきたが、その院を押し込めた迂闊さを清盛は思い知らされ、事態の深刻さを理解したに違いない。攻められるのに弱い京都の地形的条件を知っていたこともあり、遷都によって事態を切り抜けようとしたのである。

遷都はすぐに進められ、六月二日に福原遷幸があって、平頼盛の家が内裏に、清盛の家が上皇に、平教盛の家が法皇にあてられ、都の造営が進められた。この頃から飢饉の前兆が現れ、高倉院が病気になるなど不穏な空気が漂い始めたところに、八月中旬、熊野の大衆を率いる権別当湛増《たんぞう》が謀反を起こしたという報が入り、東国からも、八月十七日に頼朝が伊豆で兵を挙げて伊豆目代の山木兼隆《かねたか》を滅ぼしたという事件の報が入った。

その報が福原に届いたのは八月下旬で、頼朝追討の宣旨が出されたのは九月五日。宣旨は「伊豆国流人源頼朝」が凶徒を語らい、伊豆や隣国を「虜掠」している故、平維盛《これもり》・忠度《ただのり》・知度《とものり》らを追討使として派遣する、東海・東山道の武士に加われと命じた。

頼朝の伊豆挙兵

鎌倉幕府の歴史書『吾妻鏡』(以下、鎌倉関係の出典は『吾妻鏡』)によれば、伊豆の北条時政《ときまさ》の館に令旨《りょうじ》を帯びて源行家がやってきたのは治承四年(一一八〇)四月二十七日、頼朝は時政とともに令旨を見たという。六月に以仁王の乱の情報が頼朝の耳に入り、三浦義澄(義明《よしあき》二男)や千葉胤頼《たねより》(常胤六男)が北条館に駆けつけるなか八月に挙兵、伊豆国目代の山木兼隆を滅ぼすと、「関東の事、施行の始め」として次の下文《くだしぶみ》を出した。

（花押）
下す　蒲屋御厨《かばやのみくりや》住民等の所
早く史大夫知親《ともちか》の奉行停止《ちょうじ》すべき事

右、東国に至りては、諸国一同庄公皆御沙汰たるべきの旨、親王宣旨の状明鏡也てへり。住民等その旨を存じ安堵すべき者《もの》也。仍《よって》仰する所「件《くだん》の如し」。故《ことさら》に以て下す。

治承四年八月十九日

兼隆の親戚で伊豆のもう一人の目代である中原知親が伊豆の蒲屋御厨で「土民を」悩ます非法を働いているとして、その停止を命じ住民を安堵した。下文という簡略な文書を使用し政策を伝えたところに、新たな動きが認められ、下文は政権文書の中核に据えられた（図Ⅲ－2）。

頼朝の政策は、伊豆に流されて以来、東国の武士や住民と接するなか模索されてきたものであって、安心な生活を保障する安堵の政策が幕府の基本柱になった。朝廷や平氏が特別な政策を打ち出していないなか、頼朝は徳政政策を

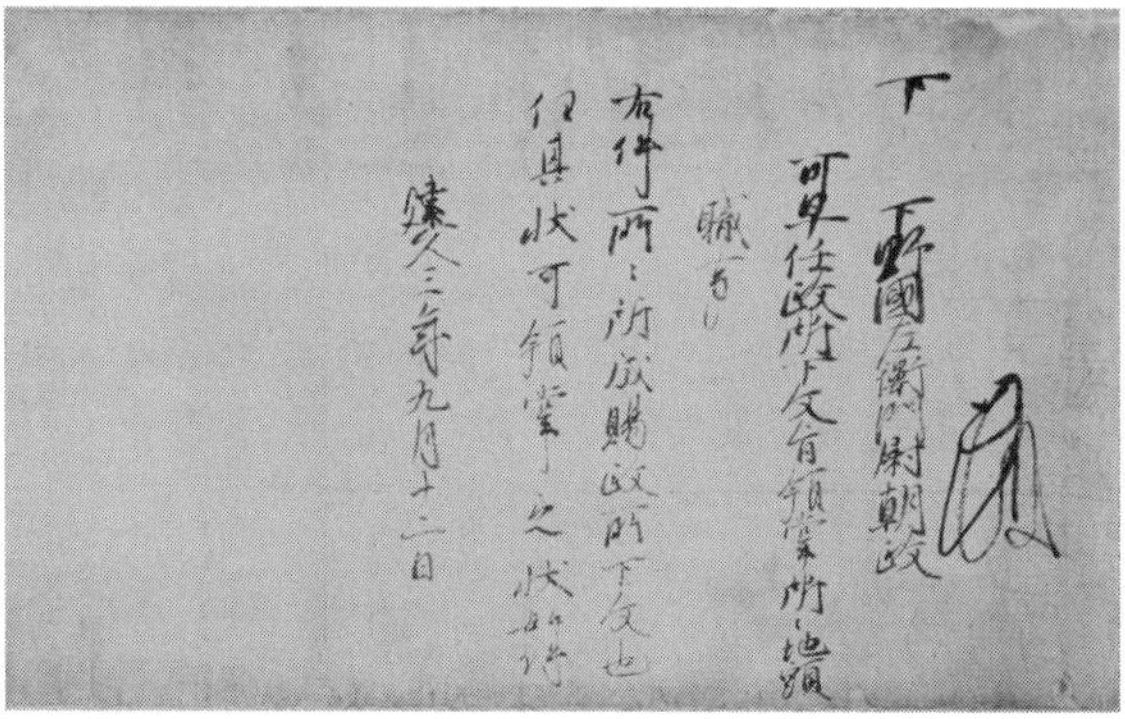

III-2　源頼朝袖判下文の例（建久3（1192）年9月12日源頼朝袖判下文、神奈川県立歴史博物館所蔵）

掲げて諸勢力を糾合していった。

挙兵後は、狭い伊豆を逃れ相模の三浦氏との合流を目指し、「伊豆・相模両国の御家人」を率いて相模土肥郷に赴いた。従ったのは、北条時政らの北条氏、藤九郎盛長《もりなが》、工藤介茂光《しげみつ》、宇佐美助茂《すけもち》、土肥実平《さねひら》・遠平《とおひら》、土屋宗遠《むねとお》・義清《よしきよ》、岡崎義実《よしざね》・義忠《よしただ》、佐佐木定綱《さだつな》・経高《つねたか》・盛綱《もりつな》・高綱《たかつな》、天野藤内遠景《とおかげ》、宇佐美政光《まさみつ》、大庭景義《かげよし》、豊田景俊《かげとし》、新田忠常《ただつね》、加藤景員《かげかず》・藤次郎景廉《かげかど》・景平《かげひら》らであり、皆、命《めい》を受け、家を忘れて加わったという。

しかし平氏方の大庭景親《かげちか》らに石橋山の合戦で破れた。駆け付けてきた三浦勢は、合戦敗北の報を聞いて、三浦に引き返す途中、鎌倉の由井浜で畠山重忠《しげただ》と戦い、重忠郎従五十余輩を梟首《きょうしゅ》した。このため八月二十六日、畠山重忠は「平氏の重恩」に報い、由比浜の会稽の恥をすすぐため、秩父党の家督である河越重頼《しげより》に来援を要請、重頼は中山重実《しげざね》・江戸重長《しげなが》らとともに金子・村山党を率い、三浦勢一族がこもる「名所の城」衣笠城を攻めた。

三浦一族は東木戸口の大手を義澄・佐原義連《よしつら》が、西木戸を和田義盛・金田頼次《よりつぐ》が、中陣を長江義《よし》景《かげ》・大多和義久《よしひさ》らが守ったが、由比の戦に続く合戦で力疲れ矢尽き、城を捨てて逃れた。その際、三浦義明は「吾れ源家累代の家人として、幸にも貴種再興の秋《とき》に逢ふ」と語り、「老命を頼朝に投じ、子孫の勲功に募《つの》る故、汝ら急ぎ退去せよ」と命じ、独り城郭に残留して討死したという。

いっぽう石橋山で敗れた頼朝は、真鶴半島から海を渡って房総半島に向かい、三浦勢と合流して上陸、各地の武士に参加をよびかけ、江戸湾岸を廻り、千葉常胤の進言によって「要害の地」「御嚢跡《ごのうせき》」の鎌倉に根拠地を据えることとした。上総広常や秩父党の大武士団を傘下に入れて、鎌倉に到着し、先祖頼義が勧請した由比浜の鶴岡若宮を山側に遷すや、東下してきた官軍を迎えるべく出兵した。

九月二十九日、頼朝追討軍は京を出たが、すでに南関東は頼朝の勢力下に入っており、木曾の義仲や甲斐の武田氏などの源氏も挙兵していた。駿河の富士川に到着した追討軍の大将平維盛は、東国の事情通である長井斎藤別当実盛《さねもり》に、汝ほどの強い弓を射る者はいかほどいるのか、と聞き、聞かれた実盛は答えた。

我のような大矢は八か国にはいくらでもおり、「大名《たいめい》」は五百騎を劣ることなく、馬に乗れば落ちることなく、悪所を馳せても倒れることがない、東国武士は親が討たれ、子が討たれても、死ねばそれを乗り越えて戦う。西国での戦は親が討たれれば孝養し、子が死ねば嘆いて寄せることなく、夏は暑い、冬は寒い、と言って嫌う（『平家物語』）。

官軍が富士川の合戦で大敗を喫したという報が、十月に厳島社に参詣していた清盛の留守中に入るなか、延暦寺の衆徒から遷都を止め、都を戻すように奏上があり、もし遷都を止めないならば山城・近江を占領すると告げてきた。

十一月二日、福原に戻った清盛は還都の動きにもはや抗せなかった。十一月十一日に新造の内裏への行幸後、還都を決した。宗盛らの平氏一門や貴族が京都に戻ることを熱望しており、延暦寺の動きもあって清盛は意を決したのである。

清盛の死と鎌倉殿

天皇・上皇・法皇の一行が十一月二十六日に京に戻ると、清盛は畿内一帯の反平氏勢力掃討作戦を開始、十二月二日に近江に平知盛、伊賀に平資盛《すけもり》、伊勢に藤原清綱《きよつな》を派遣、十一日には分裂して源氏の武士と結び付いていた一部の山門の大衆勢力を退け、三井寺の大衆も十五日までに平定、二十三日、官軍を南都に派遣して悪徒を捕らえ搦めよと命じた。

これまで南都には軍勢が直接に攻め入ることはなかった。東大寺が「我が朝第一の伽藍」、興福寺が藤原氏の氏寺としてあって朝廷から厚く保護されてきた。だが今回は違った。南都の大衆が京に攻め込むとの情報が伝わり、今を逃せば害をなす、と決断したのである。

十二月二十五日、重衡が南都の衆徒攻めに下り二十八日についに南都に攻め入った。翌日、京に伝わってきたのは、興福寺・東大寺以下の堂宇房舎が地を払って焼失し、春日社だけが免れたという知らせであって、朝廷を震撼とさせた（『玉葉』）。

続いて駆け巡ったのが翌年正月の高倉上皇の容態悪化である。上皇の死後に向けての慌ただしい動きが始まるなか、清盛は新たな軍制を構築した。天平の例に倣って、畿内近国に惣官職《そうかんしき》を置いて宗盛《むねもり》を任じ、武力をこの地域に結集し、反乱勢力に対処することとした。軍事政権の性格が露わになるなか、清盛も閏二月四日に九条河原口の家人の平盛国《もりくに》の家で死去した。

死を予感した清盛は、院に使者を派遣して、死後のことは万事、宗盛に命じておいたので、宗盛とともに天下を計らって欲しい、と伝えたが、その返答はなく、怨みを抱いた清盛は、天下の事は宗盛が計らうことと伝えた。遺言は、遺骨を播磨の山田法華堂に納め、七日ごとに仏事を行ない、子孫はひとえに東国の謀反が治まるよう、たとえ生存する者が一人になっても、骸を頼朝の前に曝すまで戦え、と命じたという。

東国では、駿河の富士川で対峙していた甲斐の武田氏が平氏を襲って敗走させたことから、頼朝はこれを機に急ぎ上洛を考えたが、三浦・上総・千葉氏などの宿老の武士の諫言で諦め、甲斐源氏の勢力を取り込み、武田信義に駿河、安田義定に遠江を守護させた。

鎌倉に戻る途中の相模国府で傘下の武士たちの所領を安堵した。国司や荘園領主の下にあった武士の所領を安堵したことで、武家政権の核が生まれた。

頼朝は上洛する代わりに常陸の佐竹氏の籠る金砂城《かなさじょう》、次いで花園城を攻めて奥州に追いやって南関東一帯を支配下に置いた。東国武士が籠った衣笠・金砂・花園城などの山城は修験者に開かれた聖地であって、武士はそれを利用して城郭にしたと考えられている。

鎌倉は「鎌倉城」とも言われたが、山城ではなく、平場にあり、由比浜にあった鶴岡若宮を山側に遷し、その東に大倉御所を本格的に整えた。治承四年（一一八〇）十二月十二日、頼朝は上総広常の宅から水干・騎馬で御所に向かった。

和田義盛が最前列で、加加美長清《ながきよ》・毛呂冠者季光《もろかじゃすえみつ》が左右にあり、北条時政・義時《よしとき》、足利義兼《よしかね》、山名義範《よしのり》、千葉常胤・胤正《たねまさ》・胤頼《たねより》、安達盛長《もりなが》、土肥実平、岡崎義実、工藤景光《かげみつ》、宇佐美助茂、土屋宗遠、佐佐木定綱・盛綱以下が供奉し、最末に頼朝に降った畠山重忠があって寝殿に入った。共の輩は、侍所（十八か間）に参って二行対座し、義盛が中央で着到を受け付けた。その数は三百十一人、御家人らは鎌倉中に宿館を構えた。「鎌倉殿」の誕生である。

（『春日権現験記絵』巻四、前田氏実・永井幾麻模本、東京国立博物館所蔵、原本は宮内庁三の丸尚蔵館所蔵）

平家から源家へ

清盛の死後、宗盛は法皇の執政を無条件で要請することになった。幼い安徳天皇を擁し政治の実権を握ることはできず、院政が完全に復活し、閏二月六日に院御所で関東乱逆の議定が開かれ、頼朝追討がはかられ、院庁下文が出された。平氏は軍事力を畿内近国に集中させ東国軍に対抗することになった。

頼朝勢力は源行家が三河から尾張へと勢力を広げ、三月十日に尾張・美濃の境の墨俣《すのまた》で平重衡の率いる平氏軍と激突した。この合戦では平氏が軍事力を畿内近国に集中させた策が功を奏し、行家の軍兵三百九十人が討ち取られた。

だが、対処すべき反乱勢力は東山・北陸道の木曾義仲、四国伊予の河野氏、鎮西肥後の菊池氏など倍加しており、なかでも義仲は、東国の反乱軍追討の宣旨を得た越後の城氏を、信濃横田河原で破って、平家の経済的基盤である北陸道に入ってきた。

都が養和《ようわ》の飢饉に見舞われるなか、頼朝は密かに平氏・源氏が並んで院に仕える提案をした。頼朝には謀反の意思など全くないと前置きし、今後は関東を頼朝の支配下に置き、西国を平

III-3　安徳天皇に供奉して都落ちする近衛基通（牛車の中）、先頭を往く武者が平宗盛

氏の支配とするという案であって、平氏が拒否したので実現しなかったが、院は頼朝と接触をもち始めた。

飢饉も終息した寿永二年（一一八三）春、平氏は京の米倉ともいうべき北陸道が義仲の手に落ちそうな情勢から、畿内近国から兵士役や兵粮米を徴収し、四月十七日、平維盛を総大将とする十万騎の大軍が北陸道に向かった。しかし加賀と越中の境の倶利伽羅《くりから》峠で義仲軍に大敗、六月六日に帰京した官軍は出陣した時の半数になっていたという。

続いて義仲入京の情勢から、平氏は院を頼ったが、鎮西に連れ出されるのを察知した院が比叡山に逃れたので、都落ちせざるをえなくなった。かつて院は清盛の「鎮西に下る」という脅しに屈したが、今回は比叡山に逃れて平氏を西海に追いやったのである。鎌倉末期制作の『春日権現験記絵』には、この時の近衛基通の下向の図がある（図Ⅲ－3）。

都落ちで、内乱は全国的に拡大した。多くの武士は源平両軍からの参加を求められ、いかに合戦で名を挙げるか、生き延びてゆくかを迫られた。

寿永二年（一一八三）七月の平氏都落ちとともに、入京した木曾義仲・源行家二人を蓮華王院の御所に召した院は、平氏追討と京中の狼藉停止を命じたが、院周辺では「義兵」は頼朝に始まり、成功の因は義仲・行家にあったとし、勲功は「第一が頼朝、第二が義仲、第三が行家」と見ていた。安徳天皇にかわって高倉院の四宮が三種の神器無しで、後鳥羽天皇となった（『玉葉』）。

東国一帯を支配下に置いた頼朝は、情勢を見計らい法皇と連絡をとって、木曾義仲が平家と西海で戦っている最中の十月、宣旨によって東国の支配権を正式に認められた（寿永二年十月宣旨）。頼朝は以仁王の令旨を根拠として合戦で奪った土地を実力で支配してきたが、その支配権を宣旨で認められ、ここに武家政権による領域支配は確実になり、東国は武家政権の固有の支配領域となった。

後に頼朝は自らの地位を「東海道の惣官」と称したが、これは平宗盛の畿内近国惣官による領域支配や、奥州の「奥六郡の司」による支配を踏まえてのものである。しかし、この措置は義仲の支配領域である東山・北陸道をも含むことから、怒った義仲は西海から戻るや、院の法住寺殿を攻めて実権を掌握（法住寺殿合戦）、平氏の所領を没収してその支配権を掌中におさめ、翌年正月、征夷大将軍に任じられ、武家政権への道を歩もうとした。

だが寄せ集めの義仲軍は、慣れぬ西海での戦いや飢饉からの回復がいまだの京中の混乱に疲れ切っていた。頼朝が派遣した弟の範頼・義経との合戦に敗れてしまい、義仲が手に入れた諸権限は頼朝の掌中に入り、平家没収所領は武家政権の資産となった。

頼朝はさらに平氏の基盤である鎮西に目を向け、正月に鎮西の住人に下文を出し、「鎌倉殿の御家人」として朝敵の追討にあたるよう命じ、朝敵追討に従う武士を「御家人」となし、「本宅」を安堵するとした（『吾妻鏡』）。本宅安堵は本領安堵とは違い、国司や荘園領主の支配下にある武士の身分を保障したものである。

義仲を合戦で破って入洛した義経は、法皇の六条殿御所にかけつけ、義仲の首を獲ったことを奏聞したが、この時から法皇は義経に目をつけて多くを頼むようになった。同日に平氏追討の宣旨が出され、二十九日に範頼・義経は平氏を討つべく京を発っている。

源家政権の運営

鎌倉にあって惣官として東国支配を着実に進めた頼朝は、二月二十五日に法皇に「朝務の事」四か条を奏請した。その第一条の「朝務等の事」は、「先規を守り、殊に徳政を施さるべく候」と始まって、「東国北国両道の国々、謀叛を追討の間、土民無きがごとし。今春より浪人等旧里に帰住し、安堵せしむべく候」と、徳政を行ない民を安堵させると表明、それを朝廷にも求めた。さらに合戦を通じて武士が「自由の下文」を帯びて荘園公領に入り濫行している事態を調査し、違反を停止する権限を頼朝に与えるよう求めて、それらが付与されると、権限を行使するため武士を各地に派遣した。

東国統治では、独立性が強い上総広常を殺害している。広常は頼朝に「公私ともに三代の間、下馬の礼をとらず」と称し、頼朝が朝廷との関係に苦慮していると、「ナンデウ朝家〔朝廷〕ノコトヲノミ、ミグルシク思ゾ。タダ坂東ニカクテアランニ」と語っていたという（『愚管抄』）。東国には広常のような自立を求める武士が多くいた。

上野の新田義重《よししげ》入道（法名上西《じょうさい》）は、花山院家に土地を寄進し新田荘を知行、「故陸奥守〔義家〕の嫡孫」であるとして、「自立の志」を抱いて頼朝が誘っても返報せず、寺尾城に引き籠ったという。文治三年（一一八七）十一月、武蔵の大名畠山重忠は、所領の代官の非法を伊勢神宮から訴えられると、「謀反を企てんと欲する由、風聞するは、かえりて眉目〔ほまれ〕といふべし」と語ったという。こうした自立する武士をいかに従属させるかが、武家政権の大きな課題となった。

　そのためには政権をしっかり構築する必要があり、京下りの三善康信《やすのぶ》や大江広元《ひろもと》などの能吏を活用して組織を整えた。康信は太政官の史《し》、大江広元は外記《げき》という事務官である。手にした平家没官領を関東御領に編入し、平氏知行国に倣い関東知行国を三か国得ると、次第に増やし八か国まで拡大した。これを経営するために政所《まんどころ》を、武士の訴訟を受理するために問注所《もんちゅうじょ》を整え、その別当と執事に広元・康信を充てた。

　元暦《げんりゃく》元年（一一八四）十一月二十一日、頼朝は右筆《ゆうひつ》の筑後権守藤原俊兼《としかね》を召し、俊兼の刀を取ってその小袖の褄《つま》を切り、「汝、才翰《さいかん》に富むなり。けだし倹約を存ぜんか」と語って華美を戒めた。千葉常胤や土肥実平などの「清濁を分かたざる武士」さえ、所領が俊兼に比較して多いのに、衣服などは「麁品《そひん》〔粗末な物〕で美麗を好まず」、富有で多くの郎従を抱え、勲功に励もうとしている、汝は甚だ過分である、と語ったという。

　これを聞いて大江広元らも魂が消える思いであったというから、この話は広く御家人に伝わったであろう。その質素な武士像は鎌倉武士に共有されたことであろう。『吾妻鏡』は、戦国期の大名が武家政権を築くにあたって参考にしていたので、戦国期の武士像にも大きな影響を与えた。特に徳川家康は早くから読んでいて、出版までしたほどであって、配下の武士には質素を求めた。

頼朝は行列の随兵について、譜代の武士は行粧を飾らぬように定め（『吾妻鏡』建永《けんえい》二年（一二〇七）八月十七日条）、譜代の勇士、弓馬の達者、容儀神妙、という三つの徳を備える者が勤めることとした（建保《けんぽう》六年（一二一八）十二月二十六日条）。後者の記事は、実朝の拝賀の随兵の欠員に二階堂基行《もとゆき》が応募した際の例として引かれたものである。基行が武士ではないため「父行村《ゆきむら》は已《すで》に廷尉《ていい》〔検非違使〕の職に居り、容顔美麗にして弓箭に達し、当時の近習」であって、将軍家の御家人に列しながら文士の号に定められたため、武者と並んだ日は恥辱にあったことから、今回の拝賀が、関東無双の晴の儀で千載一遇の機会故、随兵に加えて欲しい、と訴えて認められたという。

これによれば朝廷の事務官は当初は「文士」として処遇され、武士とは見られていなかった。おそらくこの出来事や承久の乱後の変化にともない文士も武士と見られるようになったのであろう。

源平の戦いとその影響

西海に逃れ讃岐国の屋島にあった平家は、西海・山陰両道の軍士を従えて城郭を摂津・播磨の境の一ノ谷に構え、寿永三年（一一八四）二月に清盛三年忌の仏事を行なっていた。そこに院から和平交渉があり、軍勢を進めぬよう、関東の武士にもその旨を命じておいた、という院宣が到来、宗盛がこれを守り院使の到来を待っていたところ、関東の武士が突然に襲い懸った。一ノ谷の合戦である。

たまらずに平氏は敗走し、四国の地へと逃れた。義経は京を中心に畿内近国十一か国の支配権を有していたが、翌元暦二年（一一八五）、平氏追討のために西海へと向かった。義経がいなくなると京が無用心になるからと院は出陣を制止したが（『玉葉』）、義経は出発に踏み切り、阿波国の桂浦に渡って平氏の水軍の中心であった阿波水軍を討ち破り、その足で北上して讃岐の屋島を攻めて勝利を収めた。

この合戦により阿波水軍を味方に引き入れた義経は、伊予水軍・熊野水軍をも傘下におさめ、ついに瀬戸内海の制海権を握り、三月二十一日に長門《ながと》に向かった。三月二十四日、赤間関《あかまがせき》の壇ノ浦の海上に平氏・義経両軍は、三町を隔てて対陣、合戦が始まったが、午《うま》の刻には勝敗は決し、平氏は敗れ去った。

源平の戦いを描いたのが『平家物語』である。「祇園精舎《ぎおんしょうじゃ》の鐘の声　諸行無常の響きあり　沙羅雙《さらそう》樹《じゅ》の花の色　盛者必衰《じょうしゃひっすい》の理《ことわり》をあらはす　おごれる人も久しからず　ただ春の夜の夢の如し　たけき者も遂には滅びぬ、偏《ひとえ》に風の前の塵《ちり》に同じ」と始まり、鎌倉中期に原型が生まれ、後世に大きな影響をあたえた。

特に木曾義仲の倶利伽羅峠の戦いや大津の粟津浜での最期、義経の出生と頼朝への加勢、一ノ谷・屋島・壇ノ浦の戦いでの雄姿、長井の斎藤別当実盛の加賀篠原の戦いでの討死、宇治川の合戦での先陣争い、熊谷直実《なおざね》の一ノ谷の戦いでの敦盛《あつもり》の殺害、那須与一《なすのよいち》の屋島の戦いでの弓芸、平知盛ら平氏の武士が捕らえられた際の身の処し方や合戦での雄姿とその最期などは、インパクトを与えた。

多くの写本があることはその点をよく物語るが、書かれただけでなく、琵琶法師の語りによって諸国に広まったことは、『一遍聖絵《いっぺんひじりえ》』などの絵巻の各所に琵琶法師が描かれていることから知られ（図Ⅲ－4、5）、しかも琵琶法師が合戦に臨む場に召されて「平曲」を語った話が『太平記』に見えるなど、その影響の大きさがうかがえる。さらに「山上平家絵詞」の存在から、絵巻にも描かれたことがわかる（『入木口伝抄《じゅぼくくでんしょう》』）。

室町期になると能の題材に取り上げられ、合戦に臨んでの心構えや精神、無念のうちに亡くなった武士の心情が劇化されたことは、能が戦国大名に好まれただけに大きな意味を有す。能のみならず浄瑠璃や風流の造り物や屏風絵などに素材を提供、江戸期になると歌舞伎や浮世絵の素材とされた。さらに『安徳天皇縁起絵』という安徳天皇の誕生から入水までを描く作品が、十六世紀前半に制作され、長門の阿弥陀寺の天皇の御影堂に飾られ、江戸期にはケンペルやシーボルトが見ている。

III-4, 5　『一遍聖絵』の琵琶法師（巻一の信濃国善光寺と巻六の相模国片瀬浜、清浄光寺（遊行寺）所蔵）

二　鎌倉幕府の成立と武士

幕府の成立

平氏滅亡の報は四月三日に京に届き、翌日、建礼門院や平宗盛の身柄を確保したが、安徳天皇をはじめ多くが海に没し、神器の宝剣が見つからない、という義経からの報告があった。元暦二年（一一八五）四月二十四日に三種の神器のうち内侍所《ないしどころ》（神鏡）・神璽《しんじ》が摂津の今津に到着、太政官の朝所《あいたんどころ》に安置され、四月二十六日に平宗盛を引き連れた義経が、凱旋将軍として都に帰還した。

頼朝は四月十五日に勝手に任官した「東国住人」の名をあげて本国に帰ることを認めぬ措置をとり、義経の恩賞を朝廷に求めず、義経の畿内近国の支配権を没収した。慌てて鎌倉に下って弁明をした義経の「腰越状《こしごえ》」を受け入れず、義経暗殺の刺客として土佐坊昌俊《しょうしゅん》を京に派遣した。院と義経が手を結ぶのを恐れていたのである。

十月十七日、昌俊が義経の六条室町亭《むろまちてい》を襲うのを退けた義経は、院御所に参って無事を伝えるとともに、頼朝追討の勅許を迫って認めさせた。だが軍兵は集まらず、義経は西海に没落し、北条時政が大軍を率いて上洛すると、院は十一月二十五日に義経追討を頼朝に命じる宣旨を出し、十一月二十九日には守護地頭の設置と兵粮米の徴収を認めた。

勅許によって朝廷から大幅な権限を獲得したことにより、源家政権の基本的権限は定まり、体制が名実ともに整った。治承四年（一一八〇）に政権の核が生まれ、寿永二年（一一八三）十月に東国支配の骨格が定まり、翌年に政治的・経済的基盤が整い、この年に政権の体制が定まったのである。以後、この政権を鎌倉幕府と呼ぶ。

頼朝は十二月六日、公卿が神祇から仏道に及ぶ朝務を審議し、その議奏に基づいての政治改革を院に求めると、頼朝の強い意志を感じた院は、その要求をのみ廟堂《びょうどう》改革を行なって朝廷は幕府との連携で歩むことになった。

文治二年（一一八六）五月、兵乱はおさまっても兵粮米が徴収され、地頭が置かれてゆく状況から、院が、上洛中の北条時政に兵粮米徴収や地頭の配置の撤回を迫るとともに、頼朝に善処を要請すると、頼朝は六月に尾張・美濃以西の西国三十七か国を院の管轄範囲となし、その紛争の審理を院に委ね、幕府はその命を受けて違乱停止を行なうものとした。

さらに院は、地頭の押領停止や地頭職の停廃止の要求を寄せたことで、十月八日の太政官符で地頭の権利の具体的な内容は、「謀反人（平氏）の有してきた権利・得分などを引き継ぐ」ものとし、それ以外に加徴米や課役を徴収してはならない、と地頭のあり方を定め、幕府を朝廷を守護する「武家」として明確に位置づけた。

これに応じて「武家」は皇居の大番役を御家人に命じ、閑院の内裏の造営を負担、群盗の鎮圧のために御家人を派遣し、公武の連絡役として頼朝の妹婿で京都守護の一条能保《よしやす》を任じた。

朝廷との関係を整えた幕府は、文治二年（一一八六）十一月に信濃一宮の諏訪社の大祝《おおほうり》の訴えから、藤沢盛景《もりかげ》に「御狩」の神事と拝殿の営作を勤めるよう命じている。「御狩」の神事とは、信濃の地頭御家人が諏訪上社の御射山《みさやま》での御射山祭を頭役として務める役であり、その内容が具体的に知られるのは鎌倉末期の嘉暦《かりやく》四年（一三二九）に幕府が上社に出した頭役下知状《げちじょう》である。これによれば信濃の地頭御家人を十四番に編成し、輪番制で一年ごとに役を勤仕させている（「信濃矢島文書」）。諸国一宮の神事を武士が勤めていたのを継承し、地頭御家人に勤めさせたのである。

文治三年（一一八七）八月、石清水八幡宮の放生会《ほうじょうえ》にならって鶴岡八幡宮で放生会を開くと、その祭礼に流鏑馬・相撲などの武芸を取り入れた。院の熊野御幸にならって箱根・伊豆権現に参詣する二所詣に赴くなど東国の王としての立場を整えた。十一月五日に鎮西守護人の天野遠景から九州の住人への恩賞を下文で与えたことが伝えられ、翌年二月に貴海島に派遣した軍勢の形勢の報告があって、頼朝の目は日本国の西の境界にまで及んだ。

東国の王へ

頼朝にとって残る大きな脅威は北の境界の地、東北地方の奥州藤原氏である。源義経が文治三年（一一八七）二月に潜伏していた吉野から伊勢・美濃を経て、奥州に赴いたという情報があって、頼朝が奥州に圧力をかけると、九月に重病に陥った秀衡は義経を大将軍に立て、国務を行なうように子の泰衡《やすひら》に遺言し、十月二十九日に平泉館で亡くなる。

その死を受けて頼朝は義経・泰衡追討の宣旨を要請するなど、泰衡に揺さぶりをかけると、二年後の文治五年（一一八九）五月二十二日に泰衡は義経を衣川の館で誅し、その頸を追っ付けて送る、と伝えてきた。頼朝は到来した義経の頸実検をするなか、泰衡を攻めるべく広く全国的に動員をかけた。

院からは追討宣旨を得られなかったが、続々と集まり士気あがる軍勢を見て、古老の大庭景義の「軍中、将軍の令を聞き、天子の詔を聞かず」という詞を引き、泰衡は源氏累代の御家人の遺跡を継ぐ者であり、綸旨が無くとも治罰を加えるべし、という進言も得、ついに追討の宣旨なくして出発を決意した。

七月十七日に源頼義の奥州討伐の例にならい、大手・東海道・北陸道の三手に分かち下向することとし、東海道軍は千葉介常胤・八田《はった》右衛門尉知家《ともいえ》が一族や常陸・下総両国の勇士を率い、北陸道軍は比企能員《ひきよしかず》・宇佐美実政《さねまさ》らが上野《こうずけ》の高山・小林・大胡《おおご》・左貫《さぬき》等の住人を率いて、越後国を経て出羽に赴くと定め、頼朝の大手は先陣が畠山重忠で、武蔵・上野両国内の党を加藤次景廉《かげかど》・葛西清重《きよしげ》らが率い合戦を遂げるものとした。

こうして七月十九日に進軍し、八月九日に奥州軍の防衛ラインである陸奥国伊達郡の阿津賀志山《あつかしやま》を突破、八月十四日に次の防衛ライン玉造郡の多加波々城《たかははじょう》を攻略、二十二日に平泉に到着した。すでに泰衡は平泉館を焼いて逃れており、さらに追撃すると、九月三日に肥内郡の贄柵《にえのさく》で郎等の河田二郎の手にかかって泰衡は殺害された。

奥州に逃れた義経と弁慶の主従の物語は、室町中期に『義経記《ぎけいき》』として著され、五条の橋での弁慶との戦いなど子どもに喜ばれたが、江戸時代には歌舞伎の『勧進帳』『義経千本桜』、能『橋弁慶』などで民衆に広く楽しまれるようになる。

頼朝は、勝利の報告を九月八日に記して京に使者を派遣すると、情勢を見ていた院は、急ぎ辺境に

「雄飛」する陸奥国住人泰衡を討つことを「正二位源頼朝」に命じる追討の宣旨を出し、翌日、七月十九日付の泰衡追討の宣旨がもたらされた。

奥州合戦は東国の王の覇権をめぐる戦いであり、名実ともに頼朝は東国の王となった。しかも宣旨なく追討したことは、東国での幕府支配の正統性を明らかにし、九州の武士まで動員したことで、全国的軍事指揮権の掌握の事実を示した。経済的にも手が出せなかった陸奥・出羽二か国を得たことから、頼朝は四か国の知行国を返上している。

翌文治六年（一一九〇）、藤原泰衡の郎党大河兼任《かねとう》が「古今の間、六親若《も》しくは夫婦の怨敵に報いるは尋常の事なり。未だ主人の敵を討つの例、兼任独りその例となす。赴くところは鎌倉なり」と檄を発し反乱を起こした。主人の敵討の始まりである。

頼朝は、その年十月三日に鎌倉を発ち、大量の贈り物を携えて十一月七日に入京、院が河原で見物するなか、先陣の随兵百八十騎、後陣の随兵百三十八騎を従えて、平頼盛《よりもり》の居所であった六波羅に入り、十一月九日に院に面会、「理世の沙汰」について語り合った。

院に向かって「ワガ朝家ノタメ、君ノ御事ヲ私ナク身ニカヘテ思候」と述べ、私心なく朝廷に仕えてきた、と語り、その証しとして上総広常を「君ノ御敵」として成敗したと述べたという（『愚管抄』）。院が頼朝を讃え大納言への任官を伝えると、頼朝は辞退した。幕府の権限が官職に伴うものではないことを示し、院が推して大納言のみならず右大将にも任じたので、頼朝は十二月一日にその拝賀を行ない、三日には職を辞し鎌倉に帰った。

この滞在は築かれてきた幕府と朝廷との関係維持が目的であり、頼朝の狙いは戦時に獲得してきた多くの権限を平時に確保することにあり、鎌倉に帰った頼朝は政治制度を整えていった。

幕府体制の整備へ

建久二年（一一九一）正月十五日、御家人への恩賞を頼朝の花押を載せた下文で出していたが、これを改め、政所下文で出す方針を打ち出した。政所別当《べっとう》に大江広元、政所令に藤原（二階堂）行政《ゆきまさ》、問注所執事《しつじ》に三善康信、侍所《さむらいどころ》別当に和田義盛、侍所所司《しょし》に梶原景時らを改めて任じている。

この年、鎌倉の大火によって御所と鶴岡若宮が炎上すると、改めて八幡神を石清水八幡宮から勧請して上宮を造営、幕府御所を再建、御所の東北には平泉の中尊寺大長寿院にならい、二階大堂の永福寺《ようふくじ》を武家の寺として造営、これにともない寺社奉行を置いた。

京では頼朝の支えを確信した摂政の九条兼実が、新体制に向けて法の制定に意欲を燃やし、同年に新制を出し、頼朝に諸国の家人を引率して守護するよう命じ、翌建久三年（一一九二）三月十三日、後白河院が生涯を閉じると、頼朝と協調して政治を行なうところとなった。

頼朝は院の四十九日の仏事を氏寺の勝長寿院で行ない、その供養の僧衆に、勝長寿院・伊豆山・箱根山・大山寺・観音寺・高麗寺・六所宮・岩殿寺・大倉観音堂・窟堂《いわやどう》・慈光寺・浅草寺・真慈悲寺・弓削寺《ゆげ》・国分寺の僧など合わせて百人を招いた。これらの寺院は、幕府の祈願所であり、祈願所は幕府の勢力拡大にともない全国に広がった。

頼朝は七月十二日に征夷大将軍に任じられると、諸国の守護制度を整え、御家人が皇居を守護する大番役の制度を整え、諸国の在庁官人に国内の田数を記した大田文を作成させ、地頭が置かれていない土地を探し出して、政所下文で地頭を補任《ぶにん》し、御家人の課役を定めていった。

整備された体制を幕府御所の在り方から見てゆくと、主要な建物は寝殿とその西の侍（侍所）であり、侍に頼朝が出座し、主従関係の確認がなされた。建久三年（一一九二）八月に、新装なった御所で大庭景義は盃酒を頼朝に献上した後、保元の合戦での鎮西八郎為朝との勝負をこの侍で語っている。十一月二十五日には弁論下手のために御前対決に敗れた熊谷直実が、この侍で髻《まげ》を切って出家している。

正治《しょうじ》元年（一一九九）十月、結城朝光《ともみつ》は夢の告げであるといい、亡くなった頼朝のために一人一万遍の阿弥陀仏の名号を唱えるよう侍の場で傍輩《ほうばい》に勧めて、「忠臣は二君につかへず」と語ったが、これを梶原景時が将軍頼家に讒訴《ざんそ》したという。

『古今著聞集』には侍での逸話が載っている。年賀のため大勢の御家人が御所につめかけるなか、相模の三浦義村《よしむら》が侍の間の上席にいたのに、若い下総の千葉胤綱《たねつな》がその上に座ろうとしたので、義村が「下総の犬めは、寝場所を知らぬな」とつぶやくと、胤綱が「三浦の犬は友を食うぞ」と切りかえしたという。この逸話は、一族の和田義盛が兵を挙げた時に、義村が起請文《きしょうもん》を書いて賛同していたのに、破ったことを踏まえてのものであり、東国武士の心意気が伝わってくる。

和田合戦の際、義盛が寝殿の南庭に列座して甥の胤長の赦免を訴えたように、御所の南庭は直訴の場であって、建久二年（一一九一）十一月に駿河守源広綱《ひろつな》の子も南庭から直訴している。熊谷直実が臨んだ御前対決は御所寝殿の北壺でのことと考えられる。寝殿は主従関係を明示する空間であり、正月の重要な儀式の椀飯《おうばん》は、頼朝が寝殿の南面に出御し、御家人が南庭に列座して行なわれた。

椀飯は治承四年（一一八〇）十二月に新造なった御所で三浦義澄が献上したことに始まり、翌年正月一日に千葉介常胤が献上してから正月の儀式として定着、建久二年（一一九一）から正月の三日間行なわれ、有力御家人が剣や弓矢、行縢《むかばき》、砂金、鷲の羽などを献上した。

有力御家人は本拠地に寺院を建て、その本尊には力強い作品を求めたこともあって、南都復興に当たっていた仏師運慶に依頼した。文治二年（一一八六）、北条時政は伊豆の願成就院に阿弥陀如来像、不動明王及び二童子像、毘沙門天像を、文治五年には、和田義盛が相模浄楽寺の阿弥陀三尊像、不動明王像、毘沙門天像を造らせている。以後、足利義康の子、義兼の大日如来像など運慶の造像が続いた。

御家人の構成と秩序

幕府の構成は平氏政権と同じく、鎌倉殿頼朝、寝殿に座のある源氏一門と外戚、侍に座のある御家人の三層からなり、それとは別に鎌倉殿の周辺については、梶原景時や工藤祐経など文筆や芸能に達者な者が頼朝の側近集団を形成していた。

景時は平氏側にあったが治承五年（一一八一）正月十一日に頼朝の御前に初参し、「文筆」を携えなくとも言語巧みなことから、頼朝の意に叶い近くに仕えた。祐経は文治二年（一一八六）四月八日の鶴岡八幡宮で、義経の愛妾の静が義経のことを思い、廻廊で舞曲を披露した際、鼓《つづみ》を担当しており、数代の勇士の家に生まれながら、都で芸能を学び、この役に従ったという。近習と鎌倉殿の交流の場は寝殿の北面であって、実朝の時代にはここに御家人が番を組んで詰め、芸能や学問の交流がなされた。

頼朝の近習には家の子、郎等もいた。治承五年（一一八一）四月七日、頼朝は御家人の中から武芸に秀で、心に隔てのないものを選んで寝所の警固を北条義時や下河辺行平《ゆきひら》・結城朝光ら十一人に命じた。筆頭の義時は「家の子専一の者」と称されており、義時とは頼朝が伊東から追われて北条館に逃れた際、小御所に頼朝を受け入れた時からの縁である。行平は頼朝の弓の師で、一門に準じられ、結城朝光は頼朝の乳母子で、元服の際に頼朝から一字をあたえられ、それもあって「忠臣は二君につかへず」と語ったのである。

御家人は幕府の訴訟制度の入門書『沙汰未練書』に「往昔以来、武家の御下文を賜る人の事なり」と規定されたが、同じ御家人でも東国では多くが本領を安堵されたのに対し、西国の御家人の多くは守護が名簿を幕府に注進して本宅を安堵された。

前者の御家人の多くは東国に基盤をおき、地頭などの所領を給与されて手厚く保護され、緊急の場合には鎌倉に駆け付けて奉公する義務を負っていた。所領を安堵・給与された御家人は、在国して奉公するのが基本だが、幕府の諸役を勤めるため、鎌倉に宿所を構えた。

守護・御家人武士の所領

本領を安堵された東国御家人でも、大名と小名では所領の大きさが著しく違った。文治五年（一一八九）七月二十五日に奥州に出陣した際、下野守護の小山政光《おやままさみつ》入道は、駄餉《だしょう》（野外での食事）を頼朝に献じたところ、頼朝が近くにいた熊谷直実を「本朝無双の勇士」と称え、一ノ谷の合戦などで命を捨てて戦った、と語ると、政光は頗《すこ》ぶる笑い、君のため命を捨てるのは勇士の志す所であり、直実に限ったことはなく、直実のように頼りになる郎従がいない場合には、自ら勲功に励まねばならないが、政光は郎従を派遣して忠節を行なう、と語った。

確かに小名の熊谷直実は武蔵国熊谷郷の地頭職を有するだけだが、政光は多くの所領を有していた。当時の政光の所領は寒川御厨《さむかわのみくりや》が知られるだけだが、その場にいた子息の朝政《ともまさ》、宗政《むねまさ》、朝光《ともみつ》のうち長沼宗政については、後年の史料だが、寛喜《かんぎ》二年（一二三〇）八月十三日の宗政の嫡子への譲状に「下野長沼庄・小栗郷・御厩別当職」のほか陸奥・美濃・美作・備後・武蔵の国々に所領があって、さらに「淡路国守護職、同国地頭職」のほか、京と鎌倉にも屋地があった（『鎌倉遺文』四〇一一号）。下野国内の所領は父から譲られたものであろう。政光の所領がいかに広く多かったかがわかる。

宗政は淡路の守護であったから、西国の守護の所領の在り方もわかる。東国の守護は承元三年（一二〇九）十一月の諸国守護人の守護職補任の文書調査によれば「自然恩沢」によって、国衙の雑事に関わって守護となっていただけに、国内に多くの所領を有していたが、宗政は承久《じょうきゅう》三年（一二二一）七月に淡路の守護となったもので、その所領は淡路の笶原《やはら》・上田保という国衙領だけであった（『鎌倉遺文』二七七九号）。

ただ広い安芸国の場合、文暦《ぶんりゃく》二年（一二三五）六月五日に安芸守護になった藤原親実《ちかざね》に与えられた所領は、「原郷・佐東郡元・安南郡の地頭職、散在名田肆《し》箇所」という広大な国衙領、それも広い久武名、さらに在庁兄部《このこうべ》、松崎八幡宮下職、祇園神人《じにん》兄部職・山川得分など多くの所帯があった（『鎌倉遺文』四七六三号）。平家の時代から安芸国衙に関わっていた武士たちの没収所領が与えられたからであろう。

西国の御家人は、幕府への直接の奉公の義務が少なかったが、国司や本所の支配下にあった弱小御家人であり、大番役を勤め、国を単位として組織されたので「国御家人」と称され、没落するものも多かった。まして御家人にならない武士も多く、『沙汰未練書』は、「非御家人」について「その身は侍たりと雖《いえど》も、当役勤仕の地を知行せざるの人の事なり」と規定している。かれらは荘園領主に奉公するなど、独自の活動を繰り広げていった。

武士の家支配権

幕府は武士の家の連合体といった側面を有しており、その家の性格を物語るのが、建久元年（一一九〇）八月十六日の鶴岡八幡宮の放生会で起きた事件である。流鏑馬を行なおうとして、流鏑馬の射手に二人の欠員が生じたところ、大庭景義が、平家方に与した河村義秀《よしひで》を囚人として預かっているので、弓馬の芸に達者であり召し出されてはいかがか、と言った。そこで義秀が招かれて射て芸を施したことから、その後、本領が返された。

この逸話からうかがえるのは、斬罪されるべき罪人が武士の家に預け置かれていて、十年もの間、家の中にあって何ら追及を受けなかったという武士の家の独立性である。本領を失った近江の佐々木定綱らは相模の渋谷重国の家に逗留していたが、頼朝の挙兵に加わったため、平家方の大庭景親（景義弟）が重国の家に来て、反逆者の定綱らの妻子を差し出すように言った。これに定綱をかくまっていた重国は、きっぱり拒否している。

北条泰時《やすとき》の時代、鎮西の地頭の嫡子が親に尽くしたのに所領を全く譲られず、次男にすべて譲られたことから、鎌倉に訴え出て泰時のもとで対決があった。しかし明法家《みょうぼうか》の勘状《かんじょう》が出され、兄は敗訴となったのでこれを不憫に思った泰時が召し抱えている（『沙石集』）。家の中に幕府は介入できなかったのである。

さらに後深草院二条の『とはずがたり』は語る。出家した二条が鎌倉や奈良など各地を遍歴するなか、瀬戸内海の船のなかで知り合った備後の和智の地頭代の家に逗留し、続いてその兄の江田村の家に赴いたところ、怒った和智の地頭代が、長年召し使っていた下人の女に逃げられたとして、取り返そうといきまいたという。たまたま逗留したことから下人とされてしまう家支配権の大きさが知られよう。事件は地頭の広沢与三入道が下ってきて、二条とは旧知であったことから救われたが、そうでなかったらいずれかの家で下人とされていたであろう。

こうした家支配権の在り方は、戦国期のルイス・フロイスの『ヨーロッパ文化と日本文化』にも認められるところで、それには、日本では誰でも自分の家で殺すことができ、日本では首を斬ることが譴責と懲戒であって、既婚または未婚の女性がどこかの殿に身を寄せたならば自由を失い、捕虜とされる、と指摘されている。武士の家の支配権の強さは中・近世を通じて認められるところである。

この家支配権のもと、妻は「家中の雑事」を行ない（幕府追加法百二十一条）、夫婦は別財が原則で、離別となっても妻は己が財産を夫に渡さずにそのまま所有できた。夫が亡くなった場合にあっては、亡夫の所領をも後家として管理し子らに配分した。この相続や家の在り方もながく踏襲された。

将軍親裁と大名連合

建久四年（一一九三）五月、頼朝は富士野で巻狩を行ない、子の頼家を後継者として披露したが、その場でおきたのが曾我兄弟による敵討事件である。工藤祐経を討った後も頼朝の御前に殺到したので、頼朝を殺害しようとしたと見られたが、この曾我兄弟の敵討の話は『曾我物語』に書かれ、室町中期から鼓を打ち鳴らす瞽女《ごぜ》の語りで広まり、能や幸若舞・浄瑠璃、近世には歌舞伎の「曾我狂言」として正月吉例の出し物となった。

頼朝は、この事件の直後に弟の範頼を退けたが、少し前から源広綱《ひろつな》や大内惟義《これよし》、安田義定《よしさだ》、さらに武田信義らの源氏一門が次々と退けられてゆく。このような源氏一門排除に危機感を抱いたのが足利義兼であって、建久五年（一一九四）十一月に鶴岡八幡宮に「天下安全」と「御当家累代御宝祚延長」を祈る「両界曼荼羅《りょうかいまんだら》」の壇を設け、その祈禱を鶴岡供僧に命じるなど（『鶴岡両界壇供僧次第』）、幕府内に確固たる基盤を築いた。

建久六年（一一九五）三月四日に再度上洛した頼朝の主目的は、東大寺大仏殿の供養に結縁《けちえん》することにあったが、妻政子と大姫・頼家らの子を帯同しており、武家の後継者問題も目的としていた。十二日に大仏殿供養が終わると、頼朝は娘の入内《じゅだい》に影響力を有す丹後局（高階栄子）を六波羅に招いて贈り物を渡して、六月二十五日に鎌倉に帰った。

九条兼実は娘の中宮に皇子誕生を求めていたが、待望の子は皇女であり、兼実の政敵である源通親《みちちか》の養女が皇子（為仁《ためひと》）を生んだことから、後鳥羽天皇はこれを契機に政治への意欲を強めてゆき、建久九年（一一九八）正月、頼朝の望みを無視し、土御門天皇（為仁）を立て院政を行なった。

頼朝は大姫入内を期待していたが、同年末の相模川の橋供養に赴いた帰路の落馬が遠因で、翌年正月に亡くなり、その跡は頼朝の考え通りに子の頼家が跡を継ぎ同年正月二十日に左中将となった。二十六日に「前征夷将軍源朝臣の遺跡を続《つ》ぎ、宜しく彼の家人郎従らをして旧《もと》の如く諸国の守護を奉行せしめよ」という宣旨が出されたが、頼朝の跡の継承と、諸国守護の奉行を託しただけで、征夷大将軍に任じておらず、波乱含みの出発となった。

四月十二日に頼家が諸訴論の事を直接に裁断することは停止され、政治の大小事は、北条時政・義時、大江広元・三善康信・中原親能《ちかよし》・三浦義澄・八田知家・和田義盛・比企能員・安達蓮西《れんさい》・足立遠《とお》元《もと》・梶原景時・二階堂行政《ゆきまさ》らの有力御家人が談合し、成敗を加えるものとされて、東国の大名の連合体である幕府の性格が露わになった。

頼家は、正治二年（一二〇〇）十月二十六日に従三位《じゅさんみ》・左衛門督《さえもんのかみ》、建仁《けんにん》二年（一二〇二）七月二十二日に征夷大将軍になったが、御家人間の対立から、梶原景時の追放を訴える事件などがあって、頼家を支えていた比企氏の乱が起き、頼家は出家させられて伊豆に移された。それだけでなく、この事件を前後にして、畠山重忠・稲毛重成・梶原景時・比企能員ら有力大名が次々に殺害された。

建仁三年（一二〇三）九月十五日、実朝を征夷大将軍に任じる宣旨が鎌倉に到着したが、実朝は頼家の遺跡を継承してのものではなく、「関東の長者」として任じられた。御家人に「関東長者」として推戴されたことをもって将軍に任じられたのである。

実朝時代

実朝の時代は時政を退けた子の義時と政子の補佐による文治政治として始まった。都から源仲章を招いて学問を行ない、父頼朝にならって撫民《ぶみん》の徳政政策を進め、二所詣を復活するなど東国の王として動き、元久《げんきゅう》元年（一二〇四）に直接に政道を聴断、承元三年（一二〇九）に従三位に叙せられ公卿になると、将軍家政所を開設して政所を整備し、幕府の訴訟や政治を充実させた。

御所に持仏堂を設け、本尊に文殊菩薩を安置し、『十七条憲法』に学び、聖徳太子の御影《みえい》を掲げて供養を行なった。「建暦《けんりゃく》元年（一二一一）七月、洪水天に漫《みなぎ》り、土民愁ひ歎きせむ事を思ひて、一人本尊に向かひ奉り、聊《いささ》か念をいたして云く」という端づくりで「時によりすぐれば民のなげきなり八大龍王雨やめたまへ」という和歌を詠むなど、撫民を心がけた。

妻を京都の坊門家から迎えたこともあって、京の文化を積極的に摂取し、都の文化が幕府御所を席巻した。建暦二年八月に御所の北面に近習の壮士たちを詰めさせて「古物語」を語らせ、八月十八日に和田義盛などの古老が祗候《しこう》し、九月二日に藤原定家の消息と和歌文書等が御所に到着している。実朝は和歌を定家に学び、詠んだ歌は藤原定家によって『金槐《きんかい》和歌集』としてまとめられている。

建暦三年（一二一三）には「芸能の輩」に「和漢の古事」を語らせる学問所番を置くなど、自身が教養を身につけるかたわら、近臣たちにも影響を及ぼした。この武士の教養は、実朝のもとで教養を磨いた北条泰時に引き継がれ、やがては戦国大名へとつながってゆく。武士が諸外国の軍人と大きく異なるのは、文化的教養が備わるようになった点にある。

だがそうした実朝に、長沼宗政が「当代は歌鞠〔和歌や蹴鞠〕をもって業となし、武芸廃《すた》れるに似たり」と批判したごとく、実朝への不満が御家人に広がってゆくなか起きたのが、北条義時の挑発に乗って侍所別当の和田義盛が挙兵した和田合戦である。

義盛は一族を引き連れ、一門の胤長《たねなが》の赦免を望んで庭中から直訴を試みて拒否されたことから挙兵へと至った。和田勢に攻められた義時は、実朝を正面に立てて戦い、「当時アルホドノ武士ハミナ義時ガ方ニテ、二日戦ヒテ義盛ガ頸トリテケリ」（『愚管抄』）と終わり、和田・横山・山内・土屋など相模の有力武士が滅んだ。これにより義時は御家人を指揮し、鎌倉中の検断を行なっていた侍所をも握り、幕府の実権を完全に掌握した。

だが、信頼していた義盛の挙兵に、実朝は眠れぬ日々が続いた。列参しての強訴には、理非を論ぜずに認めた慣行があったにもかかわらず、その慣行を破ったからであり、主従関係の根本にかかわる「忠誠と反逆」という重い課題を突きつけられた。その実朝を慰めたのが鎌倉に下ってきていた栄西である。建保元年（一二一三）十二月、和田義盛の魂を慰める仏事を寿福寺で行ない、翌年二月に酒酔いで気分のすぐれない実朝に茶を勧め、その効能を記した書（『喫茶養生記』）を進呈した。武士が茶を嗜むようになった最初であり、七月には実朝が大慈寺を「君恩」と「父徳」（院の恩と頼朝の徳）を祈念して創建すると、栄西は供養の導師となった。

栄西に次いで宋人の陳和卿《ちんなけい》が実朝の前に現れた。建保四年（一二一六）六月に鎌倉に来て実朝に会い「貴客は宋朝の医王山の長老たり、時に吾、その門弟に列す」と述べ、同じ夢を見たことのあった実朝は意気投合し、医王山に渡ることを決めて、唐船の建造を命じたが、船は由比の浦に浮かばずに朽ち果てた。実朝は遁世を考えていたのである。

コラム　能に描かれた武士

能によって、合戦に臨んでの心構えや精神、無念のうちに亡くなった武士の心情が劇化されたことは、武士に大きな影響をあたえた。なかでも『実盛』は世阿弥作と知られ、加賀の篠原で甲冑姿の実盛の霊が現れて、染めた髪が洗われて白髪に戻って、錦の直垂を着たことや、手塚光盛《みつもり》と戦い討死したことを語る。芭蕉は実盛の甲《かぶと》を見て「むざんやな　甲の下のきりぎりす」の句を詠んでいる。

『敦盛《あつもり》』も世阿弥作で、熊谷直実が一ノ谷で敦盛の霊と出会い、敦盛が一門の運命を嘆き、合戦前夜を思い出して舞を舞い、直実に討たれた時の話を語って弔いを求める。幸若舞の「敦盛」は敦盛を討った直実を中心に語り、敦盛を組み伏せ、我が子と同年と知って助けようとしたが、味方が駆け寄ったのでやむなく討つ。遺骸や遺品を敦盛の父経盛に送り、法然のもとで出家する。

この幸若舞曲は織田信長に好まれ、『信長公記《しんちょうこうき》』に「信長、敦盛の舞を遊ばし候。人間五十年、下天の内をくらぶれば、夢幻のごとくなり。一度生を得て滅せぬ者のあるべきか、と候て」出陣したという。

『兼平《かねひら》』は、近江の粟津で甲冑姿の今井兼平の霊が出て、義仲と主従二人で落ち延び、自害を果たそうとしたが、兼平の身を案じるうちに義仲が敵の矢にかかって亡くなる最期を語り、自らの奮戦と自害を語る。『巴』は、粟津の原に巴御前の霊が甲冑姿で現れ、義仲が木曾を出てから最期を遂げるまでを語り、自らが最期の供をできなかった執心を語る。

このほか『頼政』『朝長《ともなが》』『熊坂《くまさか》』『烏帽子折《えぼしおり》』『七騎落《しちきおち》』『木曾』『通盛《みちもり》』『経正《つねまさ》』『忠度《ただのり》』『知章《ともあきら》』『船弁慶』『橋弁慶』『景清《かげきよ》』『俊成忠度』『屋島』『碇潜《いかりかづき》』『盛久《もりひさ》』『安宅《あたか》』『二人静』『生田《いくた》敦盛』など多い。

能「敦盛」観世淳夫、撮影：鋏仙会

月岡耕漁による能版画『敦盛』

第Ⅳ章 北条政権下の武士

北条泰時（栗原信充『柳庵随筆』）

一　泰時の政治と鎌倉

承久の乱

頼朝の意向を無視して院政を開始した後鳥羽上皇は、朝廷の権威をとりもどすべく『新古今和歌集』を編むなど、まずは文化的統合を目指した。続いて分散していた天皇家領の長講堂領や八条院領を掌握してゆき、政治的統合を目指し、順徳天皇の代替わりに建暦の新制を制定した。実朝を中納言、大納言、左大将、内大臣へと昇進させ、建保六年（一二一八）十二月には右大臣に任じるなど、幕府に介入していった。

その間、朝廷の武力を整え、京都守護にあたる源氏一門の武蔵守平賀朝雅《ともまさ》を重用し、義時の命で朝雅が討たれると、朝雅の兄弟の大内惟義を用い、さらには西面の武士を新たに置くなど武力を強化してきた。幕府の出先機関である京都守護や在京御家人、西国の各国守護をも直接に掌握するようになったところ、起きたのが建保七年（一二一九）の実朝暗殺である。

政治的に幕府を従属させる媒介者を失い、幕府との協調路線の損なわれた上皇は、挙兵の機会をうかがい、焼失した宮城の造営を行なうなか、挙兵の意思を固めると、彗星の出現を理由に承久三年（一二二一）四月に順徳天皇を退位させ、新帝（仲恭）を立て、五月十五日に院中に官軍を集めた。応じなかった京都守護の伊賀光季《みつすえ》を討ち、さらに親幕府勢力の西園寺公経《きんつね》・実氏《さねうじ》父子を尊長《そんちょう》法印に命じて弓場殿《ゆばどの》に押し込め、北条義時以下を追討する宣旨を発した。

主な武力は、院の北面・西面の武士の能登守《のと》藤原秀康《ひでやす》、山田重忠《しげただ》、仁科盛朝《もりとも》など、京都守護の源（大江）親広《ちかひろ》や在京御家人の大内惟信《これのぶ》・三浦胤義《たねよし》、西国守護の佐々木広綱《ひろつな》などで、ほかに西国の有力御家人や尊長・長厳《ちょうげん》などの近習の僧である。幕府に連なる勢力が多く、追討の宣旨によって幕府は内部分裂を起こし、北条氏は孤立するかに思われた。

確かに、追討の宣旨の東国施行分が鎌倉に到着すると、幕府の指導者は動揺した。武士は朝廷を護る存在であり、それなのに朝廷に刃向えるのか。だが、都育ちの大江広元が積極的な進撃策を出し、さらに義時邸に集まった有力御家人を前に政子が檄を飛ばした。「皆、心を一にしてうけたまはるべし。これ最期の詞なり」と始め、次のように語った。

故右大将軍、朝敵を征罰し関東を草創してよりこのかた、官位といひ、俸禄といひ、その恩は既に山岳より高く、溟渤《めいぼつ》〔大海〕より深し。報謝の志、浅く有らんか。しかるに今、逆臣の讒《ざん》により、非義の綸旨を被下《くださる》。名を惜しむ族《やから》、早く秀康・胤義らを討ち取り、三代の将軍の遺跡を全うすべし。但し院中に参らんと欲さば、ただ今申し切るべし。

頼朝以来の恩顧を強調してそれをとるか、逆臣の讒言によって出された非義の追討宣旨をとるか、そのどちらかを取れ、と迫った。これが効いて戦端を開くことに決したが、軍勢を上洛させるか、軍勢が来るのを待つかで意見が分かれ、両意見を聞いた政子が上洛しなければ官軍を破るのは困難と示し、東国の「家々の長」に動員をかけ京に攻め上ったのである。

東海道から北条泰時・時房《ときふさ》を大将軍に十万余騎、東山道から武田信光《のぶみつ》・小笠原長清《ながきよ》以下の五万余騎、北陸道からは北条朝時《ともとき》以下四万余騎であって、戦端は東海道軍が墨俣の京方《きょうがた》防衛ラインを突破すると、ほとんど抵抗もないままに六月十四日に宇治川を突破し、十五日に京方が全面降伏した。

後鳥羽院は武力を放棄する院宣を発し、六月二十四日に幕府の要請により、合戦の議定を行なった公卿以下が関東に下され、その途中で次々に処刑された。後鳥羽は七月八日に鳥羽殿で出家し、十三日に隠岐に流された。

この合戦の次第は『承久記』に描かれたが、琵琶法師によって語られた形跡はなく、絵巻にも描かれず、後世への影響は至って少なく、逸話は幕府の中で共有され終わった。

乱後の朝廷と幕府

幕府の進駐軍の大将軍であった北条泰時と時房の二人は、六波羅に入って戦後処理にあたったが、この六波羅探題は、義時の指示に基づいて仲恭天皇を廃し、後鳥羽の兄で出家していた親王を後高倉上皇、その子を後堀河天皇に据えて、後高倉院政が始まった。

新たに設けられた六波羅探題は、西国の経営と京都の守護、朝廷の監視を主な任務とし、乱前の京都守護と異なって、幕府の指示のみに基づいて動き、北条一門が任じられた。北方《きたかた》・南方《みなみかた》の二人制で、自立した動きを厳しく制限された。朝廷はこれを「武家」と称し、これまで「武家」「関東」と称されていた幕府は、「関東」とのみ称されるようになった。

朝廷の体制は維持されたが、その自律性は損なわれ、幕府を包含する性格が失われつつあった。乱による貴族の自信喪失もあり、盗賊が頻発するなど社会不安が起きていた。嘉禄《かろく》元年（一二二五）秋に起きた事件はその付近の事情をよく物語っている。京の吉祥院の法師が前の川で鮎を取る貴人に、殺生禁制であると触れ制止すると、貴人の源大納言定通《さだみち》卿は、先に武士が漁をしたのを咎めなかったのに、どうして咎めるのか、「武士の威を恐れたのであろう。ならば我も又武士である」と、嘯《うそぶ》いたという（『明月記《めいげつき》』）。大納言クラスの貴族に武士といわしめるほど、武士の威は向上したのである。

幕府は京方の所領を没収し、その跡の地頭には多くの東国の御家人を配置した。地頭の得分・権利は、文治二年（一一八六）の太政官符に沿って、謀叛人の本司の跡を継承するとしたが、西国の地頭の得分は少なくなく、その得分をめぐり、本所・領家との間で争いが頻発したため、西国の地頭の得分を調査した。その報告が貞応《じょうおう》二年（一二二三）の安芸国都宇《つう》・竹原荘に知られる。

それは三つの部分からなる。一つは「田畠加徴が反別五升」、二つ目は栗林地子・塩浜地子・桑代絹、三つ目は「雑物」で、桑代の板や厨《くりや》の米、給田畠十町、惣追捕使沙汰などからなる。すなわち公田畠の加徴、山野河海《さんやかかい》の得分、直営地の得分からなっていた（『小早川家文書』）。

こうした報告を勘案し、同年の宣旨で地頭の得分は、十町別に免田が一町、反別に加徴米が五升、山野河海の産物の得分は、本所・領家と半分ずつという率法（新補率法）が定められて、新地頭は本地頭や下司の跡をそのまま継承するか、この率法を適用するものとされた。

宅（館）を中心として近くに免田（直轄地）があり、周辺に加徴米五升を徴取する公田が広がり、さらに周縁に山野河海が広がるという、同心円的な地頭の領域支配の構造がここでも見てとれる。以後の地頭制度はこの貞応の宣旨が基準となった。

執権体制と御成敗式目

乱を乗り切って幕府の西国支配の体制が整ったところで、貞応三年（一二二四）六月に義時が急死すると、政子は京から泰時を呼び寄せ、六月二十八日に時房とともに「軍営の御後見」として「武家の事」を行なうよう命じ、「関東の棟梁」は泰時の他にいない、と三浦義村を説得し、閏七月一日に政子と義村は有力御家人を集め、意思を統一させた。

執権になった泰時は、二十九日に尾藤景綱《かげつな》を後見に任じ、家の規則を定め、執権の家の基礎を固めたことで、執権は泰時の流れに伝えられ、義時の号から「得宗」家と称された。翌年七月十一日に政子が亡くなると、御所を若宮大路近くの宇都宮辻子に移転し、十二月二十日に幼い頼経が新御所に移った翌日、新御所に執権の泰時・時房と評定衆《ひょうじょうしゅう》が集まり「評議始《ひょうぎはじめ》」が行なわれた。

ここに執権を中心に有力御家人から選ばれた評定衆の合議により政治を運営する体制（執権体制）が成立した。最初の評定では、遠江以東の十五か国の東国の御家人が番を組んで警護を行なう鎌倉大番役を定め、頼経が元服、翌嘉禄二年（一二二六）正月に将軍宣下を要請する使者を京に派遣し、将軍に任じられた。実権を執権主宰の評定に奪われた将軍が誕生したのである。

数年にわたる評定会議の実績の上に、貞永《じょうえい》元年（一二三二）に制定されたのが『御成敗式目』（貞永式目）五十一か条である。将軍頼朝以来の法と慣例を集大成し、幕府の裁判制度の指針として制定した。最初の二条では、朝廷が定める新制と同じく神社・寺塔の修理や神事・仏事の保護を謳い、東国の王権としての側面を強調、次の三―五条では、諸国の守護・地頭の職権について定め、六条では幕

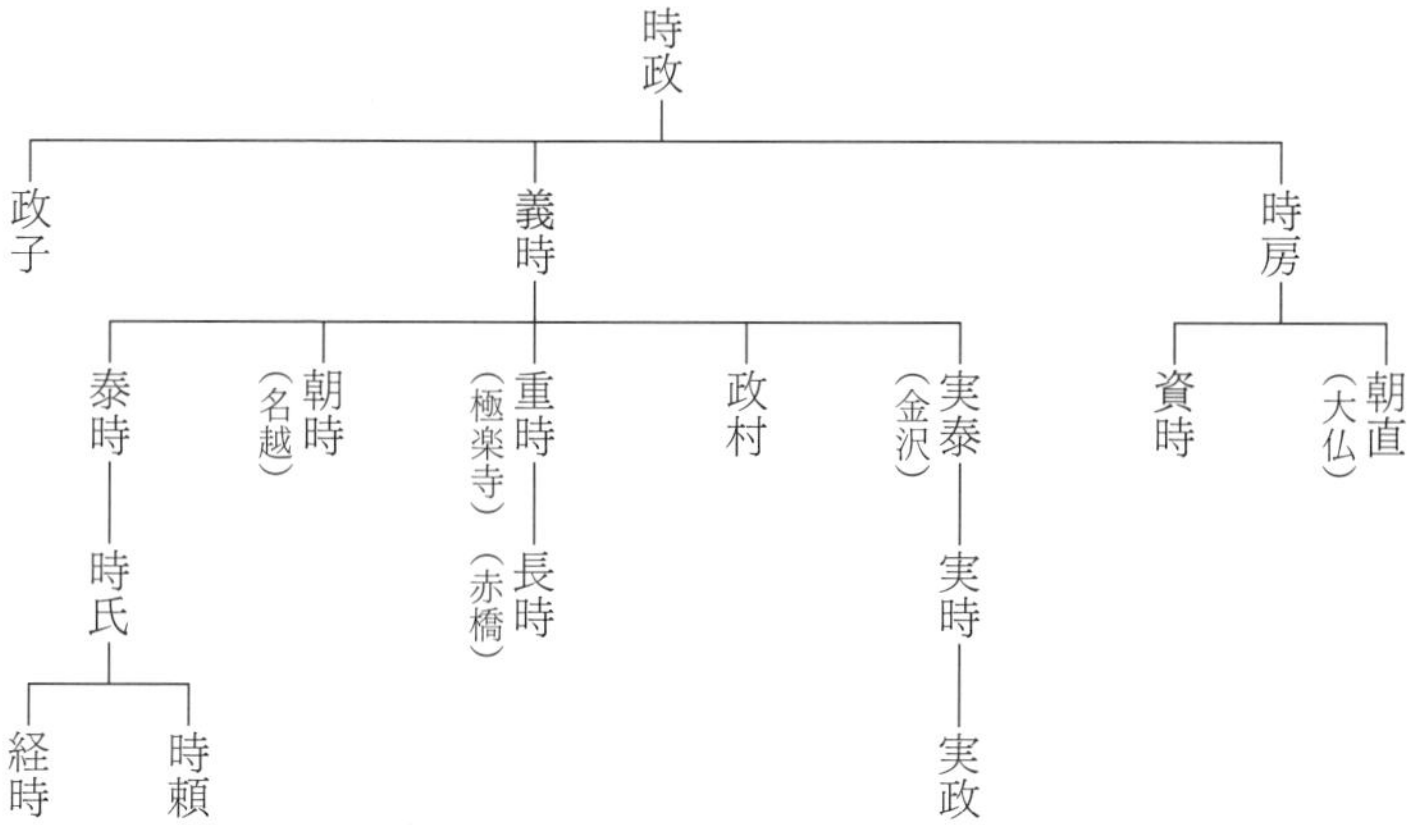

Ⅳ-1　北条氏系図

府が御家人の所領についての方針を示すなど、整然とした法の体系であって、泰時が公家法を学んだ成果がうかがえる。

五十一か条が聖徳太子の『十七条憲法』の条数の十七の三倍であるのは、律令制定以前の立法精神に基づくものであって、制定にあたっては、執権以下の評定衆十三人が理非の裁断には公平にあたることを神に誓う起請文を提出している。

泰時は京都にいる六波羅探題の北条重時《しげとき》に送った書状で、制定の趣旨を道理に基づくものと記し、明確に定めておくことにより、事の理非ではなく、人の強弱により裁許に差別があったり、裁許が出たことを忘れて訴訟を起こしたりするのをなくし、このように成敗の体を示すことで、公平な裁判が行なわれる、と記している。幕府は独自の法に基づいた法治主義の政権となった。

泰時は、効力が及ぶのは武家に限るのであり、「京都の御沙汰、律令のおきて、聊《いささか》も改まるべきにあらず」と述べたが、律令の法意とは違った規定も載せており、幕府の法の支配は広く及んでいった。六条では国司や領家の成敗には介入しないとしたが、国司・領家の地頭の非法に対する訴えを受理し、天福《てんぷく》元年（一二三三）には朝廷管轄下の西国での、出挙米を二倍以上徴収することを禁じる使者を派遣している。

幕府はこれまで地頭領の内部にも原則として関与しなかったが、式目に沿って地頭も領内に向けて法を制定する動きが生まれ、宇都宮氏や宗像氏などは式目の方針に沿って領主法を制定した。

影響は武士にとどまらず、庶民にまで式目が読まれるほどに浸透した。江戸時代初期の『醒睡笑《せいすいしょう》』に、風呂に入った子供の笑話がある。一人の子が「山高き故に」と『実語教《じつごきょう》』の一節を吟じると、これを聞いた子が「庭訓《ていきん》をよまる」と『庭訓往来』と言い、もう一人が「庭訓ではない、式条」と、『御成敗式目』であると言ったという。

武士の身分

『御成敗式目』は、武士に関する規定について、第三条で頼朝の時に定め置いた通り、守護の職権を大番催促・謀叛殺害人・夜討強盗山賊海賊の取締り（大犯《だいぼん》三箇条）とし、これ以外の守護の沙汰を禁じている。地頭については五条で年貢や所当を抑留するのを禁じた。

武士の身分規定では、十三条で人を殴る咎《とが》は軽くないとし、侍では所帯を没収、所領がない場合は流罪、郎従以下は身柄を禁錮するとしている。十五条の「謀書」（文書偽造）の罪は、侍は所領の没収、所帯がない場合は遠流、「凡下《ぼんげ》の輩」は顔に焼印を押す。三十四条では、道路の辻で女性を捕らえた罪は、御家人の場合は百か日の出仕を止め、郎従以下の場合は、頼朝の時の例にしたがい、髪の半分を剃るとした。

すなわち侍（御家人・非御家人）、郎従・郎等、凡下の身分差により罰則が定められ、さらにその下の隷属身分の「奴婢・雑人」の規定が四十一条にある。すなわちこれが幕府政権下の身分規定であり、武士はそのうちの侍と郎等からなる。

これが武士団ともなれば、郎等のなかの中核になるのが「家の子」で、そのほか一門・一族へと広がり、全体を統べるのが「棟梁」で、家の継承の面から「家督」、所領の面から「惣領」と呼ばれ、その兄弟を「庶子」と呼んだ。こうした武士団の在り方を惣領制と呼ぶ。

守護は強盗や海賊・山賊を取締まったが、この存在と武士との関係を見ておこう。『古今著聞集』の偸盗《ちゅうとう》の巻に見える強盗の交野八郎《かたののはちろう》は、後鳥羽院が西面の武士を派遣しても捕らえられない「究竟《くっきょう》の物」だったが、院が追捕に乗り出すとあっけなく捕まった。何故かと問われ、いかなる武士も物の数ではないが、院の指揮ぶりを見たさに捕まったと言ったので、院はこれに感じ八郎を許し「御中間《ごちゅうげん》」として仕えさせたという。

強盗の棟梁の小殿は、今は大納言家に「侍ゆるされて」召し仕われているが、昔は所領相論で叔父を殺し、「西国の方にて海賊をし、東国にては山立《やまだち》（山賊）をし、京都にては強盗をし、辺土にては引はぎをしてすぎきつる」盗賊の棟梁であったという。強盗や海賊・山賊のなかには武士と変わらぬ勇士がおり、それと武士との違いは、反社会的な存在であり、物を盗むのを目的にし、山や海、京の街などの流通路を支配するところにあった。

鎌倉中の整備

泰時は幕府を大倉から若宮小路の側に移した際、京から宅地の尺度の制度を導入するなど、鎌倉を都市として整備した。鶴岡八幡宮の前から江戸湾の良港・六浦《むつら》につながる六浦道の朝比奈の切通《きりどおし》には新路を設け、鶴岡八幡の西から山内荘に向かう道も整備し、小袋坂《こぶくろざか》（巨福呂坂）の切通を開いた。

南の由比浜は重要な湊で、『海道記』に「数百艘の船ども、縄をくさりて大津の浦に似たり」と記され、近くの和賀江《わかえ》に勧進聖人の往阿弥陀仏が商船着岸のための突堤を築いた際には、多大な援助をしている。都市の行政制度として保《ほう》を導入し、都市法も定めている。保は京都の左京（洛中）の横大路と横大路の間を管轄単位とする行政制度であったが、これを鎌倉にも導入した。

文暦二年（一二三五）の追加法には、僧徒が裹頭《かとう》で鎌倉中を横行することを禁じ、濫行をなす念仏者の家を破却するよう「保々の奉行人」に命じている。寛元《かんげん》三年（一二四五）には地奉行の後藤基綱《もとつな》に命じ、道路の管理や町屋のあり方を保々の奉行人に触れるよう指示しており（『吾妻鏡』）、鎌倉を幾つかの保に分かち奉行人を置き警察・行政を担当させた。

建長《けんちょう》三年（一二五一）、鎌倉中に町屋の御免（許可）の場所を定め、大町・小町・米町・亀谷辻・和賀江・大倉辻・気和飛坂《けわいざか》山上の七か所に限定しこれ以外の地に小町屋や売買の施設を設けることを禁じている。念仏聖の浄光《じょうこう》が東国への勧進で大仏の造営に向かうと、泰時はこれも支援し、暦仁《りゃくにん》元年（一二三八）に鎌倉の西の深沢で造営が始まり、仁治《にんじ》二年（一二四一）三月に上棟し、寛元元年（一二四三）六月に供養が行なわれた。

こうして東国の王の首都として鎌倉は整備されていったが、地方の諸国には「府中」など「某中」

と称される都市が形成されていた。府中とは古代の国府の所在地で、国府が移動を繰り返すなか都市を形成するに至らなかったが、鎌倉時代になるとほぼ定着し、都市領域を生むようになった。豊後府中、安芸府中、尾張府中、上野府中、播磨府中、丹波《たんば》府中、長門府中、武蔵府中などが見え、多くは国衙の権益を接収した守護が支配した。

豊後の府中を支配する守護の大友氏は、仁治三年（一二四二）正月十五日に「新御成敗状」という幕府法に基づく法令を出している。その百九十条は「府中の地」を賜った輩が役を怠ったならば、その屋地を召すと規定、百九十一条では「府の住人」が「道祖神社」を「府中」に立て置くことを禁じ、百九十二条の「町の押買の事」、百九十五条の「保々産屋」を禁じるなど、詳細な規定からなる。保を行政単位として支配し、住人の風俗統制や生活統制を行なっており、このような法は諸国の府中でも定められたことであろう。

六波羅探題と在京人

京都は「洛中」と称され、六波羅探題がその警備と治安にあたった。西国の訴訟に関わる裁判も担当し、その裁許状である六波羅下知状には、末尾に関東下知状の「仰《おおせ》に依《より》て下知件《くだん》のごとし」のような鎌倉殿の仰せに基づくという文言がなく、裁許に不服な者は関東に提訴することができた。また和《わ》与《よ》という和解の場合、幕府の下知状で認められる必要があった。

六波羅探題は確定判決権を有さず、幕府からの独立を阻止され、武力は探題に直属する家人と「在京人」と称される西国の有力御家人、及び大番役を勤める御家人であった。京都が群盗の横行に悩ま

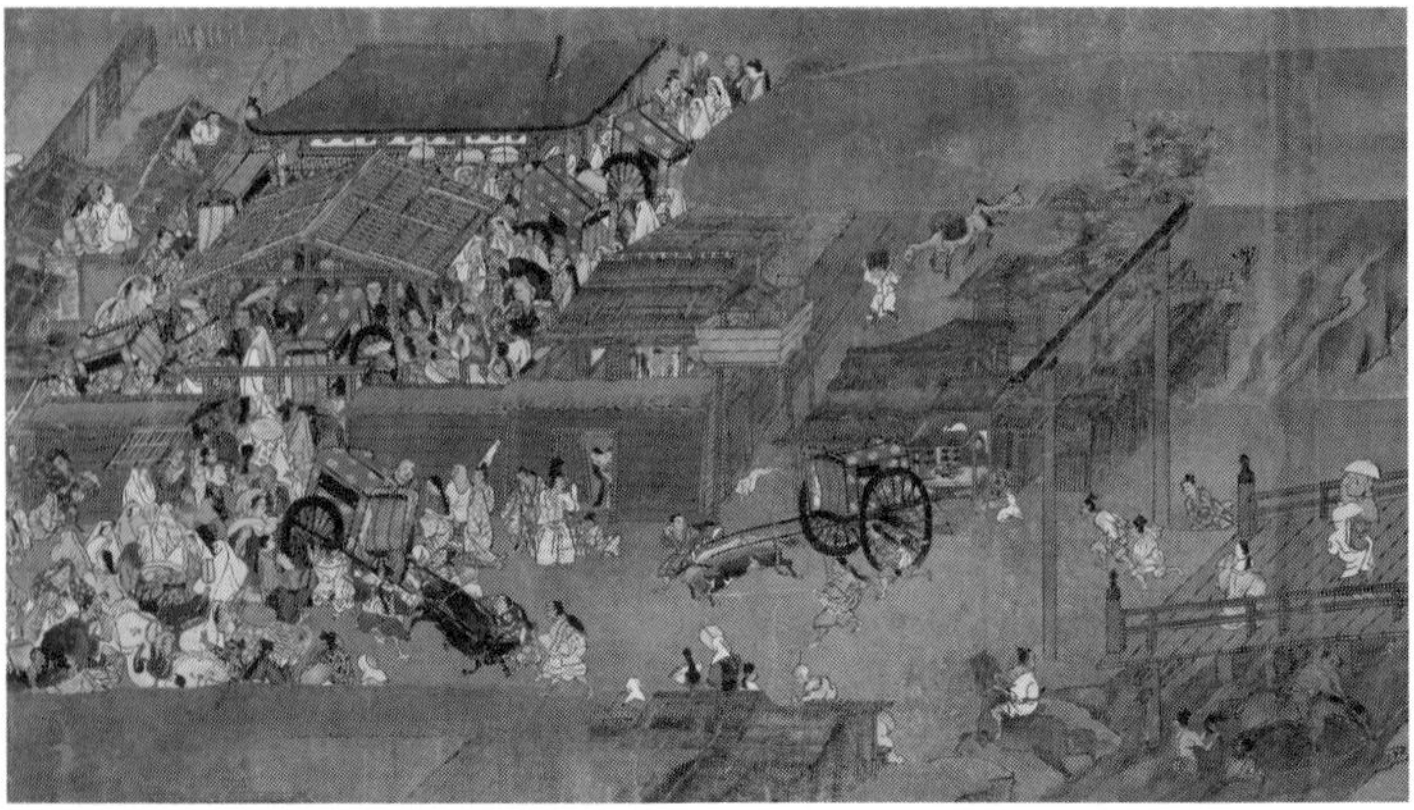

Ⅳ-2　図の中央部に篝屋がみられる（『一遍聖絵』巻七、清浄光寺（遊行寺）所蔵）

されていたので、禁圧するために四十八か所の辻々の要所に篝火《かがりび》をたいて警戒する篝屋《かがりや》が設けられ、在京人が篝屋の警固をした（図Ⅳ－２）。

その在京人の小早川茂平《しげひら》は、蓮華王院領の安芸国沼田《ぬた》荘を父景平《かげひら》から譲られ、承久の乱後に隣接する都宇・竹原荘の地頭職を得て在京人になり、沼田荘の領家の西園寺公経に仕えた。『古今著聞集』に、茂平が都鳥を預かって飼っていた話が見える。茂平は嘉禎《かてい》四年（一二三八）に荘内の「塩入荒野」の開発を申請して認められると、瀬戸内海に注ぐ沼田川の河口部の低湿地帯を開発していった。

建長四年（一二五二）に沼田本荘で検注が行なわれたが、耕作田数は二百五十町で、その内の地頭給十二町などの給田を除いて、定田が二百二十五町、その得分は領家が四百八十三石に対し、地頭は二百三石となっている。このほかに地頭には塩入荒野の開発分があり、相当に裕福であったことがわかる。茂平は沼田新荘にも仁治四年（一二四三）の検注によれば百二十六石と五町の給田があり、ほかに都宇・竹原荘もあることを考えると、その裕福さがわかる（『小早川家文書』）。

鎮西の地頭の場合はどうか。蓮華王院領肥後国人吉荘《ひとよしのしょう》の相良氏は、元久二年（一二〇五）七月に地頭になり、建久六年（一一九五）の肥後の大田文に登録された起請田《きしょうでん》・給田を知行し、建暦元年（一二一一）の検注で設定された「出田」に反別四斗の高い年貢を収取し、その後、「新田」も支配していた。

だが一族の所領相論で、相良永頼《ながより》は寛元元年（一二四三）に北方分を得宗領とされ、知行が南方分のみとなった。翌年の南方の得分注進状によれば、起請田が三百五十二町、出田が百十一町、その他の名の起請田は百二十一町、出田は四十一町、新田は二十一町、さらに在家・狩倉・河分からなる。中分されたとはいえ、相当な所得であったことがわかる（『相良家文書』）。

二　鎌倉後期の武士の環境

幕府の内紛と体制整備

仁治三年（一二四二）正月、幼い四条天皇が亡くなると、九条道家は順徳院の皇子擁立に動いたが、幕府はその意向を無視し土御門院の皇子を即位させた（後嵯峨天皇）。その幕府においては、泰時の後継者となる嫡子の時氏《ときうじ》が早く亡くなる一方、将軍頼経が成長し、争いが起きていた。御家人制は幕府の根幹をなすものとして定着していて、御家人が人格的に尽くすべきは将軍であった。

同年六月に泰時が亡くなると、その跡を継いだ孫の経時《つねとき》は、本所の支配下にあった御家人を保護し、訴訟・裁判の振興を謳って、執権に直訴できる庭中の制度を設け、執権中心の体制の方向を目指した。寛元二年（一二四四）四月、頼経が子の頼嗣《よりつぐ》に将軍位を譲ったことから、将軍派と執権派との対立は深まった。

病の経時が出家した寛元四年（一二四六）三月、経時の自亭で「深秘の御沙汰」があり、執権は弟時頼《ときより》に譲られ、五月二十六日、時頼亭で北条一門の政村、金沢実時《さねとき》、外戚の安達義景《よしかげ》らが集まって内々の会合が開かれ、後藤基綱・町野康持《やすもち》らを評定衆から除いた。六月十日には有力御家人の三浦泰村《やすむら》を加えて「寄合」がもたれ、将軍派の名越《なごえ》光時《みつとき》・千葉秀胤《ひでたね》などの評定衆が鎌倉を追われ、前将軍頼経は京に送り返されることとなった（宮騒動）。この寄合には諏訪・尾藤など時頼の御内人《みうちびと》も伺候した。

前将軍を退けた時頼は、使者を京に派遣して、後深草天皇に譲位後の後嵯峨院に前将軍の父道家の関東申次《かんとうもうしつぎ》の更迭を告げ、徳政の興行を求めた。翌宝治《ほうじ》元年（一二四七）、鎌倉で安達義景が策動し、寄合のメンバーの三浦泰村を除く噂が広がって、近国の御家人が時頼亭に駆け付けるなか、六月四日に三浦一族も集結し、泰村の弟光村《みつむら》は永福寺に立て籠って来襲を迎えようとするが、泰村は光村を呼んで頼朝の墓所の法華堂に籠った。

頼朝の御影の前で往時を語るなか、毛利西阿《さいあ》が法事讃を唱え、三浦光村が調声して、総勢五百余人が自尽した（宝治合戦）。集団で自決した武士のこの行為は、北条氏の滅亡時へと引き継がれた。頼朝挙兵時に鎌倉に関わっていた二つの強力な武士団、すなわち鎌倉を先祖の由緒の地とし、頼朝とともに鎌倉に入った北条氏、鎌倉に進出して勢力を広げ、頼朝を迎えた三浦氏、その一方の雄が滅び去ったのであり、残る有力武士団は足利氏のみとなった。

二つの事件を経て、幕府には評定・寄合の二つの審議の場が設けられ、実質の審議が評定から寄合へと移り、寄合で大枠が決まった後に評定が開かれた。執権が評定を主導し、有力御家人から選ばれた評定衆をメンバーとしていたのに対し、寄合は北条氏の家督（得宗）が主宰し、その外戚や得宗に近い北条一門、奉行人、御内人から選ばれた数人で構成された。

評定は行政・訴訟の機関でもあった。建長元年（一二四九）十二月には、御家人保護政策として、かつて御家人の咎が明らかになった際には、他の御家人を据えることで御家人の知行地を確保していたことがあって、評定の下に御家人訴訟を扱う引付《ひきつけ》を置き、北条政村《まさむら》・朝直《ともなお》・資時《すけとき》の北条一門を引付《ひきつけ》頭人《とうにん》に任じ、二階堂行方《ゆきかた》らの御家人が引付衆となった。

引付は幕府の所領関係の訴訟である所務沙汰を扱う機関として整えられ、幕府の行政・裁判機構を支える奉行人の結集の場となった。文士の後身である奉行人らは引付頭人の訴訟指揮に従い、引付頭人は評定衆から選ばれ、評定衆・引付衆・奉行人の系列からなる官僚システムが整備された。

時頼の国家構想

建長二年（一二五〇）三月、幕府は前年に焼けた閑院内裏《かんいんのだいり》の再建に向け、紫宸殿《ししんでん》の造営を相模守北条時頼に、内裏の殿舎や門、廻廊、塀に至るまでを地頭御家人に負担させるなど、京の後嵯峨院・後深草天皇を支援した。

翌年五月に時頼に嫡子の時宗《ときむね》が生まれると、自由出家を理由に源家一門の足利泰氏《やすうじ》を排除したり、九条道家と結んだ了行《りょうぎょう》法師の謀反の企てが発覚するなど、鎌倉が不穏な空気に包まれるなか、建長四年（一二五二）二月十二日に時頼亭で「関東安全」の祈りがなされ、その直後の二十日、京都に後嵯峨院の皇子下向を要請する使者を派遣、四月一日に宗尊《むねたか》親王が鎌倉に到着、同日に将軍宣下があって、前将軍頼嗣《よりつぐ》を京に送った。

時頼は皇族将軍の誕生にあわせて禅院の建立を企画、禅僧の蘭渓道隆《らんけいどうりゅう》を招いて、建長五年（一二五三）に「建長興国禅寺」を造営した。その趣意は「皇帝万歳、将軍家及重臣千秋、天下太平、下訪三代上将、二位家并御一門」の没後を祈るもので、東国の王の寺であり、建長寺の寺号は年号に因み、幕府はここに完成形を示す。なおこの例に倣って徳川幕府は上野に寛永寺を造営した。

これまで熊谷直実や北条泰時、北条一門の名越氏、三浦氏などの武士は、殺生の罪業感もあって浄土宗を信仰するのが基本であった。法然の孫弟子信瑞《しんずい》は、建長八年（一二五六）に『広疑瑞決集《こうぎずいけつしゅう》』を著し、信濃の武士上原敦広《うえはらあつひろ》から出された、信仰生活、特に殺生などについての様々な質問に答えている。

そこに時頼が禅宗を導入したのであり、この後、禅宗は武士の間に広まった。中国宋代の禅僧は、儒教の教養に育まれていた知識人・官僚に受け入れられるよう努力を重ねてきて、国家を護持する面を強調してきたことから、禅宗は新たな国家構想を考える武家政権にとって適合的であった。建長寺は鎌倉中の外に建てられ、時頼は鎌倉中を首都にふさわしく本格的に整備した。

先にも述べたように建長三年（一二五一）に鎌倉中の町屋の場所を七か所に限定し、これ以外の地に小町屋や売買の施設を設けるのを禁じ、建長五年には、関東御家人と鎌倉居住の人々の過差（贅沢）を禁じた。朝廷の新制に倣ったこの武家新制は、武家の王の名の下で出され、弘長《こうちょう》元年（一二六一）には鎌倉の都市法の集大成ともいうべき弘長の新制を出し、鎌倉の行政区である保の奉行人を通じて施行された。

体制の完成を見届けた時頼は、若くして出家し、一門の長時に執権職を譲り、家督に幼い時宗を立てるが、ここに幕府の実権が執権ではなく、北条氏の家督（得宗）に帰すところとなり、得宗亭で行われる側近との会合（寄合）がその権力の中核となった。評定が行なわれる前に重要事項を審議して、その結果が評定に上程され、評定で定められた内容は得宗に伝えられ、将軍の名で各所に伝えられた。北条氏一門には引付→評定→寄合の出世コースが生まれた。

文永《ぶんえい》三年（一二六六）六月二十日、得宗の北条時宗亭で行なわれた「深秘御沙汰」（寄合）には、左京大夫北条政村、越後守金沢実時、秋田城介安達泰盛らが集まり、七月二十日に将軍の宗尊親王を京へと追い返した。将軍の成長にともない京に追放したもので、得宗中心の体制が完成した。以仁王の令旨の到来に始まる鎌倉幕府の歴史を記してきた『吾妻鏡』は、この将軍上洛記事をもって終える。

武士の家職の形成

幕府が皇族将軍を迎えたのを契機に、武士の家に家職が形成され、継承されてゆくことになる。宗尊将軍の鎌倉下向にともない、飛鳥井・難波など和歌・蹴鞠の家の人々をはじめとする公家が廷臣として鎌倉に下り、関東伺候の廷臣が形成され、宗尊親王将軍家は武家宮廷の体をなした。

弘長元年（一二六一）三月に和歌所が置かれ、近習の歌人が毎月歌を詠むよう定められ、そのメンバーには北条時広《ときひろ》・時通《ときみち》、後藤基政《もとまさ》、鎌田行俊《ゆきとし》など北条一門や御家人がいた。親王将軍の文化活動は目覚しく、文永三年（一二六六）の勅撰集『続古今和歌集』には、親王をはじめ関東の廷臣の歌が数多く選ばれた。これを契機に武士が広く和歌をよむようになり、また、この武家宮廷の形成とともに武家に家職の観念が生まれ、家職が継承されていった。

北条重時は六波羅探題から執権連署として時頼に迎えられて政務に関わるなか、得宗にどう対応し、子孫にいかに身を処すべきかを武家家訓（『六波羅殿御家訓』『極楽寺殿御消息』）に記したが、子長時《ながとき》は康元《こうげん》元年（一二五六）に時宗の代官として執権となり、代官を置くことで執権を家職とする得宗家が確立し、長時の極楽寺の家も確立、武士に家職の観念が定まった。

名越、赤橋、大仏《おさらぎ》、金沢《かねさわ》氏などの北条氏一門、得宗の外戚の安達氏などは、評定衆や寄合衆・六波羅探題となる家を形成、なかでも金沢実時は最晩年の建治《けんじ》元年（一二七五）頃に子の実政《さねまさ》にあてた家訓を記し、母の菩提を弔うために六浦荘の金沢郷に称名寺を設け、その境内の金沢文庫に幅広い書籍を納めた（図Ⅳ－1参照）。得宗に仕える尾藤・長崎・平氏らは御内人《みうちびと》の家を形成した。

有力御家人では、源氏一門の足利・武田・小笠原氏、幕府初期から諸国の守護となった三浦・佐原・長沼・結城・佐々木氏などが守護職を継承する家を、政所や問注所、引付などの幕府機構の実務・事務を担う二階堂、太田・矢野、摂津は奉行人の家を形成していった。

文永五年（一二六八）、日本列島にモンゴルの国書が到来すると、大陸から逃れてきた禅僧にはモンゴルへの敵愾心《てきがいしん》が強く、その影響下にあった北条時宗は、モンゴル襲来に強硬に対応した。最初の使者は引き返したが、モンゴル帝国の世祖クビライの厳命を受けた高麗の潘阜《はんぷ》が国書を大宰府にもたらしても、幕府は往来を認めるも国交を結ぶ意図はなく、正式の通商に関心がなく、国書を朝廷に送ってその対処を迫るのみであった。

朝廷は後嵯峨院が正元元年（一二五九）に御深草天皇に代えて亀山天皇を立てており、幕府が明確な意思を示さなかったために審議は難航、国書到来への結論は従来通り返書を送らぬこととし、「異国降伏」の祈禱を寺社に命じ、幕府は返書をモンゴルに送らなかった。一二七一年に国号を大元と改めると、クビライは、これを受け、日本に日本国信使趙良弼《ちょうりょうひつ》を派遣した。

趙良弼が渡来した文永八年（一二七一）九月、幕府は危機に応じて、体制の引き締めを図り、九州に所領がある御家人にモンゴル襲来に備えさせ、翌年に九州諸国の御家人に筑前・肥前両国を防衛するよう命じ、十月には領主の名と田畠の員数を記す大田文が欠けている国々に改めて調進を命じ、地頭・御家人の名の注進をも命じている。これは襲来に向けて地頭御家人に役を課する目的によるものであったが、建治元年（一二七五）に幕府の京の拠点の一つである六条八幡宮の造営にあたっていたので、有力御家人に関東御公事を課すなど地頭御家人役の賦課をも目的としていた。

モンゴルの襲来

クビライは二度にわたり派遣した趙良弼が追い返されると、軍勢を派遣することに決した。後嵯峨院が亡くなって亀山天皇の治世が始まった文永十一年（一二七四）の十月、元・高麗連合軍は朝鮮半島南端の合浦を出て対馬・壱岐を侵攻し、十月二十日に博多湾の鳥飼辺に上陸、一時は大宰府にまで

IV-3, 4　朱の鳥居の前を通る一群（上）と松原の中を進む騎馬武者（下）（『蒙古襲来絵詞』宮内庁三の丸尚蔵館所蔵）

至り、集団戦法と「てつはう」という武器で日本軍を苦しめた。しかし大宰府を攻め落とせぬまま、御家人の戦いや蒙古軍の内部対立もあって退いた。

この文永の役での武士の奮戦を描いたのが『蒙古襲来絵詞』である。肥後の御家人竹崎季長《すえなが》は一門の江田太郎秀家《ひでいえ》と兜を交換し、相互に合戦の証人になりあう「見継《みつ》ぐ」約束を交わし、肥後の国勢の先駆けをめざして合戦に向かった。

絵は、朱字で「豊後国守護大友兵庫守籟泰之手軍兵」の注記のある騎馬武者を描き、次いで墨で「はこさきのみやのとりゐ」（箱崎宮の鳥居）と書かれた朱の鳥居と朱塗の生垣の前を通る騎馬武者の一群、さらに松

Ⅳ-6　資長と勇み立つ季長一行（『蒙古襲来絵詞』宮内庁三の丸尚蔵館所蔵）

原の中を進む騎馬武者「肥後国竹崎五郎兵衛尉季長」の一隊を描く（図Ⅳ－3、4）。

第二段は、その日の大将の少弐景資《しょうにかげすけ》に会い、下馬を勧められたが季長は断って、挨拶を交わし、前駆のために急ぐことを景資に伝え博多に馳せ向かう。図Ⅳ－5は、鎧唐櫃《よろいからびつ》に腰をおろす景資を中心に従者が控え、立派な馬がひきだされている。「大宰少弐三郎左衛門尉大将景資　二十九　むま具足にせゐ其勢五百余騎」の注記があり、続いて朱字で「住吉の鳥居」と松原が描かれている。

第三段は、博多の陣をひきあげ、住吉を経て赤坂に向かうと、肥後の菊池武房《たけふさ》が敵と一戦を交えて分捕り首を獲り、引き上げてきたのに出会い、「するゐながかけ候、御らん候へ」と勇み立つ。絵は「資《すけ》長《なが》」「季長」の一行と武房一隊を描く（図Ⅳ－6）。

第四段は、菊池の攻勢に赤坂から退却する蒙古軍を追い「弓箭《きゅうせん》の道、先を以て賞とす。ただ駆けよ」と突進するが、馬を射られて危ないところを肥前の

IV-5　鎧唐櫃に腰をおろす景資と従者たち、「住吉の鳥居」（『蒙古襲来絵詞』宮内庁三の丸尚蔵館所蔵）

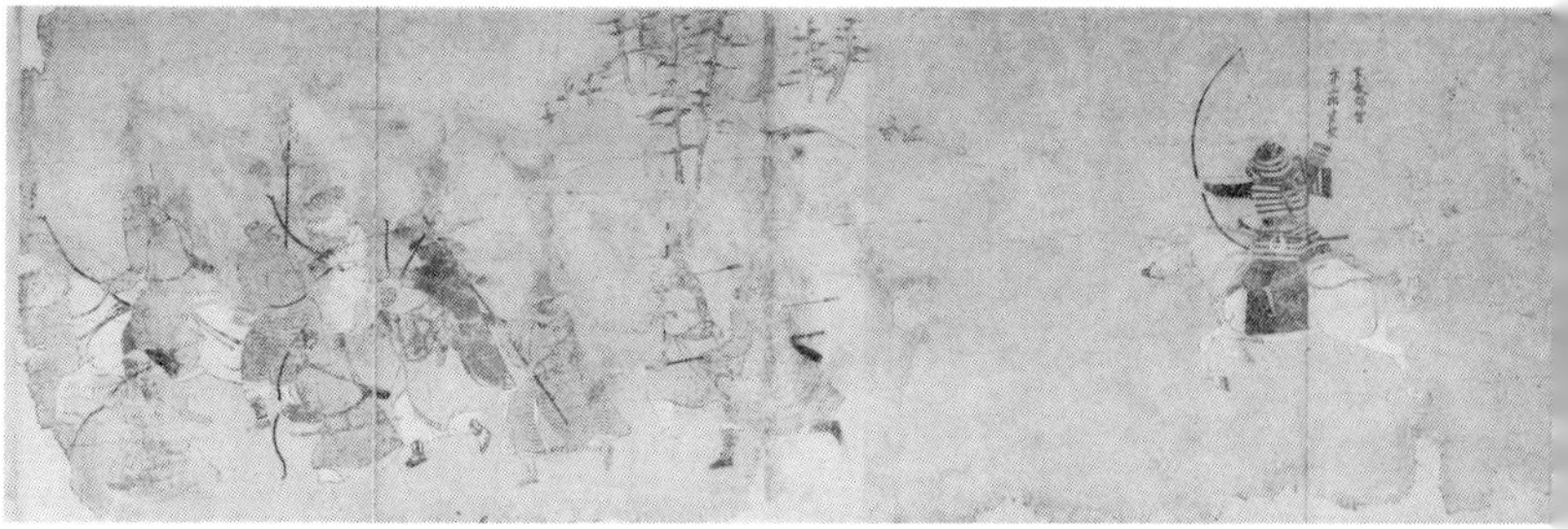

IV-7　通泰の助勢、三井資長と退却する蒙古勢（『蒙古襲来絵詞』宮内庁三の丸尚蔵館所蔵）

IV-8　季長奮戦（『蒙古襲来絵詞』宮内庁三の丸尚蔵館所蔵）

白石通泰《みちやす》らの助勢で事なきを得て、ともに合戦の証人となることを約束する。

絵は「白石六郎通泰、其勢百余騎、後陣よりかく」と通泰の助勢に始まり、季長方の乗馬が敵方に射られ、その近くに旗差の資安《すけやす》、料紙が変わり姉婿の三井資長が弓を射る様子を描き、さらに退却する蒙古兵を描く（図IV－7）。

続いて絵巻の第一の見せ場となる季長奮戦の図である。画面の右手に、矢が当たって血を流し後ろ足を高く跳ね上げる青毛の馬と、その馬の手綱を必死に摑む季長の姿を描き、左手に矢を射かける蒙古兵二人、もう一人が槍を持つ。画面中央には、蒙古兵の射た矢と炸裂して馬を驚かせた「てつはう」を描く（図IV－8）。「てつはう」は肥前鷹島《たかしま》の海底遺跡から発掘されている。

弘安の合戦

幕府は蒙古軍の再来に備え、翌年に九州の御家人に異国警固番役を課し、元が杜世忠《とせいちゅう》を派遣して服属を求めてくると、この使者を鎌倉への出入口である竜口《たつのくち》で処刑し、高麗に出兵する計画まで立てる。建治二年（一二七六）には、上陸阻止のために博多湾岸をはじめとして防塁（石築地《いしついじ》）を築かせた。

クビライは一二七九年に南宋を滅ぼして、いよいよ日本を再び攻めることを決意、翌年に征日本行省を置き、一二八一年に遠征軍を整えた。東路軍と江南軍の二手から攻めることと定め、東路軍は五月三日に高麗の合浦を出発し、六月六日に博多湾の志賀島を攻撃したが、石築地の防御の効果と御家人の奮戦もあって上陸できなかった。

遅れていた江南軍が、肥前の鷹島に到着、両軍が合体して上陸を目指したが、そこを襲ったのが暴風雨で、壊滅的な被害を受けてついに退却した。

幕府は次の来襲に備え、御家人保護政策で確保した御家人知行地（武家地）のみならず、それ以外の地を本所一円の地と捉え、その荘官ら非御家人の動員を朝廷に奏請した。武士を総動員して国難にあたろうとしたのである。

いっぽう、時宗は蒙古合戦で亡くなった人々の霊を敵味方なく慰めるため、禅宗寺院として鎌倉に円覚寺を弘安《こうあん》五年（一二八二）に建立し、弘安二年に時宗の招きで来日し建長寺の住持になっていた無学祖元を開山にあてた。

弘安の合戦も『蒙古襲来絵詞』の第二巻に描かれている。文永の合戦で名をあげた菊池武房の守る石築地の前を、季長一行が通って言葉を交わす（第二段）。この石築地は肥後の御家人が担当する生《いき》の松原《まつばら》地域の役所であって、絵は、石築地の前を行進する季長一行に始まり、石築地の上の菊池一族は武房以下三十人以上を描く（図Ⅳ－9）。

第三段は、自らの兵船のないことにあせった季長が、関東の御使の合田五郎らに会うなか、肥後国守護代安達盛宗《もりむね》の船が沖を通ったので、守護の手の者と偽り盛宗の船に乗り込んだものの、季長が乗る余地はないと断られ、船から降ろされたのでやむなく端船に乗った。

絵は、最初に季長の兵船と季長の松原の陣所を描き（図Ⅳ－10）、続いて草野次郎、天草の大矢野種保《たねやす》、筑前の御家人秋月種宗《たねむね》と合田の手の者が乗る兵船を描き（図Ⅳ－11）、さらには大宰少弐経資《つねすけ》の手の者の兵船や、薩摩の守護代である島津氏の手の者の兵船が、重装備の甲冑を身に着けた武士たちを乗せ、船をきしませながら全速力で漕ぎ出してゆく（図Ⅳ－12）。

第四段は、端船に乗ったものの大船に乗ろうとして、守護の命により一所で戦う、と言って「たかまさ」の船に頼んで乗り、漸《ようや》く戦いに臨む。絵は、蒙古船に乗り込んだ大矢野種保らが蒙古兵と戦い、季長が「凶徒」の首を刎ねる場面に始まる（図Ⅳ－13）。蒙古船二艘が陣太鼓を打って合戦に臨む場面、矢を射こまれた卍の文様の盾を並べた蒙

Ⅳ-9　石築地の前をとおる季長一行（『蒙古襲来絵詞』宮内庁三の丸尚蔵館所蔵）

Ⅳ-10　季長の陣所（『蒙古襲来絵詞』宮内庁三の丸尚蔵館所蔵）

IV-11, 12　草野、大矢野、秋月らの兵船（上）、太宰少弐経資、島津氏らの兵船（下）（『蒙古襲来絵詞』宮内庁三の丸尚蔵館所蔵）

Ⅳ-13　蒙古船に乗り込む（『蒙古襲来絵詞』宮内庁三の丸尚蔵館所蔵）

古船ともう一艘の蒙古船を描く（図Ⅳ－14）。志賀島の敵将と蒙古兵の図では、近くに鳥居が描かれ「志賀島大明神」の注記があって、戦いは志賀島での合戦であったことがわかる。

第五段は、合田五郎の仮屋形に赴いた季長が、志賀島の戦況を肥後国守護の安達盛宗に報告し、証人は「式部房」と伝え、引付に記される。絵は、季長が分捕り首二つを盛宗に示し、その首実検が行なわれる風景を描き、近くに「執筆」と記された右筆が紙を左手に、右手に扇を持って座っている（図Ⅳ－15）。軍忠の報告の様子がわかる。

絵巻の最後は、「やすもり〔泰盛〕の御事」と題し、文永合戦で恩賞に与った御家人は百二十余人いたが、直に御下文を賜り、御馬を賜ったのは季長ただ一人で、弓箭の面目を施した、今後も「君の御大事」には最前に前駆をなす、と記し、その恩賞地の肥後国海東郷の経営も定まった正応《しょうおう》六年（一二九三）正月二十三日、「海東御社　定

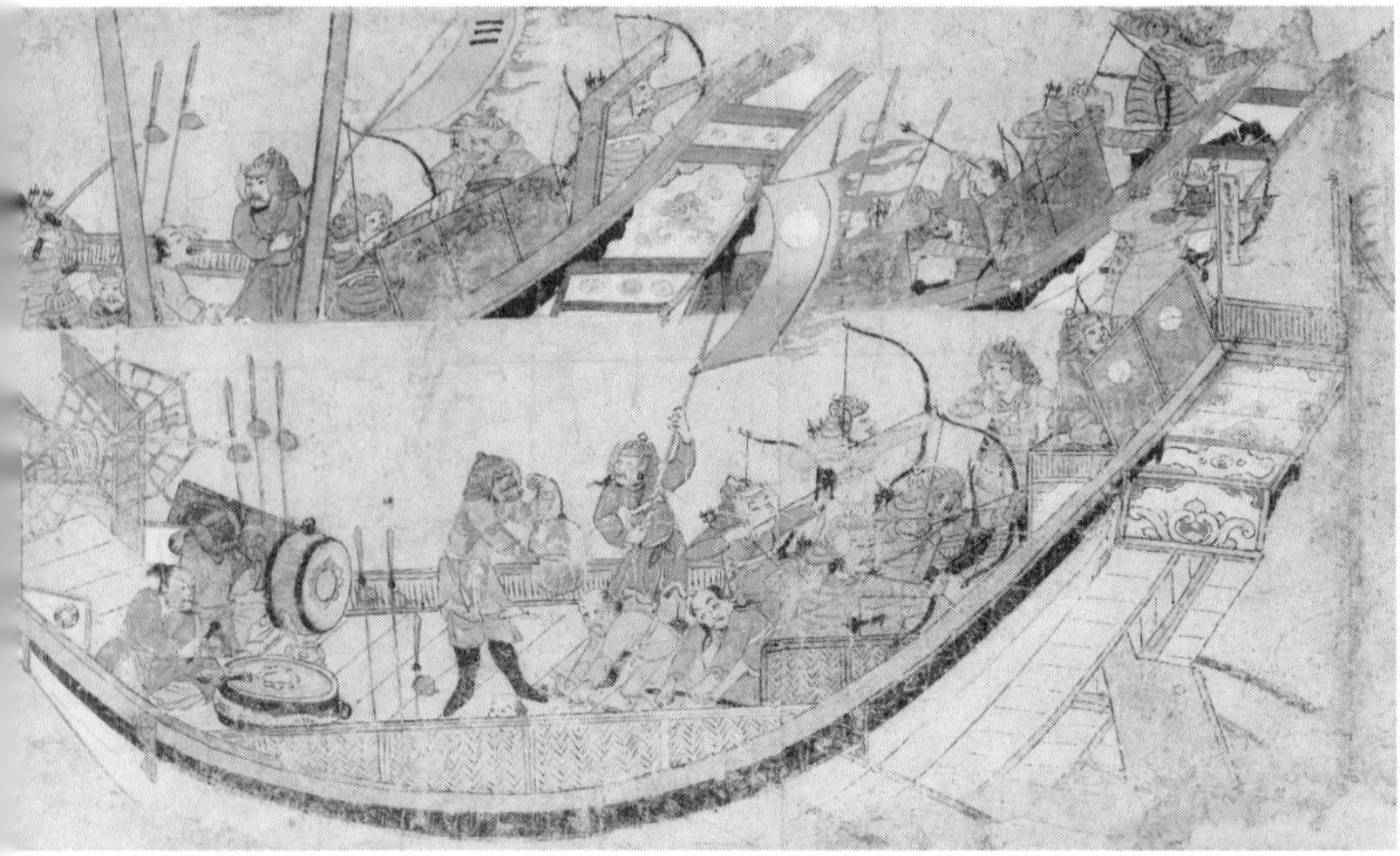

IV–15　軍忠注進の様子（『蒙古襲来絵詞』宮内庁三の丸尚蔵館所蔵）

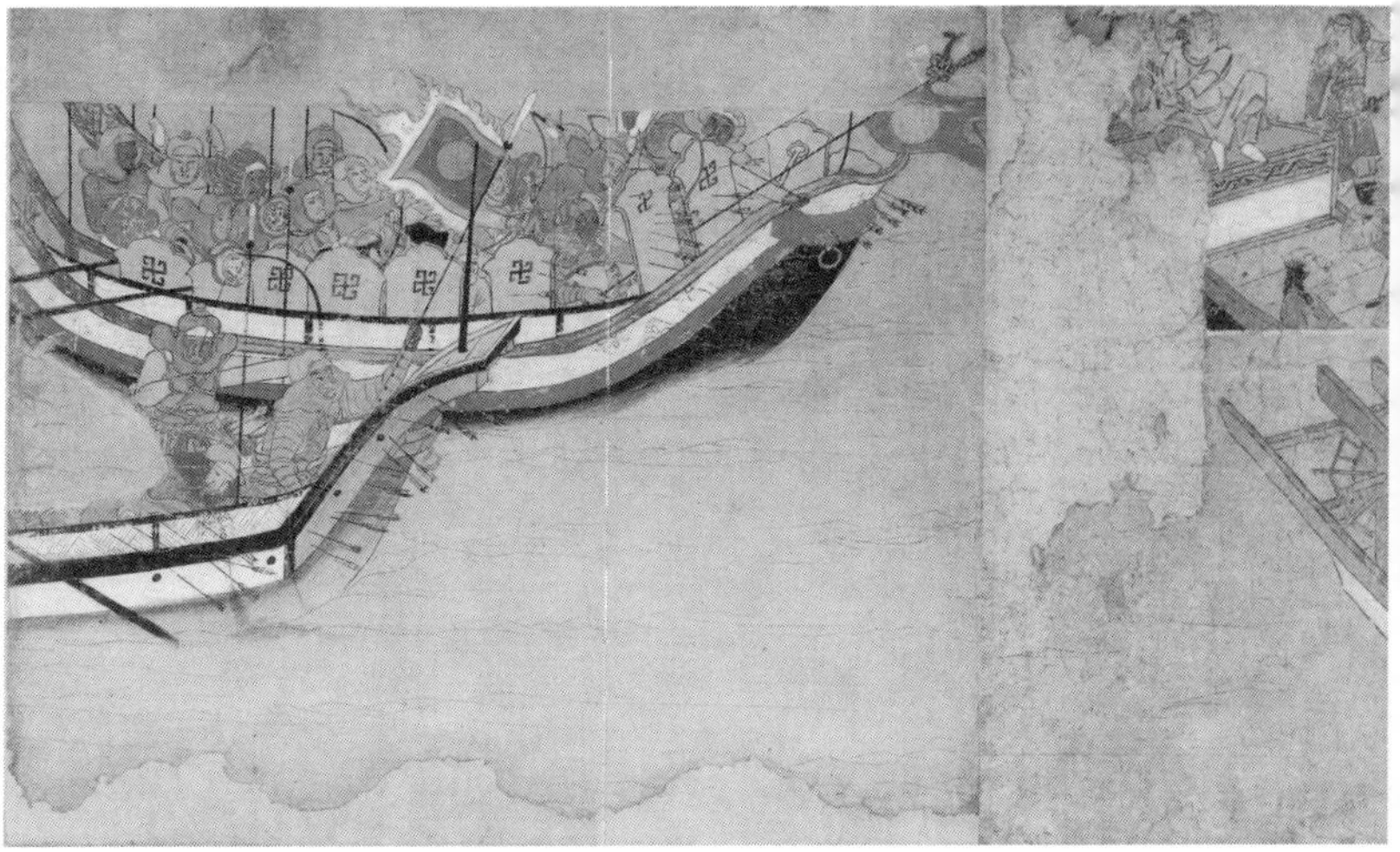

Ⅳ-14　陣太鼓を打ち鳴らす蒙古船と卍の盾を並べた蒙古船（『蒙古襲来絵詞』宮内庁三の丸尚蔵館所蔵）

置条々事」と題する、海東郷の所領から鎮守の甲《こう》佐宮《さ》の年中行事の費用配分を定めた置文を作成している。

モンゴル襲来後の武士の家

所領の少ない「無足の御家人」がモンゴル襲来に臨み、何とか家の継承を果たし得た喜びもあって絵巻を作成したのであるが、多くの鎮西の無足の御家人も同じ動機で合戦に臨んだのであって、広く武士の家ではモンゴル襲来前後から家政を整え、家の継承を考えるようになっていた。

和歌集『沙弥蓮瑜集《しゃみれんゆしゅう》』を著した評定衆の宇都宮景綱《かげつな》は、弘安六年（一二八三）に『宇都宮家弘安式条』七十か条を定めた。第一条から第二十七条までは社務職を有する宇都宮社（二荒山《ふたらさん》神社）の神事・仏事、僧や神職に関する規定であって、それ以下は所領内の土地の在り方や訴訟、諸役、禁制などの規定からなり内容は極めて詳細である。

その第五十七条に「鎌倉の屋形以下の地の事」と題する定めがあり、白拍子や遊女、仲人などを屋形の地に置くことを禁じていて、宇都宮氏は鎌倉に屋形を構えていた。当時の評定衆や引付衆の三十三人が『関東評定衆伝』に見えるが、彼らも鎌倉に屋形を構えていたのであって、そのうちの安達泰盛の屋形を『蒙古襲来絵詞』が描いている。

鎌倉に着いた季長が、安達泰盛邸で「庭中」（直訴）に及んだ時の絵である。屋形の主人の繁栄を物語る門前の馬に始まって、広い板敷の間に四人の侍が座り、奥の侍に「あしなのはんくわん」（芦名判官）の注記がある。続いて「秋田城介諸人出仕躰」という注記が見え、ここが秋田城介安達泰盛の侍とわかる（図Ⅳ－16）。奥の部屋に三人の侍が控え、中央の板敷にいる季長が身を乗り出し、青畳に座る泰盛に訴えている（図Ⅳ－17）。この図を描いた絵師が鎌倉を実地に見たわけではないが、季長や博多に住む武士から聞いて描いたもので、大きな違いはなかろう。

こうした鎌倉の武家屋敷は鎌倉市の今小路西遺跡から発掘されている。南北に屋敷があるうちの北側の屋敷は評定衆・

IV-16　安達泰盛の屋形（『蒙古襲来絵詞』宮内庁三の丸尚蔵館所蔵）

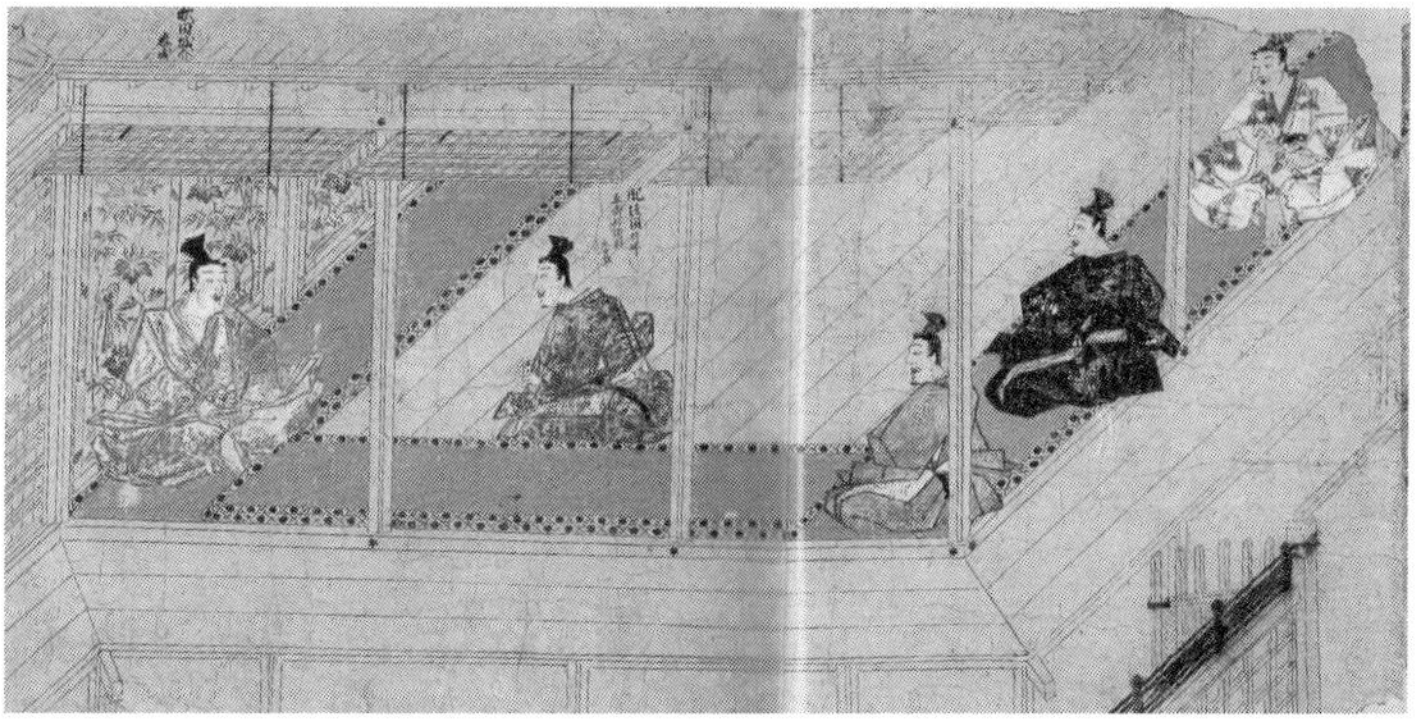

IV-17　安達泰盛邸で直訴する季長（『蒙古襲来絵詞』宮内庁三の丸尚蔵館所蔵）

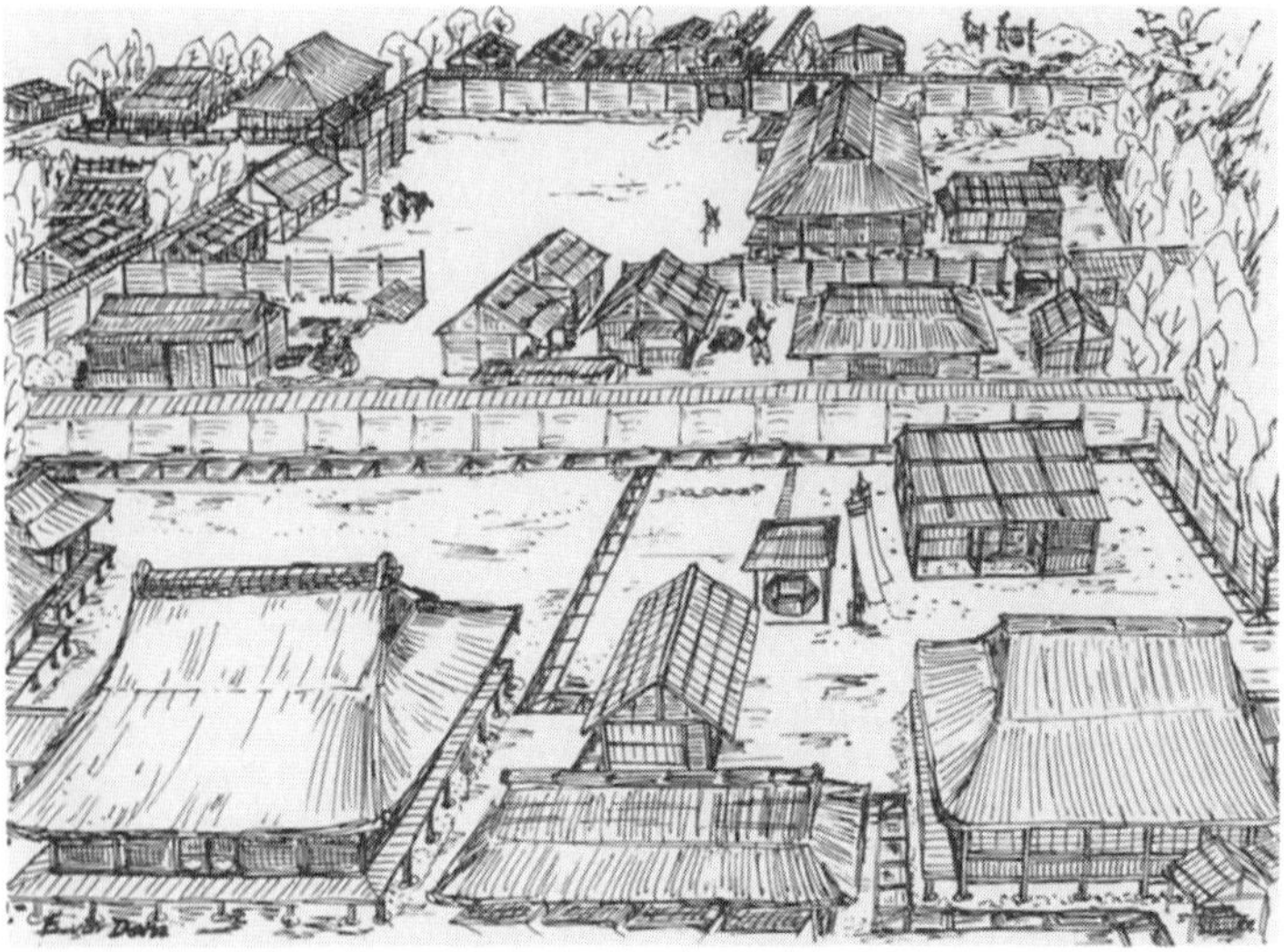

IV-18　今小路西遺跡の屋敷復原想像図（『よみがえる中世』第３巻「武士の都鎌倉」石井進・大三輪龍彦編、平凡社、1989年、河野真知郎「武家屋敷の構造」、108頁。イラスト：河野真知郎）

引付衆クラスの武士の家、ないしは別宅と考えられている。その北側屋敷（図の手前）からは軒瓦が出土し、五間×五間の檜皮葺《ひわだぶき》屋根の大棟に瓦を積んだ寝殿があって、東側に対屋のような日常の居所がある。その南には厩と見られる建物に続いて、大型の接客風建物があり南面の庭に玉砂利が敷かれている（図Ⅳ－18）。

南の家は北の屋敷との境に土塁があり、東と西に通路を設けて門を構え、塀がまわり、内部は南側が主人の居住域で、主屋は南北五間、東西四間、北以外の三方に庇がつく礎石建物。北西に倉庫と見られる建物があり、その北側は掘立柱建物が密集しており、郎従や下人の住居域で、雑舎・厨・井戸がある。多くの東国御家人は番役を勤めるための屋地を鎌倉に有するのみであって、本拠は名字の地にあった。

東国の小名武士の家

東国御家人は九州に所領がある場合、その庶子はモンゴル襲来を契機に西国に遷って六波羅探題に仕えなどした（西遷御家人）。所領の分割相続が行なわれて、新たな天地を西に求めたのであって、それとともに列島には大移動が起こり、改めて武士は系図や置文、家紋を作成し、アイデンティティーを求めるようになった。

IV-19　三つ目結に吉文字の家紋の旗（右）（『蒙古襲来絵詞』宮内庁三の丸尚蔵館所蔵）

IV-20　二枚鷹の羽の家紋の旗（左）（『蒙古襲来絵詞』宮内庁三の丸尚蔵館所蔵）

『白河結城氏系図』は小山政光に始まって、子の小山朝政から小山氏、同宗政から長沼氏、朝光から結城氏について記し、その端裏書に「永仁二年、薗田五郎左衛門入道注進」とあって、永仁《えいにん》二年（一二九四）成立とわかる。

『蒙古襲来絵詞』には、竹崎季長の旗に「三つ目結に吉文字」（上に◆（目結）を三つ並べた下に黒で吉の字を加えた）の家紋、武藤景資は目結三つ並べた家紋、菊池氏は鷹の羽の家紋で、統率する菊池武房は二枚鷹の羽の家紋である（図Ⅳ－19、20）。

武蔵の小代《しょうだい》を名字の地とする小代氏は、重俊《しげとし》が宝治合戦で勲功をあげて肥後の野原荘の地頭職を得ていたことから、庶子がモンゴル襲来を契機に肥後国に遷り、その孫の伊重《これしげ》が置文をしたためて、小代の家の系譜を記し、我が身には何の過ちもないのに所領を召された実情を訴えている（「小代文書」）。

その置文によれば、武蔵の児玉郡に本拠があって、後三年の合戦に従軍した「児玉の有大夫弘行」が先祖であり、蓮華王院の宝蔵にある『後三年合戦絵巻』には、源義家の屋形に義家と対座して「赤革の烏帽子」姿で描かれているという。小代の岡の屋敷は、源頼朝の兄義平が叔父の義賢を討った際に「御屋形」として設けられ、平治の乱で亡くなった義平を御霊として祀って鎮守としたという。

IV-21　横浜市保土ケ谷区で出土した永仁３年（1295）の銘をもつ板碑。青蓮寺の板碑と同じく緑泥片岩で作られ阿弥陀仏を表す梵字が刻まれている（東京国立博物館所蔵、出典：ColBase（https://colbase.nich.go.jp/））

屋形は埼玉県東松山市正代の河岸段丘上にあり、屋形跡に建てられた青蓮寺《しょうれんじ》には弘安四年（一二八一）に小代重俊の建てた二メートル以上に及ぶ「青石の卒塔婆《そとば》（緑泥片岩《りょくでいへんがん》卒塔婆）」が立っている。板《いた》碑《び》と言われるように薄く、阿弥陀信仰に基づく阿弥陀仏を意味する梵字のキリークが刻まれている。

板碑は武蔵国で鎌倉期後半から多く造られるようになり、南北朝期にかけて二万以上の板碑が確認されている（図Ⅳ－21）。石材は荒川上流の長瀞《ながとろ》や槻川《つきかわ》流域の小川町下里から産出する緑泥片岩石で、たがねなどで割ると板状に薄く割れる。武蔵形板碑と言われ、初期の板碑の多くは武蔵一帯の小武士団の屋形近くに立ち、その信仰の証となっていた。

武蔵の加治氏一族丹治氏の中山館は飯能市中山にあり、一辺が五十から七十メートルの規模で、西北に鎮守の丹《に》生明神《うみょうじん》があり、館の西を丹生堀という川が流れ、その川をはさんだ向かいの智観寺に三基の板碑がある。これは武士の館の風景の典型と見做され、そのレプリカが制作されている（図Ⅳ－22）。

武蔵の武士の実情を物語っているの

Ⅳ-22　中世武家住宅復元模型（国立歴史民俗博物館所蔵）

が、無住《むじゅう》の仏教説話集『沙石集《しゃせきしゅう》』巻九の四話。ある地頭が貧しく所領を年々売り、子に譲る所領がないまま死んでしまう。そこで一門が集まって相談、所領を買い取った地頭の館に列参し、屋敷一所を与えて欲しい、と訴えると、その地頭は、買った土地の文書を子に与え、我が子に迎え、その子は、地頭を親とも、主とも頼み、世を過ごしたという。裕福な武士の家人や従者となることや、武士の家では一門の結びつきが強かったことがわかる。

武士の困窮と裁判

小武士団のみならず、大名においても分割相続により庶子の所領が少なくなっており、名字の地に一所と鎌倉に屋地を与えられるだけとなっていたので、恩賞の地として与えられた鎮西の所領で食いつなぐようになっていた。

相模の渋谷氏は大名だったが、宝治合戦で没収された千葉氏の広大な没収所領を得ており、そのうちの薩摩の入来院《いりきいん》を得た渋谷定心《じょうしん》は、建長二年（一二五〇）に五人の子息に譲与した。嫡子の明重《あきしげ》に所領の半分を、残りの半分を重経《しげつね》ら三人に譲った。しかし後者の子の三人にはそれ以上分割して譲ることができなくなり、さらに譲る場合は、庶子や女子には一生の間は知行しても、死後には生家に所領を返す一期分《いちごぶん》という相続方法がとられた。明重から所領を譲られた公重《きみしげ》も、大部分は嫡子重基《しげもと》に譲ったが、その庶子分は少なく、同じような問題が起きた。

こうした事情もあって、土地の相続をめぐり、嫡子と庶子との間で争いが起き、幕府の裁判所に持ち込まれた。幕府では本所・地頭間の相論、遺跡《ゆいせき》相論、境界相論を裁いており、渋谷氏の場合は遺跡相論であるが、一方側の主張は認められても、容易に決着しなかった。

この嫡子・庶子相論によっては、一方の言い分が認められずに、所領没収になるケースもあった。安芸の小早川氏や肥後の相良氏などはそのケースであり、没収された所領の多くは得宗領になることが多く、得宗領が増えていった。そのため幕府の裁判所に持ち込まずに解決する方法が模索された。「一味同心」の契約をして争いを未然に防いだり、一門の評定で、争いを裁いたりした。

『沙石集』の巻十の四話は、丹後国の小名の武士の子が、亡くなった父の処分状を開いたところ、男子八人、女子にも少ないながら譲与分があったが、このように分割しては奉公に支障をきたすということで、一人を面に立てて家を継がせ、それに養ってもらうようにしたい、ついては器量のある五郎に家を継がせて我は出家する、と嫡子が提案し認められたという。

各地では地頭と荘園領主の争いが広がり、幕府の裁判所は本所・地頭間の相論を多く裁いた。紀伊国の寂楽寺領阿弖河荘《あてがわのしょう》では、領家側が建治元年（一二七五）十月に阿弖河荘上村の百姓等による申状《もうしじょう》を作成して提出している。

阿テ河ノ百姓ラツツシミテ言上

〔中略〕

一　ヲンサイモクノコト、アルイワチトウノキヤウシヤウ、アルイワチカフトマウシ、カクノコトクノ人フヲ、チトウノカタエせメツカワレ候ヘハ、ヲマヒマ候ワス候、荘園領主に差し出す材木について、地頭によって京上の人夫役などと称して使われ、人手が足りない上に、残りの人夫を材木の運搬に出すと、その逃亡跡に麦を蒔け、と言って追い戻された。「をれらがこの麦蒔かぬものならば、妻子どもを追籠め、耳を切り鼻を削ぎ、髪を切りて尼に成して、縄絆《なわほだし》を打ちて、苛《さい》まんと候」（原文は片仮名）と、お前らが麦を蒔かないならば、妻子を追い籠めて、耳を切り鼻を削ぎ、髪を切って尼になすぞ、などと責められたので、材木の調達がいよいよ遅くなりました、と窮状を記している（『高野山文書』）。

百姓から聞き取りをした荘園領主の代官（雑掌《ざっしょう》）が記したのであろうが、仮名で地頭の行為を訴えているところに、百姓が成長して村の結びつきを強め、地頭は百姓からも訴えられるようになっていたことがわかる。

この相論は長く続いたが、裁判で決着が図られた多くの場合は、地頭の年貢の請負（地頭請《じとううけ》）や、支配領域を分割するか、年貢や公事の配分を分割する下地中分《したじちゅうぶん》の解決方法がとられた。薩摩島津荘では、領家一条院と島津氏の間で相論が長く続き、開始から四十年後の元亨《げんこう》四年（一三二四）に和解に至り、下地中分の判決が下り、絵図が作成され、今に残っている（図Ⅳ-23）。

丹波国の大山荘でも、領家の東寺と地頭の間での相論の結果、下地中分が行なわれ、東寺分となった一井谷村では、文保《ぶんぽう》二年（一三一八）に百姓が東寺との間で、地頭請にならって年貢を請け負う百《ひゃく》姓請《しょううけ》の契約を結んだ。旱魃や風水の損害にかかわらず、年貢の定額を東寺に納めると定めており、明らかに村人の力は向上していた（「東寺文書」）。

琵琶湖北部の小さな湾の奥にある菅浦《すがのうら》は、急な山の傾斜面が迫る漁村で、在家田畠は山門の支配下

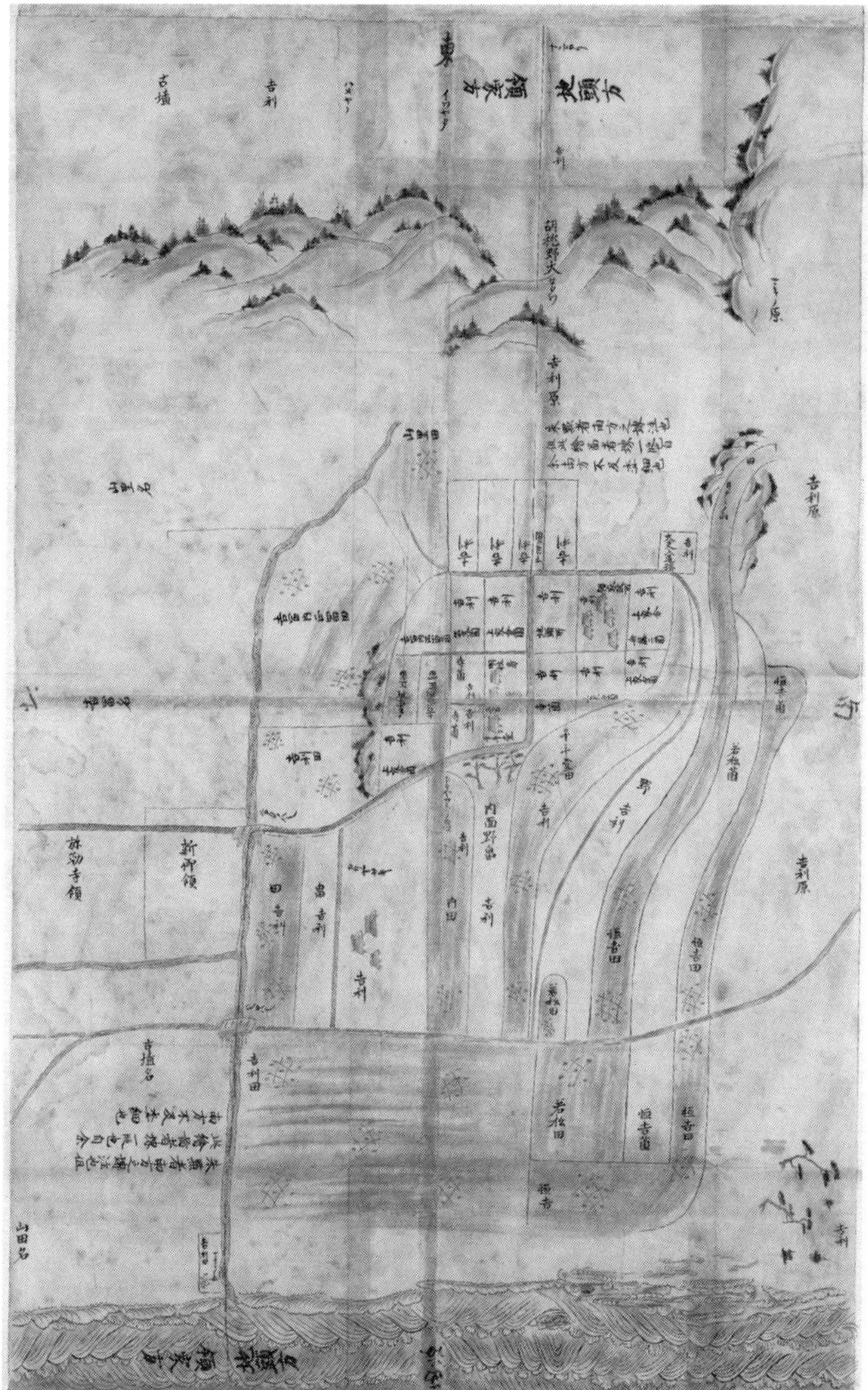

Ⅳ-23　薩摩国日置北郷下地中分絵図（島津家文書、東京大学史料編纂所所蔵模写）

にあったが、永仁年間に菅浦の住人が塩津地頭の熊谷氏に対し蔵人所を通じて訴訟を行なっている。畿内周辺地域での村の結びつきの強まりとともに、地頭の所領経営は厳しくなっていた。

徳政の政策

弘安七年(一二八四)、北条時宗は三十四歳の若さで急死し、子の貞時《さだとき》が跡を継ぐなかで出されたのが「新御式目」三十八か条の法令であって、それとともに「弘安の徳政」と称される政策が得宗の外戚である安達泰盛を中心に推進された。

モンゴル襲来に大量の御家人を動員したことから、恩賞を求めて多くの訴訟が提起され、異国合戦の祈禱を行なった寺社も恩賞を求めてきた、それらへの対応策であり、訴訟を受理して速やかに裁判を行なうこととし、西国諸国には使者(四方発遣人)を派遣し、守護とともに大犯や悪党らの取り締まりにあたらせた。合戦の舞台となった鎮西には、三人の使者を派遣、神領興行や御家人の名主職安堵を実行させ、神々が戦って蒙古を退散させたとして神社領を神職に返却させた。

そうしたなか弘安八年(一二八五)十一月、時宗の子貞時を補佐する外戚と御内人との対立から、外戚の安達泰盛が滅ぼされる霜月騒動が起きた。御内人の内管領《うちかんれい》平頼綱《よりつな》の貞時への訴えによって、泰盛に連なる御家人が「鎌倉合戦において人々自害す」と滅ぼされ、鎮西でも泰盛の子盛宗《もりむね》が、筑前の岩門《いわと》合戦《かっせん》で滅ぼされた。先例のない異国との合戦であって、恩賞の地をいかにひねり出すか、久しくなかった実戦で恩賞の認定をどうすべきか、難問は山積みだったが、霜月騒動で泰盛派の没収所領がモンゴル合戦の恩賞に宛てられるという皮肉な結果となった。

弘安十年（一二八七）、関東の使者が上洛して申し入れ、伏見天皇の即位による後深草院政が開始されて、正応二年（一二八九）に幕府の奏請で伏見天皇の皇子胤仁《たねひと》が皇太子になったことから、不満の亀山が出家し、翌年、甲斐源氏の浅原為頼《ためより》が禁中に乱入、天皇の殺害をはかって自害する事件が起きた。しかし一件は何事もなく終わり、天皇家の家職の継承を争う亀山院の大覚寺統と、後深草院の持明院統との対立の激化だけが残った。

正応二年（一二八九）三月、天皇家の直轄領である肥前の神崎荘の地頭職が、合戦の恩賞地として御家人に配分された。配分の田は十町・五町・三町の三つにランクされ、九州の四百人の御家人にあたえられた。恩賞地不足に悩む幕府の窮余の一策であり、御家人はその土地の収入を博多で受け取り、博多の異国警固番役の費用とした。

幕府は、正応六年（一二九三）に九州に北条兼時《かねとき》を派遣して鎮西統治の強化をはかるなか、鎌倉で死者二万三千人に及ぶ大地震がおきると、得宗の貞時は内管領平頼綱、飯沼資宗《すけむね》を討った（平禅門《へいぜんもん》の乱）。御内人勢力の強大化を警戒し、引付を廃して貞時が直接に訴訟を裁断する執奏《しっそう》の制をしいたものであり、それとともに訴訟は「雲霞《うんか》の如く」鎌倉にもたらされた。

永仁四年（一二九六）に北条一門の金沢実政《さねまさ》を鎮西探題に任じ、探題に確定判決権を与えて、多くの訴訟を受理したことから、東国は幕府が、西国は六波羅探題が、九州は鎮西探題がそれぞれの地域の裁判や行政を分担して行なうところとなり、地域に密着した政治・訴訟制度が整えられた。

翌永仁五年（一二九七）二月に彗星が出現すると、三月六日に「関東御徳政」（永仁の徳政令）が出された。御家人が土地を売ったり、質に入れたりなどして、借金に苦しんでいたことから、土地の取り戻しを「徳政」として命じたが、これには御家人のみならず、聞きつけた庶民が土地を取り戻そうと動き、それは列島に広がった。

三　絵巻に見る武士像

『男衾三郎絵詞』の描く武士と山賊

永仁年間には『蒙古襲来絵詞』に続いて『男衾三郎絵詞《おぶすまさぶろうえことば》』が描かれた。「昔、東海道の末に武蔵の大介といふ大名あり」と始まり、その大介の子である吉見二郎《よしみのじろう》と男衾三郎の対照的な二人の家を描いて話は始まる。兄二郎は「色を好みたる男」で、宮仕えをした上臈《じょうろう》の女房と結婚し、「家居・住居より始めて、侍・女房に至るまで、箏《こと》・琵琶を弾き、月・花に心を清まして明かし暮らし」という優雅な生活を送り、観音に申して美しい姫君を儲け、慈悲と名付けた（以下、カラー口絵参照）。

絵は吉見の立派な屋形を描き、門前の柳の木で鳥が遊び、あげ土塀に檜皮葺《ひわだぶき》の唐門と、もう一つの門が開かれ、門下に主人を待つ従者が馬の手綱を握って邸内をのぞく（口絵1）。邸内には楯が二つ並び、藤の絡む松の近くに、池に張り出した釣殿があって歌会をしている（口絵2）。

船が浮かぶ池の近くの檜皮葺の庇の間では碁の最中、対屋《たいのや》とおぼしき建物の簾から外を窺う女がおり、その視線の先では満開の桜、廊の下で太鼓・羯鼓《かっこ》・笙・笛による管絃が行なわれている（口絵4）。吉見夫妻の部屋の中央の畳の近くに琵琶と箏が立てかけられ、奥の部屋に娘の慈悲と侍女がいる。吉見の後ろの障子を隔てた塗籠《ぬりごめ》には鎧櫃《よろいびつ》、甲冑・弓袋などが整然と置かれ、裏門の土門の近くに二頭の馬が並ぶ厩がある（口絵5）。

これと対照的に、第二段の男衾三郎の屋形では、「馬庭の末に生首たやすな。切懸けよ。此門外通らむ乞食・修験者」を捕らえ弓で射よ、「武勇の家に生まれたれば、その道を嗜むべし」と、若者どもを叱咤する武張《ぶば》った生活を送っており、見目よい女ではなく、あえて坂東一の醜女《しこめ》を妻に迎えて子を儲けていた。

絵は、最初に馬場での笠懸を描く。二人の男が馬を連れて見守るなか、疾走する馬上から鐙《あぶみ》を踏ん張り、鞍壺《くらつぼ》から腰を浮かせ、前方の的に向かって射ようとし、的は鳥居形の枠に吊るされ、的立の男は射られた鏑矢《かぶらや》を見ている。門前では扇状のものを竿の先に付け、鉢巻をし下駄を履いた修行者が侍烏帽子《さむらいえぼし》の男に捕まり、連れの市女笠《いちめがさ》の女は逃げようとして片足の下駄が脱げている。後ろから侍烏帽子の男が弓に鏑矢を番え狙っており、断髪の男が、侍烏帽子の男に背負う笈《おい》を摑まえられ、右足先の下駄が高くあがっている（口絵6）。

板塀、板屋根の門から館の中に入ると、楯が二面並べられ、侍烏帽子の男たちが侍廊で甲冑を並べて弓矢を繕い、庭では一人が弓矢を引き絞り、三人がかりで弓に弦を張ろうとしている。中門廊からその様子を見ている二人の後ろにも、弓が立てかけられており、五人張りの弓ともなれば、この二人も加わるのであろう（口絵7）。

続いて畳に座る夫妻の一室では、妻の近くに枕刀があり、妻の姿は縮れ毛で鼻は大きく口はへの字に曲がっている。男衾は従者の差し出した矢の具合を調べ、背後には鎧や弓矢などが雑然と並ぶ。隣の部屋には縮れ毛の娘の化粧を侍女が手伝っている（口絵7）。話は嫡子と庶子の違い、あるいは裕福な武士と貧しい武士の違いが誇張され描かれ、当時の武士の両側面が描かれている。吉見型の武士は幕府の有力者を経て、『太平記』のバサラ大名へとつながり、男衾型の武士は同じく『太平記』の「僧尼男女をいはず、日毎に二、三人が首を切りて、態《わざ》と目の前に懸けさせけり」という結城宗広《むねひろ》へとつながる。

吉見・男衾の兄弟は皇居大番役を勤めるため京をめざし、三河の高師山《たかしやま》に通りかかったところ、先陣を行く男衾については勇名を恐れ、見過ごした山賊が吉見を襲撃した。

音にも聞かせ給らん。これぞ海道には高師・二村、北陸道には野をみ・有乳《うち》の山に名を挙げたる盗人の張本、尾張国に聞こえ候は、へんばい庄司と申す者。君の御宝を給はり候はばや。

武士と同じような名乗りをあげ宝を求めての合戦が始まった。吉見が負傷し、先行していた男衾が駆け付けたが、吉見は後事を男衾に託して亡くなる。

絵は、山中での山賊との戦いを描いており、山賊が五百人、吉見方が二百人が討たれる乱戦となり、山賊とも武士とも見分けのつかない戦いになる（口絵8、9）。違いは山賊が雑多な扮装をし、なかに金髪で鼻の高い山賊や、武士を追いかけ馬に乗って切った武士の首を翳《かざ》す山賊もいることである（口絵10、11）。

武士の神祇信仰

永仁六年（一二九八）、宇都宮景綱の従兄弟の親綱《ちかつな》（親泰）は、宿願のために播磨の津田天満宮に絵巻『北野天神縁起』を制作し、奉納している。北野天神こと菅原道真は、文武の神として崇敬されるようになっており、以後、天神信仰の広まりとともに武士が『北野天神縁起』を奉納していった。周防の防府天満宮蔵の『北野天神縁起』（『松崎天神縁起絵巻』）は、周防の在庁官人の土師宿禰《はじのすくね》が寄せた絵巻で、応長《おうちょう》元年（一三一一）閏六月の奥書には、社壇以外には持ち出さないことが記されている。元応《げんおう》元年（一三一九）には鎌倉の荏柄天神《えがらてんじん》に藤原行長《ゆきなが》が『荏柄天神縁起絵』を寄せている。

武士の神祇信仰は源氏の八幡信仰に始まり、平氏の厳島信仰を経て、頼朝が鎌倉に鶴岡八幡宮を整備してから武士の間に八幡信仰が広がり、甲斐では一条信長《のぶなが》が建長六年（一二五四）に『大般若経』六百巻を書写し武田八幡宮に奉納している。

頼朝が諏訪社を崇敬したことから、諏訪信仰も東国武士に広がり、西遷御家人により九州の各地にも広まった。在京の御家人から天神信仰が広がって、諸国の一宮信仰が広まるなか、永仁年間（一二九三―九九）に若狭国の御家人笠《かさ》氏が『若狭国鎮守一二宮縁起』を制作した。

一宮の若狭彦・若狭姫神社の若狭彦・若狭姫大明神の縁起絵と歴代の禰宜《ねぎ》笠氏十二人の肖像画を描いたもので、制作にあたった笠景継《かげつぐ》は、若狭国が得宗家の分国でその圧迫を受けていたこと、北条氏に宝治合戦で滅ぼされた三浦氏と娘が婚姻していたことなどから、笠氏の独自性を打ちだそうとしたのである。系図の分析によれば、若狭の御家人は関東から補任された地頭とは婚姻関係を結んでおらず、国の一二宮に結集して対抗するようになっていた。

このような一宮信仰を詳しく記しているのが、永仁末に完成した、伊予の河野氏出身の一遍の生涯を描く『一遍聖絵』である。先祖の越智益躬《おちのますみ》は伊予の一宮三島社の氏人で、『往生伝』に臨終正念によって往生を遂げた往生人、と載っていることを語り、祖父通信《みちのぶ》が神の精気を受けて戦場で大活躍したことなど、河野氏が伊予の一宮をいかに信仰してきたのかを記している。

この大三島社の神事は国内の地頭が頭役として勤めたことを記しているが、こうした神事頭役の勤めは、広く諸国の一宮で行なわれていた。文永八年（一二七一年）十一月に幕府は出雲国の杵築《きつき》社（出雲大社）の神事である相撲と舞の頭役を二十番に結番《けちばん》して、地頭が勤めている。

なお『一遍聖絵』には、一遍が武士出身であるだけに、武士に関わる記事や絵が多く見える。一遍は「よき武士と道者とは死するさまを知らせぬこと」と語ったといい、武蔵の「あぢさか入道」が遁世して時衆に入りたいと申し出たが認めず、富士川の河口で縄を腰につけ入水して往生した様子を描き、河野通信の陸奥国の土盛の墓も描き、在京人の警備する洛中の篝屋が四条釈迦堂近くの辻に描かれている（図Ⅳ－2参照）。

『一遍聖絵』の描く武士の家

『一遍聖絵』で最も注目すべき図は、建治二年（一二七六）、一遍が訪れた筑前国の武士の屋形の庭で家主が一遍の勧めで念仏を受ける場面

Ⅳ-24　筑前国の武士の屋形（『一遍聖絵』巻四、清浄光寺（遊行寺）所蔵）

である（図Ⅳ－24）。家主は一遍が念仏札の束から引き抜いた一枚を受け取ると、それを渡した一遍が屋形の門から出てゆく風景を描く。

門は櫓門《やぐらもん》で、門左に烏帽子に直垂の男が、右に侍烏帽子の鎧直垂の男が座り、近くの木に馬が繋がれ、櫓門の上の櫓の屋形には楯・弓矢が備わっている。主屋の板葺屋根の建物は板敷に高麗縁《こうらいべり》の畳が敷かれ、琴が置かれ、酒宴がその前の板敷で開かれている。鼓を手にした遊女を中に、左に侍烏帽子の家主が扇を持ち、右に盃を手にした客人が座り、各人の前には折敷《おしき》が置かれている。

円座《わろうだ》が二つあって、客人の傍らでは童が座って長柄の銚子を奉仕しており、縁には酒瓶を持つ垂髪《すいはつ》と太鼓

樽を前におく侍烏帽子の男が座り、鼓を手にする男、摺鉦《すりがね》を手にする子が座る。客人の後ろに盆石《ぼんせき》が置かれ、背後の庭に鷹が据えられ、奥には馬場の埒《らち》が見える。

屋形の周囲は、櫓門に続いて板塀、左手に竹が植えられ、防御施設の柵が並び、門守が吊るされた門があり、それに向かう道の両側に田畠（門田畠）がある。右手の板屋根、板敷の厩《うまや》で侍烏帽子の男が二頭の馬の世話をし、近くに馬をなだめる猿が繋がれている。厩の前の網代垣《あじろかき》を隔てた屋形中央の板葺建物は観音開きの扉で、縁に犬が寝そべる。この建物は家主の信仰の篤さを物語る持仏堂《じぶつどう》と考えられる。

屋形の主は筑前の武士とのみ記されていて、具体的な地名が記されておらず、日本の各地にある館をイメージして描いたのであろう。『一遍聖絵』からやや遅れて制作された『法然上人絵伝』には、法然の美作《みまさか》の武士の家が描かれている（図Ⅳ－25）。

法然は美作久米南条稲岡荘に生まれ、父は久米の押領使漆時国《うるまときくに》、母は秦氏、その父母が仏神に祈り、母が剃刀を呑む夢を見て法然を懐妊したという。絵は、画面左右に民家と畑があり、小さな川が流れる河岸段丘上に、柴垣や網代垣のめぐらされた草葺寄棟《よせむね》造りの家の全景を南から描く。西側に草葺屋根の門、南東隅に草葺の倉、北東に椋《むく》の大樹、西には厩があって馬がいて、西南隅に大きな松の木があって、その一つに時を告げる鶏がとまっている。門を入れば、板葺の中門（侍廊）に従者が鎧を着たまま寝ていて、それに続いて茅葺の主家がある。

正面四間の、左右の二間には、明り障子とまい

Ⅳ-25　法然の生家（『法然上人絵伝』知恩院所蔵）

ら戸（引違い戸）があり、中の二間から見える板敷の部屋に時国夫妻が寝ている。屏風があり、枕元に太刀が立て掛けられ、甲冑もある。南の縁に猫が寝ている。屋敷の西側には間垣に囲まれた下人小屋らしき建物が立ち、北側は竹藪があって西の川を挟んで板葺小屋と並んで畠が、南に稲田がある。

先に武蔵の中山館のレプリカが造られていると指摘したが（図Ⅳ－22参照）、その屋形の外観や内部は『一遍聖絵』の筑前の武士の家と、この『法然上人絵伝』の家とからつくられている。

禅律僧と武士

鎌倉の北条貞時は、祖父や父同様に禅を学び、よく理解したので、多くの禅僧が大陸からやってきた。一山一寧《いっさんいちねい》は元朝から派遣され、一度は伊豆の修禅寺に幽閉されたが、貞時の信頼を得て、禅宗普及に力を注ぎ、門下には多くの優秀な禅僧が育った。

幕府は禅宗寺院を手厚く保護した。北条一門の師時は浄智寺を創建し、足利氏は浄妙寺を整備、この二つと建長・円覚・寿福の三寺をあわせ、後に五山とされた。幕府の保護もあって、大陸に渡る僧が激増した。南浦紹明《なんぽじょうみん》、桃渓徳悟《とうけいとくご》、直翁智侃《ちょくおうちかん》、約翁徳倹《やくおうとくけん》らの禅僧たちは、いずれも建長寺で蘭渓道隆に学んで大陸に渡っている。やがて大陸に渡ったことのない僧が建長寺や円覚寺の住持になるなど、禅宗は大陸とは違った性格を帯びてゆく。

鎌倉の谷奥に建てられた寺院を道場とする叢林の禅が広がり、公案禅や『仮名法語』によって禅宗を伝える工夫がなされたことで、精神修養の面で禅は着実に武士の間に根をおろし、武士の生き方に大きな影響を与えた。

禅僧とともに幕府の厚い保護を得たのが律僧である。幕府は撫民政策を掲げ、律宗がこれに合致した。奈良西大寺の叡尊《えいそん》の弟子忍性《にんしょう》が常陸の三村極楽寺を拠点として活動するなか、幕府の要人に働きかけて師の叡尊を鎌倉に迎えることに奔走した結果、北条時頼や金沢実時の招請により、叡尊が弘長二年（一二六二）に鎌倉に下ってきた。

これを契機に律宗は幕府首脳の帰依を獲得、北条重時は鎌倉の西の邸宅内に設けていた極楽寺を律院とし、開山の忍性が病院や馬の治療院を極楽寺境内に設け、社会・救済活動を進めた。金沢実時は文永四年（一二六七）に下野薬師寺の審海《しんかい》を称名寺の開山に招いて律宗の寺となし、弥勒菩薩像を建治二年（一二七六）に安置した。

境内の金沢文庫に幅広い書籍を納め、孫貞顕《さだあき》の時に文庫の管理を称名寺長老の釼阿《けんな》にゆだねたことから、幕府が滅亡しても今に伝えられている。下野の足利学校や徳川幕府の文庫などは、金沢文庫を手本とした。

禅律宗の普及とともにそれらの寺院は武士の菩提寺とされていった。浄妙寺の境内墓地には伝足利貞氏《さだうじ》墓の宝篋印塔があり、称名寺には金沢実時以下の五輪塔がある。幕府滅亡時に北条高時《たかとき》が自決した東勝寺は、得宗家の菩提寺であって、その東勝寺で自決した北条一門の金沢氏の遺骨は称名寺に運ばれて納められた。

日蓮は幕府の受け入れるところとはならず、流された佐渡から戻って甲斐身延の波木井《はきり》実長《さねなが》に迎えられ、武蔵の池上宗仲《むねなか》や下総の千葉氏被官富木《とき》常忍《つねのぶ》、駿河富士山麓の南条時光《ときみつ》や渡辺氏ら下級武士の間で日蓮宗が広がった。

悪党の跳梁

正安《しょうあん》三年（一三〇一）、後宇多院政下で即位した後二条天皇の時期から、持明院統と大覚寺統の二つの皇統が競り合い、対立がいっそう激化した。西園寺公衡《きんひら》は、父実兼《さねかね》が正安元年に出家したことをうけ朝廷と幕府を仲介する関東申次になったが、その直後に起きた事件を公衡が制作した『春日権現《かすがごんげん》験記絵《げんきえ》』の巻十九が語る。

「近比《ちかごろ》、興福寺の学侶、蜂起して大和国の悪党を探り取りて、流罪せらるべき由、訴へ申す事、有りし程に」と、興福寺の学侶が大和国の悪党を流罪にするよう訴えたことから、正安三年（一三〇一）十月二十五日に悪党が社頭に乱入し、大宮の四所から八面、若宮から六面の正体を盗み取り、高尾の

IV-26　南門に駆けつける悪党と酒盛りをする悪党たち（『春日権現験記絵』巻十九、前田氏実・永井幾麻模本、東京国立博物館所蔵、原本は宮内庁三の丸尚蔵館所蔵、この作品の出典は以下同様）

IV-27　春日山の風景（『春日権現験記絵』巻十九、模本、東京国立博物館所蔵）

別所に籠った。そこで二十八日に衆徒が軍兵を派遣し、悪党の池尻家政《いえまさ》を討ち取って神鏡を取り戻した、という。

絵は、春日大宮の南門に駆けつける薙刀・弓矢所持の悪党の動きに始まり、南門から入った悪党が大宮の拝殿で座り込んで酒盛りをしている（図Ⅳ－26）。これに続くのが春日山の静寂な風景で、奥山には雪が降り積もり、緑なす森にもうっすら雪がかかる（図Ⅳ－27）。そこから一転、合戦の場面となる。追捕方は優勢で、大将らしき騎馬武者の前には、片足が斬り落とされ、髻をつかまれ首を切られようとしている池尻家政、近くに奪い取った神鏡を手にして騎馬武者に差し出す者、矢にあたって倒れ伏す者もいる（図Ⅳ－28、29）。

その前方では、追捕方の軍勢が違い鷹羽の楯、悪党方が三つ鱗の楯をそれぞれ縦一列に並べて向かい合い、楯をもって前進する者、後退する者などがおり、列の背後からは互いに弓をかけあうが、追捕方の攻勢によって悪党方は山中に退却している。悪党の中心は大和の平田荘の荘官・住人で、その描かれた風体は全く追捕の武士と変わらない。

同じ頃、高野山でも紀ノ川流域の荘園をめぐって高野合戦が起きた。高野山が幕府に訴えて紀ノ川以南の地を高野山領と認めたことに反発した荒川荘の源為時《ためとき》や名手荘《なてのしょう》・吉仲荘の武士らが抵抗し、「国中悪党の根本」と称され、永仁二年（一二九四）に幕府が介入して在京御家人が派遣され族滅されている。延慶《えんぎょう》二年（一三〇九）には、熊野の悪党の蜂起によって関東の使者（東使）が上洛、畿内近国十五か国の軍兵を熊野山に派遣するなど、悪党の蜂起が続き、幕府は手を焼いていた。

地頭の置かれていない畿内近国の本所一円地の荘園では、現地を支配する荘官と本所との対立が激

IV-28, 29　追捕方と悪党の合戦（上）と首を切られようとしている池尻家政（下）（『春日権現験記絵』巻十九、模本、東京国立博物館所蔵）

しくなり、本所は敵対する荘官らを悪党と称し、幕府に告発して解決を図った。本所に敵対する武士のうち、幕府の取締りの対象になったものが悪党とされたのであり、その悪党の活動は広範囲に及んだ。各地の荘園や料所の経営を担うかたわら、荘園・公領の枠や国の枠を越え活動したので、蜂起は朝廷・幕府の大きな政治課題となった。

そうしたところから、本所が彼らの狼藉を朝廷に訴えると、朝廷は悪党と名指してその狼藉の検断を幕府に命じる綸旨や院宣を出し、この告訴を受理した幕府は、二人の使節（東使）を派遣して被告人の召進を命じる命令書「衾御教書《ふすまのみぎょうしょ》」を出すという、悪党召し取りの実行システムが生まれた。

得宗専制の行く末

北条氏一門の守護職が諸国に広がり、得宗領が広がるなか、得宗領の経営を担う御内人の勢力も広がっていた。その一人の安東蓮聖《あんどうれんしょう》は、京の五条を拠点として但馬の二方荘《ふたかたのしょう》や豊後の佐賀関などの遠隔地の交通の要衝をも知行し、仁和寺菩提院の行遍《ぎょうへん》に多額の金を貸す借上を営み、行遍が借金を返済せずに亡くなると、越中国石黒荘の年貢を近江の堅田で差し押さえている。摂津の守護代として多田院の造営に関わり、播磨の福泊《ふくどまり》の築港に関わるなど、その広範な活動は悪党の活動範囲や内容と何ら変わらず、裏では繫がってもいた。

宗像社領が得宗領とされた筑前の宗像氏盛《うじもり》は、正和《しょうわ》二年（一三一三）正月に所領の経営の在り方について『宗像氏《むなかたし》事書《ことがき》』十三か条を定めた。一門の「内談衆《ないだんしゅう》」による「衆中一同の儀」に基づいて、幼い跡継ぎを補佐する規定があって、家の行く末への危機感がうかがえる。

得宗貞時の嫡子の高時は、正和五年（一三一六）に執権となったが、まだ十四歳であり、明確な方針をもたなかった。幕府の動きを詳しく記す『保暦間記《ほうりゃくかんき》』は、得宗高時を内管領の長崎円喜《えんき》と舅の安達時顕《ときあき》の二人が後見として補佐していたのだが、「頗《すこぶ》る亡気の体にて、将軍家の執権も叶い難かりけり」と記している。朝廷では文保二年（一三一八）に東使が上洛、尊治《たかはる》親王の即位（後醍醐天皇）、後宇多法皇の院政が開始された。

その十二月、幕府は山陽南海道諸国のうち十二か国に東使を派遣して悪党退治を行ない、六波羅探題が守護を兼任する播磨では、悪党の根拠地や城郭二十余か所を焼き払い、悪党五十一人を注進するなど、それなりの効果をあげた。陸奥の北端の津軽は得宗領で安藤氏が代官であったが、元応二年（一三二〇）頃から、安藤五郎三郎季久《すえひさ》と又太郎季長《すえなが》が家督を争って合戦に及び、正中《しょうちゅう》二年（一三二五）に蝦夷蜂起の責任を負わされた季長の代官職が停止され、代わって季久が任じられても抗争は止まなかった。

幕府は将軍・執権・評定・御家人の公方系列の政務システムと、得宗・寄合・御内人の得宗系列の家システムとからなっていて、前者のシステムについては奉行人が支えて機能していたが、後者のシステムに重心が移って、幕府はしだいに機能不全に陥りはじめていた。

正中三年（一三二六）に高時が若くして出家したので、弟泰家《やすいえ》が執権を望んだが、これを御内方《みうちかた》の長崎円喜が退けて、金沢貞顕を執権に据えたため、怒った泰家が出家し、その怒りを恐れた貞顕も評定に出仕後に出家した。それとともに「関東の侍、老いたるは申すに及ばず、十六七の若者どもまで皆出家す」と、幕閣の多くが出家する事態が生じた。

後醍醐天皇の治政

後宇多院が元亨元年（一三二一）に政務を後醍醐天皇に譲ると、跡を託された後醍醐天皇は、徳政を期待する声に応じて親政を開始し、意欲的に政治を推進した。政務を譲られた翌元亨二年に除目の旧記を復活するなど律令回帰を目指し、綸旨万能を主張し、「朕が新儀は未来の先例〔後代の規範〕」という意気込みから他の権力や権威を否定していった。

これに対して幕府では、執権も得宗も幕政に機能しなくなっており、御家人が離反する動きがおきても不思議ではない情勢となっていた。この時期の諸国の動きを見ると、幕府の固有の基盤である東国十五か国では、もともと有力御家人が頼朝を迎え幕府を構築してきただけに、その勢力が広がっていた。北条氏が守護の国は駿河・伊豆・武蔵・上野の四か国で、北関東の有力御家人は自立性が強かった。

津軽以北の蝦夷地は安藤氏が得宗領の代官で、安藤氏の内部対立を得宗法廷で裁いた際、内管領の長崎円喜の子高資《たかすけ》が、双方から賄賂を受け取り、両方に勝訴の判決を言い渡したため争いが紛糾し、これに蝦夷の人々が巻き込まれ、幕府は嘉暦二年（一三二七）に蝦夷追討使として宇都宮・小田両氏を派遣したが、紛争は容易に収まらなかった。

北陸や東海地域の御家人は、京都との結びつきが強く、多くが京都に宿所を有していた。北条氏一門が守護の国は多いのであるが、その一門は得宗の統制下にあって、荘園公領や御家人への支配力は弱かった。

畿内近国は六波羅探題の管轄下にあったが、探題は朝廷との結びつきを警戒されて強い権限を委ねられておらず、事が起きると、東使が派遣され、その指示に従う他なかった。探題の武力は探題直轄下の被官と、篝屋を守護する在京人で構成されていたが、両者の間には対立もあった。

九州では鎮西探題に裁判の確定判決権が与えられ、北条氏が多くの国の守護となっていたが、旧来の御家人の所領が没収されて得宗領とされており、その所領の実際の経営は在地の武士たちが握っていたので、北条氏一門の所領は多くはあっても、その支配力は弱かった。

幕府のこうした動きをみて後醍醐天皇が動いた。後宇多法皇の遺言によって兄後二条の遺児の邦良《くによし》親王が成人して皇位につくまでの中継ぎとして位置づけられており、いずれは邦良親王や持明院統の量仁《かずひと》親王に皇位を譲ることになっていたので、皇位を我が皇統に伝えるべく天皇は動いた。

しかし倒幕の計画は元亨四年（一三二四）に密告により漏れ、後二条天皇の皇子邦良親王が亡くなって、後醍醐天皇は譲位を迫られた。そこで天皇は畿内近国に広がっていた悪党勢力に深く関わっていった。南北朝期に著された『峰相記《みねあいき》』は、播磨国の悪党の活動が、正中・嘉暦の頃（一三二〇年代）から大きく変わったといい、次のように語る。

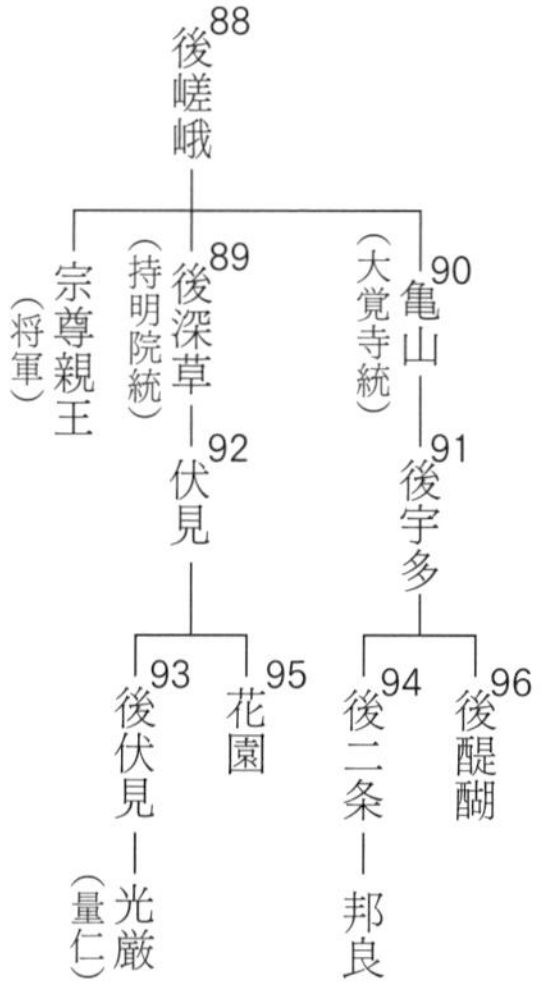

Ⅳ-30　両統迭立系図（右肩の数字は即位順を示す）

悪党らは立派な馬に乗り、五十、百騎を連ね、弓矢や武器も金銀をちりばめ、鎧腹巻きも照り輝くばかりで各所を動き回るほどに成長していた。しかし幕府の悪党取り締まりは無力化しており、御家人たちは悪党の威勢に恐れをなして幕府の命令を実行せず、悪党の刈田畠《かりでんばた》・追捕・討入、奪取によって残る荘園はないかのごとくであった。

天皇の関わった悪党は、近臣・近習の僧が管轄する所領に成長してきた武士であり、その代表的存在が楠木正成《くすのきまさしげ》である。正慶《しょうけい》元年（一三三二）六月の臨川《りんせん》寺の目録にはこう見える。「故大宰帥《だざいのそち》親王〔世《とき》良《よし》親王〕家御遺跡」の和泉若松荘は、後醍醐天皇の綸旨によって内大臣僧正道祐《どうゆう》の領有とされたが、臨川寺の訴えで元に戻されたものの、「悪党 楠《くすのき》 兵 衛尉《ひょうえのじょう》」が当所を押妨《おうぼう》しているという噂により、守護の代官がその跡と称して年貢を収納している、と。新興の武士が天皇の近辺にいて「悪党」として追捕の対象となっていたことから、天皇はこれに目をつけたのである。

以上、承久の乱を経て成立した北条政権が王朝国家の諸制度を積極的に取り込んで、王朝国家を乗り越えてゆくなか、北条泰時が『御成敗式目』を制定し、幕府の内紛を克服した北条時頼が皇族将軍を迎えて武家による国家体制を築いた。これにより地頭御家人の家秩序は整い、モンゴル襲来の国難を退けたが、政権の運営をめぐる対立、政権中枢から排除された有力御家人の自立の動き、主権を争う王朝国家の動向などが相俟って、鎌倉幕府は滅亡し、足利政権成立へと至る。

第Ⅴ章 京の足利政権と武士

足利義満（鹿苑寺蔵）

一　鎌倉幕府の滅亡と室町幕府

天皇御謀叛

後醍醐天皇の倒幕計画は、近臣の吉田定房《さだふさ》が六波羅探題に密告したことにより、元徳《げんとく》三年（一三三一）に漏れた。驚いた幕府は、五月に東使を派遣して糾明、高時を呪詛した天皇近臣の僧を捕らえ、事件の張本人として日野俊基《としもと》を捕らえ鎌倉に送ったが、この「天皇御謀叛」の報は、鎌倉や東国の武士に「今月 廿《にじゅうさん》三日、京都より早馬参テ候。当今《とうぎん》〔天皇〕御謀叛の由、その聞え候」と早馬で伝わった（『鎌倉遺文』二八八三五号）。

幕府は承久の例にならって大軍を派遣することと定め、九月五日に大仏貞直《さだなお》・金沢貞冬《さだふゆ》ら北条一門と足利高氏らを派遣したが、天皇は八月二十四日に内裏を脱出、二十七日に山城の笠置《かさぎ》山に籠った。木津川水系は山城・伊賀の悪党の活動領域であり、笠置山衆徒と悪党を頼んだのである。呼応して楠木正成が河内の赤坂城で挙兵、戦乱の時代に突入した（元弘の乱）。

九月二十日、持明院統の後伏見院の詔によって光厳《こうごん》天皇が践祚《せんそ》、後伏見院の治世となるなか、六波羅の大軍が笠置を攻めて九月二十八日に後醍醐を捕らえ、三種の神器を回収、京都に護送した。正成の拠る赤坂城も幕府の大軍が攻め、大いに悩まされながらも城を落としたが、正成は逃れた。笠置山城の合戦は『笠置寺縁起』に描かれている。

翌元弘《げんこう》二年（一三三二）三月七日、後醍醐天皇は後鳥羽院の例に倣って、隠岐配流となり、天皇は一条行房《ゆきふさ》・千種忠顕《ちぐさただあき》・阿野廉子ら僅かな近臣・女房を供に隠岐に移され、他の近臣は捕縛・処刑された。鎌倉では日野俊基が斬られ、佐渡に流されていた日野資朝《すけとも》も斬られた。

これで事件は落着するかに見えたが、後醍醐の皇子尊雲《そんうん》法親王が逃れて還俗《げんぞく》、名を護良《もりよし》と改めて吉野で挙兵すると、十一月には楠木正成が河内の千早城で挙兵し、翌年正月に四天王寺の六波羅軍を攻めた。さらに播磨の赤松円心《えんしん》が護良親王の令旨《りょうじ》を得て苔縄《こけなわ》城で挙兵した。

正月に鎌倉からの大軍が京に入り、南山に出兵して吉野城を落とし、正成の籠る千早城に向かったが、攻めあぐねた幕府軍は、万句の連歌を行なって過ごしたという。すでに「元応二年春の比《ころ》、鎌倉の花の下にて一日一万句の連歌侍《はべ》り」（『菟玖波集《つくばしゅう》』）と、元応二年（一三二〇）に一万句という大規模な会が鎌倉で開かれており、武士は連歌をたしなんでいた。

二月二十一日に播磨の大山寺の衆徒に宛てた護良親王の令旨は、「伊豆国在庁北条遠江前司時政の子孫東夷など、承久以来、四海を掌《たなごころ》に採り、朝家《ちょうか》を蔑如《べつじょ》し奉るの処《ところ》、頃年《けいねん》の間、殊《こと》に高時相模入道の一族、ただに武略の芸業を以て朝威を軽んずるのみに非ず、剰《あまつさ》へ当今皇帝を隠州に左遷し奉り、宸襟《しんきん》を悩ませ、国を乱すの条、下剋上の至り」と、得宗高時の権力の淵源を伊豆国在庁に求め、高時が朝廷をないがしろにし、天皇を隠岐島に流した行為を「下剋上」と断じ、西海道十五か国の軍勢による天皇の奪還を命じた。

この情勢に後醍醐は、閏二月に伯耆の名和長年《ながとし》らを頼って隠岐から脱出、伯耆の船上山《せんじょう》で挙兵すると、三月に赤松円心が鳥羽から洛中に向かって六波羅勢と戦うなか、幕府からは倒幕勢力を追討するため派遣された名越高家《たかいえ》が、山陽道を経て船上山に向かったが、久我縄手《こがなわて》の合戦で千種忠顕《ちぐさただあき》を相手に討死してしまう。

足利尊氏の蜂起と六波羅の滅亡

足利高氏（尊氏）は、四月に丹波・山陰道を経て京に向かう途中、丹波の篠村《しのむら》八幡で幕府に反旗を翻し、後醍醐天皇と連絡をとり挙兵へと転じた。足利氏は宝治合戦後に雌伏《しふく》を余儀なくされたが、宝治三年（一二四九）の講書始に『大日経疏』『周易』を選ぶなど将軍家にならって学問に勤しみ、貞氏・高氏の二代は得宗から一字を得、高氏は執権赤橋守時《もりとき》の妹を妻としていた。

当時、足利高氏は下野の足利・田井荘、陸奥の賀美《かみ》郡、相模の愛甲《あいこう》、丹波の宮津、美作の垪和荘《はがのしょう》など二十九の荘郷と、上総の守護であったことから上総の市東西両郡を、三河《みかわ》の守護として額田《ぬかた》・設楽《したら》郡と富永保《とみながのほう》を知行していた（「倉持文書」）。その高氏が反旗を翻したのは、北条氏を滅ぼすことを心底に思っていたところに、一族の上杉重能《しげよし》や細川和氏《かずうじ》を通じて倒幕の綸旨がもたらされたからという（『梅松論』）。

武士は朝廷を護る存在であったから、綸旨により幕府に離反する正当性が与えられたのである。かつて保元の乱で綸旨を得て足利義康は出陣し、武家に列したが、ここに武家政権樹立に向かう道が開かれた。これが前例となって、戦国期の織田信長は綸旨を得て上洛して織田政権を樹立し、幕末期には討幕の密勅が薩摩藩と長州藩に出されて、政治の大転換を促した。

高氏は四月二十五日、「伯耆国より勅命を蒙《こうむ》る所なり。早く一族を相催《あいもよお》し参らるべく候」と、倒幕の密書を各地の武士に送り、二十九日には挙兵と加護を祈る願書を篠村八幡宮に納め、赤松・千種の軍勢と合体して襲う勢いに、六波羅探題は大宮大路を防衛ラインに戦ったが、探題指揮下の多くの在京人が離反、ラインを突破されて光厳天皇を奉じて敗走、山科《やましな》の四宮河原《しのみやがわら》に出た。

そこに五、六千の「野伏」が「楯をつき鏃《やじり》を支え」待ち受け、襲いかかって南方探題の時益《ときます》は討死した。東海道は鎌倉後期から悪党や山賊が跳梁していたが、野伏はその後身であり敗残兵を襲ったのである。逃れた北方の仲時《なかとき》も、近江の番場宿《ばんばしゅく》に至った時、尾張・美濃・近江の野伏に襲われて自刃した。この時の様子を『太平記』は次のように記している。

仲時、不肖なりといへども、関東一氏の名を汚す。されば敵定めて我が首を以て、千戸の侯にも償すらん。はや仲時が首を取って、敵の手に渡し、咎を補って忠に備へ給へと、云ひも果てざる詞の下に、鎧脱いで押膚《おしはだ》脱ぎて、腹十文字に搔き切ってぞ臥し給ひける。

この仲時の腹切りに続いて次々と腹切りがあり、六波羅探題は滅亡した。『近江国番場宿蓮華寺過去帳』には「越後守仲時　二十八歳」以下、四百三十名もの自害者の名が記されている。仲時らは腹を切って忠節を示そうとしたわけで、かつて三浦義明が衣笠城に籠って討死し、頼朝に忠を示そうとした行為につながるもので、いわば名誉の腹切り行為であった。これを記した『太平記』の影響の大きさから、この切腹は後世の武士に大きな影響を及ぼしたに違いない。

幕府の滅亡と天下一統

六波羅探題滅亡の直後、上野国の新田荘《にったのしょう》にあった源氏の新田義貞《よしさだ》が綸旨を得て挙兵した。義貞は源義家の孫、足利義康の兄弟の新田義重《よししげ》の流れをくみ、義家嫡流の意識がつよく、幕府から楠木合戦での戦費調達の有徳銭《うとくせん》を賦課されると、これを拒否し、弟の脇屋義助《よしすけ》からの「先だって綸旨を下さぬるは、何の用にか当つべき」との言にそって「義兵」をあげたといわれ、鎌倉から逃れてきた高氏の子義詮《よしあきら》と合流し、南下して鎌倉を目指した。

幕府は鎌倉上道に桜田貞国《さだくに》を、下道に金沢貞将《さだゆき》を派遣して新田・足利連合軍を襲わせたが、貞将は小山・千葉の軍勢に阻まれ、武蔵の鶴見の辺でも敗れて鎌倉に戻った。連合軍は膨れ上がり、武蔵の小手指原《こてさしがはら》、分倍河原《ぶばいがわら》の戦いで幕府軍を撃破、武蔵の関戸に集結した軍を三手にわけ、鎌倉の極楽寺坂、小袋坂《こぶくろ》、化粧坂《けわい》の切通《きりどおし》の突破をめざす。

稲村ガ崎の「遠干潟」（浅瀬）を突破した義貞軍は、鎌倉に突入して激戦となった。五月二十二日、御内人の長崎高重《たかしげ》が散々戦って、高時一門が籠る鎌倉の東勝寺に戻って、「早々御自害候へ、高重まづ仕って、手本に見せ進《まい》らせん」と叫ぶや、「左の小脇に刀を突き立て、右のそば腹まで切り目長に掻き割って、腸を手繰り出して」伏した。すると、続いて一門が次々に切腹、高時も切腹して果て、盤石を誇った鎌倉幕府は滅亡した。

『梅松論』はその様子を「山内・小袋坂・極楽寺の切通以下鎌倉中の口々、合戦の鬨《とき》の声・矢叫び・人馬の足音暫《しば》しも止む時なし。〔中略〕楽尽きて悲来る習ひ遁《のが》れがたくして、相模守高時禅門、元弘三年五月廿二日《にじゅうに》葛西谷《かさいのやつ》において自害しける事、悲しむべくも余りあり」と記し、滅んだのは得宗統率下の北条一門であって、その数は「七百余人同時に滅亡」という。

さらに二十五日には鎮西探題も少弐貞経《さだつね》や豊後の大友貞宗《さだむね》、南九州の島津貞久《さだひさ》らに攻められ、北条英時《ひでとき》が自刃して滅亡した。この倒幕勢力の中心は、得宗の北条貞時から一字を得ていた有力御家人であって、鎮西には得宗領が多く、その没収された旧領回復を狙う御家人らを集めて攻めたのである。北畠親房《ちかふさ》は『神皇正統記《じんのうしょうとうき》』でこの事態を、「筑紫の国々、陸奥・出羽の奥までも、同じ月にぞしづまりにける。六七千里の間、一時のおこりあひしに、時の至り運の極りぬるは、かかる事にこそと、不思議にも侍りしものかな」と慨嘆している。

これより前の五月十日、高氏は、京に開設していた奉行所で武士の着到を受け付け、各地に殺生禁断の禁制を与えるなどし、新たな武家政権に向けて動いていた。後醍醐天皇は六月五日に楠木正成や名和長年らを従えて東寺に入った。『梅松論』は「正成・長年以下供奉の武士その数しらず。宝祚《ほうそ》は二条内裏なり。保元・平治・治承より以来、武家の沙汰として政務をほしいままにせしかども、元弘三年の今は天下一統に成りしこそめづらしけれ」と記す。

二条富小路内裏に入った後醍醐は、光厳天皇の位を廃し、正慶の元号を否定、自身の在位と元弘の年号を復活し、「延喜・天暦の治にかえれ」と、鷹司冬教《ふゆのり》の関白職を解き、倒幕に功があった高氏を治部卿・鎮守府将軍、弟の直義《ただよし》を左馬頭に任じた。こうして新政権は摂政関白、知行国制を廃して太政官制に基づく律令制復活の道を進んだ。「今の例は昔の新儀なり。朕が新儀は未来の先例たり」という意気込みで親政にあたった。

元弘三年（一三三三）六月十五日には旧領を安堵する綸旨を発し、護良親王が征夷大将軍の令旨を発して武士の所領の回復に動くと、六月十五日に綸旨に基づかない濫妨《らんぼう》行為を停止する宣旨を出し、翌年十月には謀叛を理由に護良を捕縛して、足利直義のいる鎌倉に流した。

建武政権の実情

王朝の政治機構の変質は久しく、天皇の考え通りに政権は機能しなくなっていた。すべてを後醍醐が勅断するシステムに無理があった。七月二十三日には諸国に宣旨を出して、「士卒民庶《しそつみんしょ》、当時知行の地」を安堵する諸国平均安堵法によって混乱に対応したが、安堵や新恩の給与を謳っても、旧領を回復させれば新恩地が少なくなり、新恩を与えれば旧領回復を願う要求にこたえられない、という矛盾があった。

元弘四年（一三三四）正月に改元され建武《けんむ》元年になって、新政権を建武政権と呼ぶ。政権の構成は万里小路宣房《までのこうじのぶふさ》・吉田定房・北畠親房ら「後の三房」と称された旧来の重臣、結城親光《ちかみつ》・名和伯耆守長年・楠木正成・千種忠顕ら「三木一草」と称された寵臣を登用し、八省の長官に大臣クラスの公卿を据え、国司の下に守護を置いて地方支配を行なわせる新たな試みも行なった。

雑訴決断所を置いて、幕府の引付に倣って訴訟を担当させ、記録所や侍所、武者所《むしゃどころ》などの機関を設置し、幕府に仕えている奉行人などを登用した。倒幕勢力の処遇では、足利高氏に後醍醐の名である尊仁の尊の一字を与えて名を尊氏と改めさせ、北条氏の没収所領や武蔵・常陸・下総国などを与え、楠木正成に摂津・河内国を、名和長年に因幡・伯耆国を与え、新田義貞には上野・越後・播磨国を与え、新田一族を武者所に起用するいっぽう、貴族出身の千種忠顕を参議に処遇した。諸地域の支配にあたっては、国司に貴族を、守護に武士を任じた。

十月には参議中将北畠顕家《あきいえ》の補佐によって義良《のりよし》親王を陸奥に下すこととし、「公家スデニ一統しぬ、文武の道二つあるべからす」と、武を兼ね朝廷を護るように伝え、顕家は父親房とともに下った。それとともに尊氏の要請によって十二月に成良《なりよし》親王を奉じて足利直義が鎌倉に下り、それぞれに将軍府が形成された。天皇の分身として皇子が下ったのである。

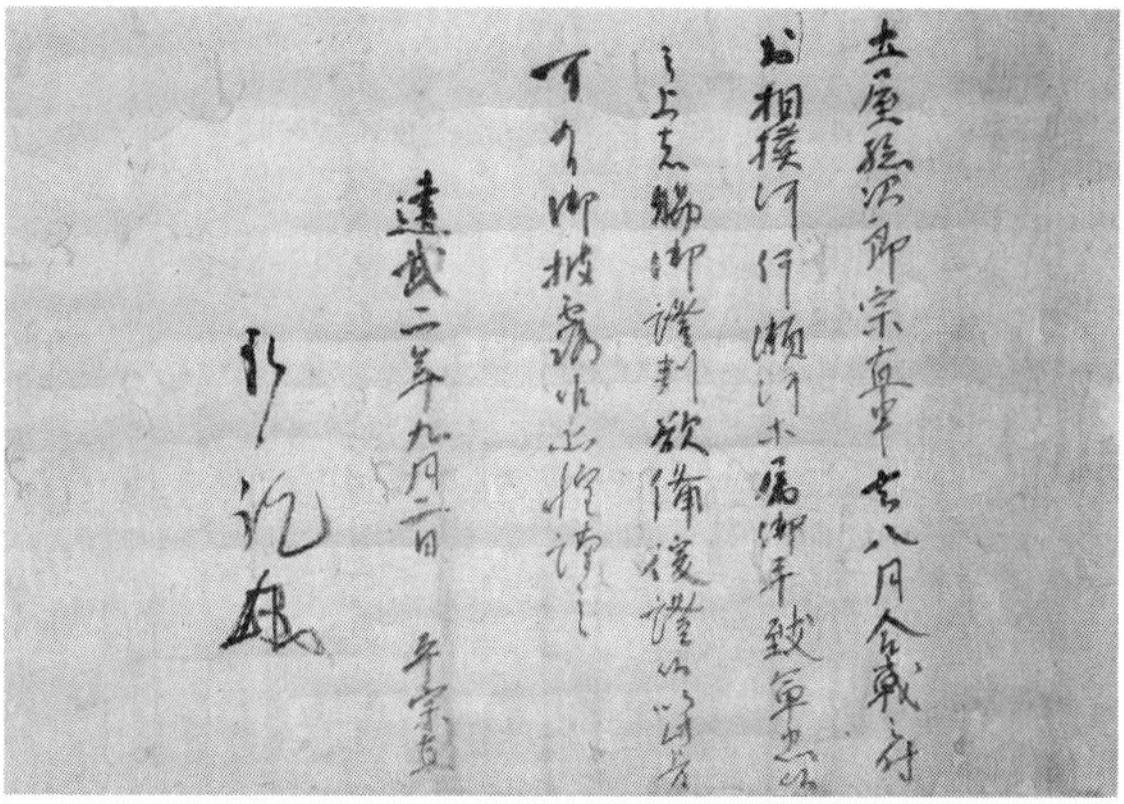

Ⅴ-1　軍忠状の例（建武２年（1335）９月２日土屋宗直軍忠状、神奈川県立歴史博物館所蔵。文書の左端（奥）には宗直が軍忠状を提出した大将から得た「承り候いおわんぬ」という承認の文言と花押が据えられている）

だが性急な改革や恩賞の不公平、朝令暮改を繰り返す法令と政策などで、広範な勢力に不満が起きた、と『梅松論』は記す。武士にとって軍勢の催促が来て従ったものの、軍功をあげても恩賞が得られるのか、わからないなかでの合戦である。信濃の市河氏は鎌倉幕府を攻める軍勢の中にあって、着到状を新田義貞に六月七日に提出してその証判を得ていたが、二十九日には足利尊氏の奉行所にも出して証判を得ていた。武士たちは合戦での軍功を記し、合戦の大将から証判を得た「支証」（軍忠状）を提出して恩賞を請求したが、今にその軍忠状が数多く残されている（図Ｖ－１）。

遅れをとれば、いつ我が所領を取られてしまうかも知れない状況が生じており、各地の武士は様々な誘いにどう動くべきか、その去就に戸惑いつつ合戦は絶えることなく続いた。そうした動きを『太平記』は「諸国の軍勢、軍忠の支証を立て、申状を捧げて恩賞を望む輩、何千万と云ふ数も知らず」というなか、「実に忠有る者は、功を憑《たの》んで諛《へつら》はず、忠無き者は、奥に媚び寵《こ》を求め、上聞《じょうぶん》を掠《かす》め」たと記している。

建武政権下で起こった多くの混乱を、二条の内裏の前の河原に掲げて皮肉ったのが建武元年（一三三四）八月の『二条河原落書《にじょうがわらのらくしょ》』であって、「天下一統メツラシヤ　御代ニ生テサマ〳〵ノ　事ヲミキクソ不思義共　京童《きょうわらわ》ノ口スサミ　十分一ソモラスナリ」と、天下一統の御代の不思議を記す京童の口遊《くちずさみ》の体裁をとって語る。

此頃《このごろ》都ニハヤル物　夜討　強盗　謀綸旨《にせりんじ》
召人《めしうど》　早馬《はやうま》　虚騒動《そらそうどう》　生頸　還俗　自由出家
俄大名《にわかだいみょう》　迷者　安堵　恩賞　虚軍《そらいくさ》
本領ハナル、訴訟人　文書入タル細葛《ほそつづら》
追従　讒人《ざんにん》　禅律僧　下克上スル成出者

混乱した世相を軽快なテンポで小気味よく批判していて、実際にこの通りであったろう。

武家政権の樹立へ

建武政権下での混乱の情勢から、列島各地で北条一門の反乱が起きた。北九州や越後、紀伊など北条一門が守護の国々での反乱は、すぐ鎮圧されたが、北条高時の遺児時行《ときゆき》が信濃で建武二年（一三三五）七月に不満を抱く武士たちを糾合して挙兵すると、鎌倉を守る足利直義軍を武蔵の女影原《おなかげがはら》、小手指原、府中で撃破した。

その鎌倉を落とす勢いから、直義は薬師堂谷《やくしどうがやつ》の御所の護良親王を殺害、鎌倉を出て東海道を三河矢作《やはぎ》まで逃れた。三河は足利氏が守護となっていた根拠地である。都にあった尊氏は、弟の窮地に後醍醐天皇に対し征夷大将軍の官職を望んだが、認められず八月二日に天皇の許可を得ず関東に下った。そして「京都・鎌倉の両大将」軍が合体すると、連戦連勝の上、鎌倉を奪回し乱を鎮圧した（中先代の乱）。

尊氏は乱の鎮圧に付き従ってきた武士たちに恩賞を与え、先代に従ったものの降参してきた武士の罪を許した。新田義貞が尊氏を討つために下るという風聞から、義貞の上野守護職を没収して上杉憲《のり》房《ふさ》に与え、十一月に尊氏に対抗する新田義貞の討伐を天皇に要請した。しかし天皇は義貞に尊氏討伐を命じ、さらに奥州の北畠顕家に南下を促した。

足利勢が各地の戦いに敗れ、劣勢にあった尊氏は、天皇に叛旗を翻すことを決意、十二月に新田軍を足柄の竹ノ下の戦い、箱根の戦いで破って京都に進軍を開始し、建武三年（一三三六）正月に入京を果たすと、多くの武士が集結したので、後醍醐天皇は比叡山に退いた。

しかし奥州から上洛した北畠顕家と楠木正成・新田義貞らの攻勢に晒され、尊氏は京の賀茂河原合戦で敗れてしまう。この時の敵側の結城宗広らについて『梅松論』は次のように記している。

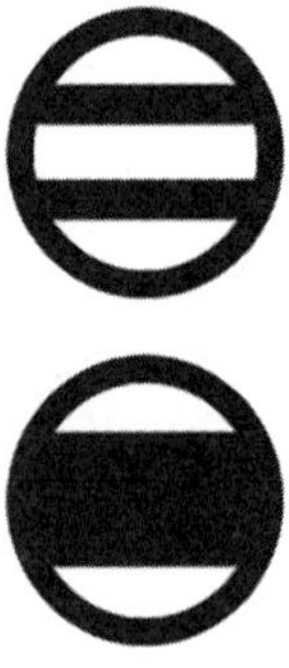

V-2　上：二つ引両
下：大中黒

敵の上野入道〔宗広〕も、御方の小山・結城も、ともに一族なりしほどに、たがひに名乗りあひて戦ひし間、討死両方百余人、敵も御方も同家の文なれば、小筋の直垂を着たりしが、後々の合戦にはさだめて御方うちあるべしとて、小山・結城の勢は右の袖を割《さい》て冑《かぶと》にぞ付けたりける。

かつては一門として結束を図っていたのが、二つに分かれて戦うようになったため、家紋も衣装も変化をつけ戦うことになり、一門よりも同族の結びつきに重点が置かれたのである。

敗れた尊氏は、篠村八幡宮に撤退し、京都奪還を図って建武政権に没収された武士の所領を回復させる元弘以来没収地返付令を出すが、二月十一日の摂津の豊島河原《てしまがわら》の戦いで新田軍に大敗した。この時、降参人は、足利の二つ引両の笠標《かさじるし》に墨を入れて、新田の家紋の大中黒に改変したという（図V-2）。

尊氏は兵庫から播磨室津《むろつ》に退き、赤松円心の進言で京都を放棄し九州へと下った。長門国の赤間関で少弐頼尚《よりひさ》に迎えられ、筑前国宗像大社の宗像氏範《うじのり》の支援を受けたことから、宗像大社参拝後の三月初旬、筑前多々良浜《たたらはま》の戦いで菊池武敏《たけとし》を破り、大友貞順《さだより》ら天皇方を圧倒して勢力を立て直した。西国の武士を急速に傘下に収め、五月二十五日の摂津の湊川の戦で楠木正成の軍を破り、新田義貞を西宮に追撃した。

この報を聞いた天皇は、二十七日に山門に逃れたので、尊氏軍は石清水八幡に陣を取って、光厳上皇とその弟豊仁《とよひと》親王を迎え、六月十四日に京都に入った。尊氏の成功は、敗走の途中で軍議を開いて中国・四国に守護・大将を配置したこと、自らが東奔西走して軍勢を集めたこと、多々良浜の戦いで菊池軍が劣勢になると尊氏方に寝返ったような武士の動き、そして備後の鞆《とも》に光厳上皇の院宣を醍醐寺三宝院の賢俊《けんしゅん》がもたらしたことなどによる。

建武式目の制定

八月に豊仁親王が践祚し（光明天皇）、元弘以来の没収地を大社寺に返付するなど武家政権としての政策が始まるなか、山門にあった後醍醐と尊氏軍との攻防は続き、名和長年や千種忠顕が討死にする。するとそこに八月十七日になって、尊氏に遁世の願望が生じた。「この世は夢であるから遁世したい。信心を私に欲しい。今生の果報はすべて直義に賜り、直義が安寧に過ごせることを願う」という趣旨の願文を清水寺に納めた。天皇を攻めるのに尊氏に迷いがあって政務を直義に委ね、比叡山に逃れていた後醍醐に和議を申し入れた。

この和議に応じた後醍醐は、成良親王を皇太子に立てることで、十一月二日に光厳上皇の弟光明天皇に三種の神器を譲った。その直後の十一月七日に武家政権は『建武式目』を定めた。幕府が進むべき方向についての諮問に識者が答える形をとり、最初に政権の所在地を鎌倉・京都のどちらにするかを求め、答申は鎌倉を「吉土」としつつも、諸人が京に遷すことを望むならば衆人の心に従うべきである、と答えを保留している。

続いて「政道の事」に関しての諮問十七条があって、答申の基本方針は「先づ武家全盛の跡を逐《お》ひ、尤《もっと》も善政を施さるべし。然《しか》らば宿老・評定衆・公人などの済々たり」と、鎌倉幕府体制の継続にあった。はじめの五か条は、「倹約」の奨励、群飲佚遊《ぐんいんいつゆう》の停止、狼藉の鎮圧、私宅点定《てんじょう》の停止、京中の空地の本主への返還など、京の混乱を正すもので、次の第六条の無尽銭《むじんせん》・土倉の興行、第七条の諸国守護人には政務に器量のある人を据えること、の二か条は、武家の経済と政治の在り方を、第八条から第十五条までは、権貴《ごんき》の人や女性・禅律僧などの口入《くにゅう》を停止することなど、建武政権への批判をこめつつ、あるべき政治倫理を示している。

最後の三か条では、貧弱の輩の訴訟を聞き、寺社の訴訟は必要に応じて取り上げ、沙汰の式日や時刻を定めるなど、訴訟について定めている。この十七か条は『御成敗式目』と同じく聖徳太子の『十七条憲法』を明らかに意識しており、律令を超えようという姿勢が見てとれる。

答申した奉行人のうち四人は、建武政権の雑訴決断所のメンバーであり、幕府に仕えていた奉行人や儒者も含まれるなど、旧来の武家秩序の下での政治を目指していた。その考え方は、「義時・泰時父子の行状を以て近代の師となし、殊には万人帰仰の政道を施さるれば、四海安全の基たるべき」とあって、「太守方」と称されていた尊氏弟の直義の立場に沿った政治方針であって、式目は直義主導で定められたのである。

合戦の様相

合戦の実際を見ておこう。元弘二年（元徳四年／一三三二）三月十二日、六条河原に押し寄せた赤松勢を六波羅探題勢が退け、三月十五日に五条河原に勢をそろえて山崎に撃って出た際、播磨の赤松勢は三手に分かれてこれに対抗したが、この勢を『太平記』は次のように記す。

一手には足軽の射手をそろへて、五百余人小塩山へまはす。一手には野伏に騎馬の兵少々交えて千余人、狐川の辺にひかへさす。一手にはひたすら打物の衆八百騎をそろへて、向明神《むこうみょうじん》の後なる、松原の陰にぞ隠しける。

軍勢が「足軽の射手」、「野伏に騎馬」、「打物の衆八百騎」からなっていたことがわかる。足軽は弓矢を武器とし、野伏は騎馬の衆とともにあり、打物の衆が騎兵である。足軽は応仁の乱で活躍するが、ここに既に登場していた。この少し前の摩耶《まや》合戦での赤松勢にも「足軽の射手二百人」と見え、雑兵である。野伏も六波羅探題を東海道で待ち構えていたが、これも雑兵である。

ここでの足軽・野伏は、『峰相記』に見える播磨国の初期の悪党、すなわち海賊や山賊・強盗を働き、柿色に染めた着物に女用笠を着る「異類・異形」の姿で十人、二十人の集団をなし、城に籠っては合戦を行なった、というその後身といえよう。

足軽については、元弘三年（正慶二年／一三三三）正月に護良親王を攻めた吉野執行《よしのしぎょう》が、足軽の兵を百五十人選んで歩兵に仕立てており、合戦のあり様によって歩兵であったり、騎兵であったりしたのであろう。野伏も同様だったと見られる。

打物の衆は騎兵の正規兵であって、大刀や鑓《やり》類などの打物を帯びて合戦に臨んでいた。その構成は主人を中心に家子郎等・中間旗差からなっていた。これらと比較して『平家物語』に見える源平合戦では、弓矢を携えての一騎打が主体の戦いであったのだが、集団戦にともない武器や攻め方は大きく変化してきた。

攻め方の意識も変化していた、貞和《じょうわ》三年（正平二年／一三四七）十一月二十六日に細川顕氏《あきうじ》が住吉合戦で楠木正行《まさつら》の軍にあたった時、「坂東・坂西・藤・橘・伴の者ども、五百騎づつ一揆を結んで大旗小旗下濃《すそご》の旗三流に立て三手に分け、一足も引かず討死すべしと、神水を飲てぞ打立ちける」と、軍勢が、一味神水を行ない一揆を結んで合戦に臨んだとある。

一味神水とは、団結を誓い合う起請文を記し、それぞれ自署の上、焼いて灰にし神前に供えた水にまぜ、一同が回し飲みする作法のことで、一揆結成にとっては重要な儀式となっていた。それとともに合戦の前に連歌を詠んでいたが、これは士気を高め団結するためであった。

二　南北朝の対立

南朝と北朝

後醍醐天皇は建武三年（一三三六）十二月に幽閉されていた花山院を脱出し、京を出て吉野に逃れた。吉野は山深いが、四方に道が開かれ、海路をゆけば遠く東国や鎮西につながっていた。後醍醐は光明天皇に譲った三種の神器を偽物と称して、朝廷（南朝）を樹立し、懐良《かねよし》親王を征西将軍に任じて九州へ、宗良《むねよし》親王を東国へ、義良親王を奥州へと、各地に皇子を下して北朝方に対抗し、北朝と南朝とが並立する南北朝時代が始まる。

もはや鎌倉に武家政権を置くのは不可能となって京都に置かれた。畿内近国で旗揚げして尊氏に従った御家人・武士の多くも、旧来の武家政権を必ずしも望んでおらず、鎌倉では尊氏の子義詮が関東を支配し南朝方に対抗した。

建武五年（一三三八）八月に尊氏が征夷大将軍に任じられ、その体制は高師直《こうのもろなお》・師泰《もろやす》兄弟が将軍家の家務を握って政所の執事・侍所の頭人となり、直義が政務を握って評定を主宰、引付を主導するところとなった。禅宗・律宗の僧や寺院の訴訟を扱う禅律方という機関も置かれたが、いずれも鎌倉幕府の体制を継承している。

吉野に拠点を置いた南朝は、新田義貞の拠る越前の金ヶ崎城が攻められて陥落するなど劣勢が続いた。延元《えんげん》三年（建武五年／一三三八）閏七月、義貞が藤島の戦いで敗れて亡くなり、北畠顕家が奥州から義良親王を奉じて西上したが、五月に和泉の堺・石津の戦いで敗死した。

そこで南朝の重臣の北畠親房が、義良親王・宗良親王を奉じ伊勢国大湊から海路東国へ渡ろうとしたが、暴風にあって両親王と離散する。義良は伊勢を経て吉野に帰り、翌年に皇太子となり、宗良は遠江に漂着して井伊谷《いいのや》の井伊氏を頼った。親房は遠江灘を無事越えて、伊達行朝《ゆきとも》・中村経長《つねなが》らと常陸に上陸し、神宮寺城の小田治久《はるひさ》を頼るが、佐竹氏に攻められ落城すると、阿波崎《あばさき》城、さらに小田氏の本拠の小田城へと移った。

鎮西に派遣された懐良親王は、瀬戸内海の忽那《くつな》島を経て薩摩の谷山城に入り、そこから北上して肥後菊池の隈府《わいふ》城を拠点とした。これを受け入れた菊池武重《たけしげ》は、延元三年（建武五年／一三三八）に一族の惣領として「天下の御大事」にあたっては自身が指揮をとり、「国務の政道」には「寄合衆の内《ない》談《だん》」を尊重する起請文を八幡宮に捧げ、その四年後には弟の武士《たけひと》も同内容の起請文を書くなど、惣領の権限の強化を背景に分裂せずに南朝方を貫いた。

さて親房であるが、小田城から陸奥白河の結城親朝《ちかとも》をはじめとして関東各地の反幕勢力の結集を呼びかけたが、はかばかしくなく、宇都宮公綱《きんつな》・芳賀《はが》高貞《たかさだ》が北朝方に加担したため、伊達行朝・中村経長を遣わして芳賀高貞・高朝《たかとも》の父子を討ち取った。

この時期、親房が南朝の正統性の由緒と根源を明らかにするべく書き上げたのが『神皇正統記』である。「大日本は神国なり。天祖はじめて基をひらき、日神ながく統を伝へ給ふ。我国のみこの事あり。異朝には其のたぐひなし。この故に神国と云なり」と、日本が神国であると宣言して日本の歴史を綴り、神代から後醍醐天皇まで万世一系を主張した。翌年の興国《こうこく》元年（一三四〇）には『職原抄《しょくげんしょう》』で官職制度の在り方を示した。

北朝方が高師冬《こうのもろふゆ》を関東統治のために鎌倉に派遣すると、親房は小田城から関宗祐《むねすけ》の関城に移り、伊佐城の伊佐氏、大宝《だいほう》城の下妻氏など常陸西部の南朝勢力とともに対抗したが、恩賞の前払いを要求する武士や、所領の一部没収と引き換えに降参人を救うなどといった、寝返りの広がりに悩まされ、三年後に両城が陥落すると、吉野へ帰還している。なお降参が相次いだことから、降参人にはその所領の半分を一族に与える「降参半分の法」の慣習が広がった。

守護・大名の分国支配

南朝は劣勢を覆せぬまま、後醍醐天皇が病に倒れ、延元四年（暦応二／一三三九）八月十五日に、吉野に戻っていた義良親王（後村上天皇）に譲位し、その翌日、吉野金輪王寺《きんりんのうじ》で朝敵討滅・京都奪回を遺言して亡くなる。後村上天皇は摂津の住吉大社の荘厳浄土寺《しょうごんじょうどじ》において、後醍醐天皇の大法要を行なった。

尊氏は禅僧の夢窓疎石《むそうそせき》の勧めで、後醍醐天皇を弔うために天竜寺を造営、康永《こうえい》四年（一三四五）八月に造営の供養を行なった。造営にあたっては費用捻出のため、天竜寺船が派遣された。鎌倉末期に東福寺や大仏の造営料船が大陸と日本を往来していたが、元弘の乱を契機に途絶えていたのを復活したもので、康永元年（一三四二）に足利直義が有力商人の至本《しほん》を綱司に任じ、五千貫文の契約で貿易船を派遣した。翌年、亀山殿の跡地に仏殿・山門・法堂《はっとう》が完成する。

直義も夢窓疎石から、後醍醐天皇をはじめ元弘以来の戦死者追悼と国土安穏を祈願する寺院を諸国に建てるように勧められ、安国寺・利生塔《りしょうとう》を諸国に設けていった。直義の仏教の質問に答え、夢窓が著した『夢中問答集』は、わかりやすく禅宗について語っている。

北朝の院政では文殿《ふどの》で裁判が行なわれ、暦応三年（一三四〇）五月には訴訟に関する雑訴法が制定され、文殿や庭中《ていちゅう》、越訴《おっそ》、雑訴《ざっそ》、検非違使庁などの審理の日、奉行の人々が定められるなど、体制が整えられ、幕府では、引き続き将軍家の家政を高師直が握って侍所を通じて御家人や地侍を組織し、政務を直義が握って引付制度を整え、裁判の判決は直義の名で下知状が出された。

その直義のもとでだされた建武五年（一三三八）の法令は、守護が勲功賞を募り、譜代の職と称し、寺社本所領を押妨、諸所の地頭職を管領して軍士や家人に預け置いたり、充行《あておこ》なったりするのを禁じている。このことはこれらの行為により守護が支配を広げていったことを意味している。暦応三年（一三四〇）には、武家の被官や甲乙人《こうおつにん》が守護の使者に対して合戦狼藉を行なうのを禁じるなど、守護を保護してもいるが、貞和二年（一三四六）に、戦闘を仕掛けたり、戦闘を起こしたりする「故戦防戦」を禁じ、さらに守護人の非法を停止する十二か条の法令が出た。

その非法を上げると、「大犯三箇条」と苅田《かりた》狼藉《ろうぜき》や使節遵行《しせつじゅんぎょう》のほかに地頭御家人の所務以下に煩いをする、下地遵行《したじじゅんぎょう》を難渋すること、公役《くやく》の対捍《たいかん》や凶徒与同《きょうとよどう》を理由にその所領を管領すること、訴論人所領や国内闕所《けっしょ》を押領すること、自身への所課を一国の地頭御家人に配分して充てることなど、守護の職務を越えた非法である。さらに縁者の契約をして無理を致す、請所《うけしょ》と号し他人の名字をかり、本所寺社領を知行する、年貢の督促や仏神事の催促と号して民屋を追捕する、兵粮や借用と号し「土民の財産」を責め取るなど、一般の武士にも認められる非法もある。

守護はこうした非法を通じて支配を広げ領国を形成していったのであって、禁令を出しても幕府にはその非法を止めさせる力はなかった。幕府は当初、九州に下った尊氏が上洛するに際し、功のあった島津や大友、少弐、大内、武田氏など旧来の守護や豪族を九州・中国地域の守護に任じ、畿内周辺では、倒幕に関わった赤松、佐々木、土岐氏などを、東国では、小笠原、小山、佐竹、千葉氏を守護に任じ、旧来の勢力の結集をはかっていた。

だが、争乱が広がるなか、拠点となる国々には足利一門や家人を配していった。新田義貞が逃れた北陸道では、越前に斯波《しば》氏、能登・越中に吉見《よしみ》氏、越後には高《こう》氏を配し、東海道では伊勢に仁木氏、三河・武蔵に高氏、遠江・駿河に今川氏を、畿内近国では河内に細川氏、和泉・伊勢・紀伊に畠山氏、伊賀に仁木氏、四国では阿波・讃岐・土佐に細川氏を配した。

観応の擾乱

守護のなかでも細川氏や今川氏など足利一門とは違った存在が、将軍家の家政を握った高師直・師泰兄弟である。建武五年（延元三年／一三三八）五月、和泉の石津の合戦において北畠顕家を敗死させた師泰は、河内・和泉の守護になって自らの権限で河内の掃部寮《かもんりょう》領大庭を「兵粮」料所に設定して部下に給付し、貞和四年（正平三年／一三四八）、師直は河内四条畷《しじょうなわて》の合戦に際して、白旗《しらはた》一揆、大旗一揆、小旗一揆など中小の武士の一揆を動員し、楠木正成の子正行を自刃させ、吉野に乱入して皇居を焼き払っている。旧来の権威を無視する言動が目立っていた。

そうしたなか幕府内に対立が起き始めたのを憂慮した足利直義は、康永三年（一三四四）十月、発願して二十七人の連衆の和歌短冊を高野山の金剛三昧院《こんごうさんまいいん》に寄せている。それに出詠したのは光明天皇や尊氏・直義を始め、高師直、細川顕氏《あきうじ》などの大名、御子左為明《みこひだりためあき》、冷泉為秀《れいぜいためひで》、兼好《けんこう》、頓阿《とんあ》、浄弁《じょうべん》、慶《けい》運《うん》の二条為世《ためよ》門下の歌人、二階堂行珍《ぎょうちん》（行朝）・成藤《しげふじ》・行藤《ゆきふじ》らの評定衆・奉行人であって、短冊の紙《し》背《はい》には尊氏・直義・夢窓疎石の三人が写経している。対立が顕在化し始めた幕府内の融和を祈念したものである。

V-3　騎馬武者像（京都国立博物館所蔵、出典：ColBase（https://colbase.nich.go.jp/））

貞和四年（一三四八）頃から直義と師直の対立が表面化、諸大名が直義派と反直義派に二分する争いへと発展したことから、南朝勢力がこの混乱に乗じ勢いをとりもどした。翌貞和五年に直義の訴えを受けた尊氏が、師直の執事職を解任すると、師直・師泰が直義邸を襲撃し、直義の逃げ込んだ尊氏邸を大軍で包囲、直義罷免を求める事件が起きた。これにより直義は出家して政務から退くことを条件に和睦が成立、鎌倉から尊氏の子義詮が上洛した。

翌観応《かんのう》元年（一三五〇）、長門《ながと》探題として下っていた直義の養子（尊氏の実子）の直冬《ただふゆ》を尊氏が討つため西下する前日、直義は京都を脱出し、師直討伐を掲げて南朝に降《くだ》った（観応の擾乱《じょうらん》）。正平《しょうへい》六年（観応二年／一三五一）、直義は播磨光明寺《こうみょうじ》城、摂津打出浜《うちではま》で尊氏方を破り、高師直・師泰は二月二十六日に直義派の上杉能憲《よしのり》により殺害され、直義が政務に復帰し、直冬は鎮西探題となった。

しかし今度は尊氏・義詮が南朝方に降ったため、南北朝の「正平一統」が成立し、南朝から直義追討令が出されたので、直義は京都を脱して鎌倉を拠点として反尊氏勢力を糾合するが、尊氏に敗れ、鎌倉の浄妙寺境内の延福寺に幽閉され、観応三年（一三五二）二月に亡くなる。観応の擾乱は直義の死をもって終わるが、直義派の武士の抵抗は、直冬を盟主に中国地方を中心になお続いた。

この時期の武士の合戦の姿を描いた『騎馬武者像』（京都国立博物館）は、髻《もとどり》を解いた乱髪、白綾《しらあや》威《おどし》の大鎧を着し、背負った白羽の矢六隻《せき》のうち一隻が折れ、右手に抜身の大太刀を握って担ぐ、合戦を終えたばかりの姿を描いたとおぼしき図像で、画面中央に足利義詮の花押が据えられている（図Ⅴ－3）。

諸国の武士の動揺

戦乱が長引いた一因は、武士たちの動揺が収まらなかったことにある。武蔵の高幡不動の本尊の胎内に納められていた文書は、山内経之《つねゆき》という武士が常陸で暦応二年（一三三九）から高師冬に従軍していた時の苦しい状況を記している。

鎌倉から常陸に赴くときは在家《ざいけ》を売って銭貨や小袖《こそで》を用立てるよう妻に求め、関戸の観音堂の住職に兵粮米を都合してほしい、と頼んでいる。武士は長期にわたり各地を転戦、従軍の装備や食料は自弁が原則であったから大変であった。

そのため一揆契約を結び、難局を乗り越える動きが進んだ。備後の地毘荘《じびのしょう》では、地頭の山内首藤《やまのうちすどう》氏の通資《みちすけ》が荘内の本郷を地頭請所《じとうけしょ》とし、荘内の各郷に一分《いちぶ》地頭の庶子を配し、元徳二年（一三三〇）に単独相続に改めて惣領の力を強めてきた。元弘の乱以来、「一族同心」して将軍家に仕え恩賞に与ってきたところ、尊氏・直義の不和が起き、「国人」が「宮方」（南朝方）、将軍家（尊氏）、「錦小路殿《にしきこうじどの》方」（直義）まちまちに分かれているので、山内俊清《としきよ》は一揆契約を結んで「御方」（直義）に軍忠を捧《さ》げることを誓う起請文を貞和七年（観応二年／一三五一）に作成し、諏訪・八幡の神、備後一宮の吉備津《びつ》大明神に奉納している（『山内首藤家文書』）。

紀伊国の東北部の紀ノ川流域の隅田荘《すだのしょう》を基盤とした隅田氏は、北条氏の被官となっていて、幕府の滅亡で滅んだものの、一部が残り正平十年（一三五五）に隅田了覚《りょうかく》や覚明《かくみょう》など一族二十三名が連署し、荘園の鎮守隅田八幡宮に結集して一揆する起請文をしたためている（『隅田神社文書』）。

合戦で多大な被害を受けたのは村人であった。美濃の大井荘では荘園領主の東大寺に報告している。建武四年（一三三七）正月末に北畠顕家が上洛を目指した戦場となり、軍勢が荘園に押し入って牛馬や米・大豆を運び取ってゆくので、村人たちは一か所にまとまり力を合わせて警固し、濫妨を防ぐことができたが、守護や国司が在国するようになってからは、軍勢を出せ、兵糧米や馬具を出せ、と言ってきている、と。

戦乱によって経済が混乱したことで、困窮を極めたのが荘園年貢の納入がままならない公家や寺社であるが、そうしたなかで力をつけたのが「有徳人《うとくにん》」（富裕な人）である。『建武式目』第六条は、無尽銭を扱い、土倉を営む有徳人を保護しているが、これは有徳人の活動を無視しては、合戦の遂行や経済が成り立たなかったからである。

戦う武士のために「兵粮」料所が預け置かれたが、この土地を武士が経営するのは難しく、現地近くの有徳人が経営してそこから支弁された。合戦のために荘園・公領の年貢の半分を武士に給付する半済《はんぜい》が行なわれたが、これの経営にも有徳人が関わった。

このような有徳人の進出に対し、安芸国沼田荘《ぬた》では暦応三年（一三四〇）に小早川茂平の曾孫宣平《のぶひら》が、御内《みうち》や被官が沼田市《ぬたのいち》の人と縁を結び居住することや、市場の住人の女が御内の殿原《とのばら》らと婚姻関係を結ぶことを禁じている（『小早川家文書』）。市場の経済に巻き込まれるのを警戒してのものである。沼田市は、沼田荘の塩入荒野の開発が進められて、整備された沼田川の沿岸の台地上に所在した。この十三年後の文和《ぶんな》二年（一三五三）に、宣平の子貞平《さだひら》が市における検断や雑務沙汰の裁判を行なうとしており、市の繁栄を願いつつも警戒を怠らなかった。

だが平和裏になると、積極的に市を興行するようになった。やや後に書かれた『庭訓往来』の「市町の興行」の消息によれば、市町には、辻子・小路を通し、見世棚を構え、絹布の類や贄菓子《にえのかし》などの売買の便があるよう計らうこと、多くの職人を招くことなどを記し、その職人の種類は実に多彩で、猿楽や田楽、師子舞《ししまい》、「手くぐつ」という人形遣いの傀儡子《くぐつし》なども含まれている。

バサラ大名

諸国の武士が動揺するなか、都の大名は富裕を謳歌していた。『建武式目』は連歌・闘茶・田楽などの華美な風俗・風潮を批判して「婆佐羅《ばさら》と号し専ら過差を好み、綾羅錦繍《りょうらきんしゅう》・精好《せいごう》銀剣・風流服飾、目を驚かさざるはなし」と記し、『二条河原落書』も「ハサラ扇ノ五骨《いつつぼね》」「関東武士ノカコ出仕　下《げ》衆《す》・上臈《じょうろう》ノキハモナク　大口ニキル美精好」と、華美で異様な道具・衣装、行動を批判した。

婆佐羅（バサラ）の原義は金剛杵《こんごうしょ》、すなわち独鈷《とっこ》や三鈷《さんこ》などの仏具・法具であって、バサラと号された「綾羅錦繍・精好銀剣・風流服飾」とは、一段と美麗で、出来栄えがよく、意匠が凝らされていることをいう。バサラにはそのサンスクリット語からくる異文化の香りが漂い、唐物・唐風を超えたイメージがある。大陸に渡航する僧が増えるなか、より際立った文化的風俗がバサラとして表現されるに至ったのであろう。

武士のバサラぶりは『二条河原落書』に「非職ノ兵仗ハヤリツ、路次ノ礼儀辻々ハナシ」「牛馬華洛ニ遍満ス」「サセル忠功ナケレトモ　過分ノ昇進スルモアリ」と指摘されているが、この武士の代表格が「バサラ大名」であった。

土岐頼遠《よりとお》は、建武四年（延元二年／一三三七）に北畠顕家が陸奥の多賀国府から霊山城《りょうぜん》に移り上洛を目指したところが、美濃守護としてすんなり通過するのを許さずに、青野原《あおのがはら》で戦ったので、顕家はその進路を変更せざるをえなくなったことから、その名があがったというが（『難太平記』）、この頼遠が康永元年（一三四二）秋に事件を起こした。

幕府の奉行人の二階堂行春《ゆきはる》と新日吉《いまひえ》社の馬場で笠懸を行なって、酒を飲んでの帰途、光厳院の行列に出会った。路頭での礼儀から行春は馬から下りて畏まったが、頼遠は下馬を求めてきた院の従者を馬鹿者呼ばわりし、「何に院と云ふか、犬と云ふか、犬ならば射て落さん」と言い放ち、さんざんに矢を射たという。この「酔狂の者なりけるに、このごろ殊《こと》に世を世ともせざりければ」といった行動から、山門の強訴を受けた足利直義は、政道を重視し、無断で美濃に下り反乱の姿勢を見せているとして斬首に処した（『太平記』）。

高師直は、天皇や院に会った時に馬から下りる路頭礼《ろとうれい》の難しさについて、「もし王なくて叶ふまじき道理あらば、木を以て造るか、金を以て鋳《い》るかして、生まれたる院、国王をば何方へも皆流し捨て奉らばや」と語ったという。富を誇り朝廷の権威をものともしない態度がうかがえる。

バサラ大名の典型が佐々木導誉《どうよ》である。得宗の北条高時に仕え、尊氏に従って幕府滅亡へと動き、室町幕府の形成に貢献し、近江守護や政所執事など室町幕府の要職を務めたが、『佐々木系図』に「香会、茶道、人に長ず」とあるように、茶や能、連歌、花、香などこの時代のあらゆる領域の芸能に深くかかわった。

バサラの文化

導誉のバサラ振りを物語るのが次のエピソードである。暦応三年（一三四〇）十月、導誉の「一族・若党共」が「例のバサラの風流」を尽くし、小鷹狩を行なっての帰途、延暦寺の妙法院の紅葉を引き折った。たまたま門主が紅葉を愛でて見ており、門主に仕える法師らが怒って若党らを打擲《ちょうちゃく》した。これに怒った導誉は、息子秀綱《ひでつな》とともに妙法院の焼き討ちをした。

このため山門の訴えにより、二人は配流となったが、その途中、導誉は若党三百人に猿皮の靫《ゆき》に猿皮の腰当をさせ、鶯《うぐいす》の籠を持たせるなどして、公家の成敗と山門の訴えをあざけり笑ったという。猿は比叡山の神の使者、猿楽の物真似に倣って揶揄《やゆ》したのである。

導誉は連歌に強い関心を示した。『二条河原落書』は「京鎌倉ヲコキマゼテ　一座ソロハヌ似非《えせ》連歌　在々所々ノ歌連歌、点者《てんじゃ》ニナラヌ人ゾナキ　譜第非成ノ差別ナク　自由狼藉ノ世界也」と連歌の流行を批判したが、導誉は文和三年（一三五四）に播磨に出陣した際に連歌会を開き、同五年三月には自邸で千句連歌会を開いた。

導誉の句風は一世を風靡し（『十問最秘抄』）、延文《えんぶん》二年（一三五七）に貴族や武士・地下《じげ》の連歌師など五百人以上に及ぶ作者の歌を収録した連歌集『菟玖波集《つくばしゅう》』が完成すると、導誉が動いて勅撰集となることを朝廷に求め、准勅撰とされ（『園太暦』）、連歌は広く定着するに至った。

『太平記』巻三十九の「諸大名、道朝を讒する事付道誉大原野花の会の事」には、貞治《じょうじ》五年（一三六六）に佐々木導誉が尊氏帰依の花の寺として再興された大原野の勝持寺で、政敵の斯波高経《たかつね》への嫌がらせで茶会を開いた話が載る。

寺の境内を唐物で様々に飾りつけ、本堂の庭の桜の木四本に真鍮の花瓶をすえ花を立て、香炉に名香を焚きあげたので、その香りが辺りを包み浄土にいる心地がしたという。その茶会では、大名が富貴を謳歌して身に錦繍をまとい、食は八珍を尽くし、百服の本非の飲みわけを楽しみ、異国・本朝の重宝を集め、百座の粧を競い、勝負に染物・色小袖・沈香《じんこう》・砂金・鎧などを賭けていたという。

導誉は猿楽をも愛好した。猿楽は鎌倉時代後半に近江や大和で座を形成して発展をみており、十三世紀末のころから座や大夫《たゆう》・権守《ごんのかみ》の号が見え始め、十四世紀初頭には興福寺南大門や春日若宮で薪猿楽が行なわれるようになっていた。貞和五年（一三四九）六月、京の四条河原で行なわれた四条橋の架橋費用のための大規模な勧進田楽は、祇園社執行の行恵《しぎょう》が勧進元になって、囲《まわ》り八十三間、三重四重の桟敷が打たれ、新座・本座の田楽が老若対抗の形で行なわれた。

梶井宮尊胤《かじいのみやそんいん》法親王や二条良基《よしもと》、足利尊氏・導誉らの武家、諸寺の僧・諸社の神官に至るまで見物したが、桟敷が大崩れし多数の死者を出した。文和四年（一三五五）四月、醍醐寺の鎮守である清滝宮《せいりゆうぐう》の祭礼での大和猿楽の演能、六月の京の新熊野《いまくまの》社の六月会での猿楽・田楽なども、守護・大名の六角氏頼《うじより》や導誉らが見物し、観阿弥が出演している。

三　室町幕府の体制

「中夏無為の代」

足利尊氏が南朝に降って正平一統となったことで、北朝の崇光《すこう》天皇が退位したものの、講和が崩壊、南朝軍が正平七年（観応三年／一三五二）に京から引き揚げる際、光厳・光明・崇光の三上皇と前東宮を吉野に連れ去った。このため幕府は窮余の一策として光厳の母広義門院の指名により後光厳天皇を立てた。

尊氏が延文三年（一三五八）に亡くなり、それをうけて将軍になった子の義詮は、引付で審理を厳密に行なってきた裁判制度を改め、特に問題がない訴訟は、将軍の名で言い分を認める将軍家御教書で判決を出すようになった。執事の細川清氏《きようじ》が専横により康安《こうあん》元年（一三六一）に失脚すると、その跡の執事を斯波高経に要請、高経の子義将《よしゆき》が執事になった。

足利一門のなかでも高い家格を誇る斯波氏が執事になったことで、家務と政務（執権）とに権限が分裂していた二頭政治が解消され、将軍の親裁を執事が管領として補佐するところとなった。だが高経が将軍・幕府の権威確立のため、地頭御家人の所領への「武家役」五十分の一の税をかけていたのを二十分の一に引き上げ、この武家役の引き上げが「天下の先例に非ず」という反発を生んだ。

義詮の邸宅三条坊門万里小路《までのこうじ》邸の新築でも、主な大名に「一殿一閣」を割り当て、造営に消極的な佐々木導誉の摂津の守護職と多田荘を没収、邸宅工事に遅れのあった赤松氏の大荘園を没収したので、諸大名の訴えにあい、斯波父子は越前に没落する。

そこで義詮は、管領を置かずに親裁し、観応の擾乱以後、寺社本所領で没収や押領されている土地を返却する法令を出し、細川頼春《よりはる》の子で清氏の跡を継承していた頼之《よりゆき》を四国から呼んで管領に据えた。

『太平記』はこの頼之の執政をもって「中夏無為《ちゅうかぶい》の代」になったとして筆を擱《お》いた。中夏とは中央、京都、転じて全国のことで、ここに「太平」の世が到来したと見たのである。

朝廷でも文和元年（一三五二）に践祚した後光厳天皇によって体制が整えられ、十月に開かれた議定のメンバーは、二条良基、近衛道嗣《みちつぐ》、勧修寺経顕《かじゅうじつねあき》の三人であったが、正親町三条実継《おおぎまちさんじょうさねつぐ》、万里小路仲《なか》房《ふさ》、日野時光《ときみつ》、柳原忠光《やなぎわらただみつ》が追加され、これらの諸家が以後の朝廷の政治を支えてゆく。

将軍足利義詮が貞治六年（一三六七）に亡くなり、子の義満《よしみつ》が家督を継承し、翌年に管領細川頼之の補佐を得て将軍になり、応安《おうあん》の半済令《はんぜいれい》を出した。この応安令は、皇室領や寺社・摂関領を対象とせず、それ以外の荘園・公領の年貢についてはその半分を武士に給付することとし、代わりに貴族・寺社領を保護するとした。

宣旨によって出され、広く貴族・寺社の領域に踏み込んだことから「大法」として受容され、これを契機に土地領有の体制が安定し、動乱は収束していった。承久の乱後の新補率法以来の、宣旨による土地法令であって、幕府は新たな体制に大きく舵を切ることになった。

太平記と語りの芸能

応永《おうえい》九年（一四〇二）に今川了俊《りょうしゅん》（貞世《さだよ》）が著した『難太平記』によれば、法勝寺の恵鎮《えちん》上人が『太平記』三十余巻を足利直義のもとに持参し、直義が玄恵《げんえ》法印に点検させたところ、多くの誤りがあって修正させたという。このことから『太平記』の祖型は直義失脚の貞和五年（一三四九）までに生まれ、ほぼ同時代に制作されたものとわかる。

その後も書き継がれ、貞治六年（一三六七）ほどなく成立したことが、『洞院公定日記《とういんきんさだ》』応安七年（一三七四）五月三日条に「伝聞す、去る二十八九日の間、小島法師円寂すと云々。これ天下に翫《もてあそ》ぶ太平記の作者なり」とあって、作者の小島法師が亡くなったことから知られる。

『太平記』を直義に持参した恵鎮は、倒幕の祈りにより陸奥白河荘に流され、結城宗広に身柄を預けられたが、鎌倉幕府滅亡後は法勝寺を拠点に東大寺の大勧進となってその再興に携わり、鎌倉の北条高時邸跡に死者の冥福を祈る宝戒寺を建て、天台律宗の活動をしていた。

『太平記』には列島各地の情報が載るが、これは恵鎮周辺の僧や、合戦で亡くなった人々を葬る陣僧、合戦の軍忠を記す軍忠状を作成した物書き、合戦に遭遇してその情報を逸早く知らせる遁世《とんせ》僧《そう》などの存在が考えられるところで、小島法師はそうした一人と見られる。

多様な情報の集まる場としては談義や寄合があった。後醍醐天皇御前での談義の中心的役割を果たした玄恵法印は、独清軒と号し、直義邸を訪れたことが『太平記』に記されている。東国の天台系寺院の喜多院などには談義所が設けられ、時衆の僧による京の四条道場の金蓮寺や七条道場の金光寺は寄合の場となっていた。鎌倉公方の足利基氏《もとうじ》を、関東管領として補佐していた畠山国清《くにきよ》が上洛して身を寄せたのが金光寺、「バサラ大名」導誉が延文五年（一三六〇）に四条京極の地を寄進したのが金蓮寺である（『祇園執行日記《ぎおんしぎょうにっき》』）。

そうした談義の様子を伝えるのが、架空の設定ながら『太平記』巻三十八の北野の聖廟での語りであり、鎌倉幕府に仕えた奉行人らしき坂東勢の遁世者、朝廷に仕える家貧しく儒学に明るい雲客《うんかく》、門跡《もんぜき》に仕え天台宗の教えを守る僧ら三人が連歌を行なった後、異国・本朝の物語を語ったという。こうした場で語られた情報に基づいて『太平記』は書かれたのである。

この『太平記』の影響は大きく、『太平記』の武士の行動を様々に解釈し論じた『太平記評判秘伝理尽鈔』などの注釈書が生まれ、それを「太平記語り」が講釈師として様々に語ったことから、江戸時代の加賀の前田家や岡山の池田家などの大名や武士に多大な影響をあたえ、さらに百姓一揆を起こした民衆にも影響をあたえた。

描いた時代が南北朝対立の世であったので、歴史の解釈に議論を巻き起こし、また時代がはるかにさかのぼるため、歌舞伎の「仮名手本忠臣蔵」などの物語の舞台に設定された。

鎌倉府の体制と平一揆

関東の動きを見ると、建武三年（一三三六）、足利義詮のもとに上杉憲顕《のりあき》・高師冬が関東管領として派遣され、北畠顕家軍の攻撃に対処することとされたが、初期鎌倉府の権限は軍事指揮権が中心であった。管轄範囲は、元弘四年（一三三四）正月の雑訴決断所の条規や『鎌倉大日記《かまくらおおにっき》』延元元年（一三三六）条に見える関東十か国と考えられ、坂東八か国（常陸・上野・下野・上総・下総・武蔵・相模・安房）と甲斐・伊豆の二か国である。

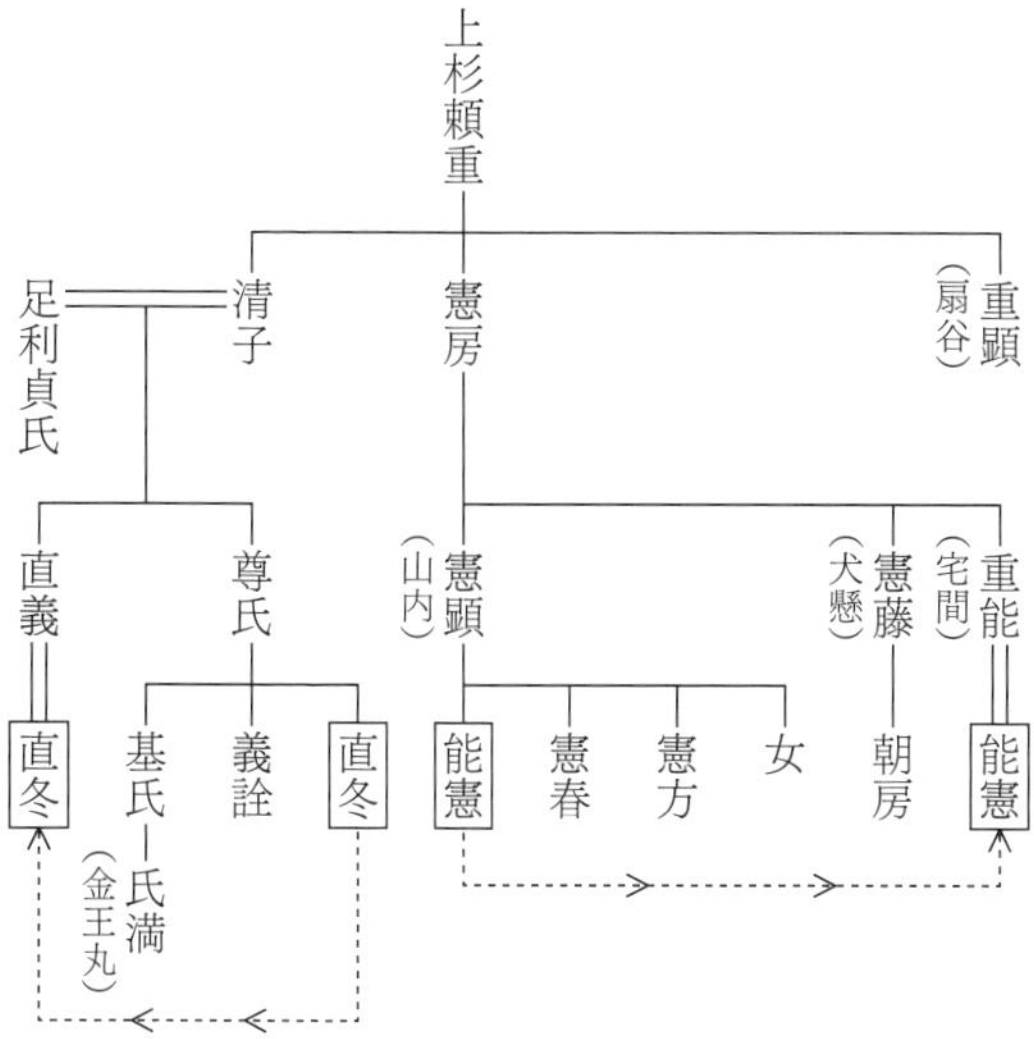

Ⅴ-4　足利家・上杉家系図

　貞和五年（一三四九）十月、京都に戻った足利義詮に代わって弟基氏が鎌倉に下り、尊氏の従兄弟の上杉憲顕と高師冬が補佐した。しかし直義派の憲顕が高師冬を殺害したため、尊氏が下って追放し、文和二年（一三五三）七月まで鎌倉に滞在、直義派を粛清、新管領に畠山国清を任じ、所領の安堵権や宛行《あておこない》権、裁判権を付与して京都に戻った。

　延文四年（一三五九）、関東管領の畠山国清は、関東武士を率いて南朝勢と戦ったが、本拠地を遠く離れた東国武士の不満が大きく、許可なく帰国した武士が多かった。東国に戻った国清が、これに厳罰で臨んだため、秩父氏一族の河越直重《ただしげ》を中心にした高坂・江戸・古屋・土肥・土屋氏らによる平一揆《へいいっき》が国清の罷免を要求した。基氏は「下剋上の至り」と不快感を抱くも、東国の「無為」を考えて、国清を貞治元年（一三六二）に追放し、翌年に上杉憲顕を関東管領となし、その補佐を得て鎌倉府の体制を整えた。

その基氏が五年後に亡くなって跡を継いだ子の金王丸《こんのう》は、憲顕の補佐を得て対抗する平一揆を応安元年（一三六八）に鎮圧、これに味方した宇都宮氏綱《うじつな》を降《くだ》し、同二年に義満の一字を得て氏満《うじみつ》と名乗った。憲顕が亡くなると、その娘婿の上杉朝房《ともふさ》と子能憲《よしのり》が関東管領になり、能憲は幕府の細川頼之と連携して鎌倉公方を支えた。鎌倉府は小幕府であり、政所や問注所を置き、二階堂や大田氏など前代の吏僚が執事となった。

九州の情勢と日明外交

九州では、尊氏が博多から東上するに際して、一色範氏《いっしきのりうじ》を九州管領に任じたが、旧来の大名勢力から反発を招き、貞和五年（一三四九）に足利直冬が直義失脚後に九州に下ってくると、これに結びついたのが少弐氏《しょうに》である。

肥後の隈府《わいふ》にあった懐良親王は、正平八年（文和二年／一三五三）に筑前針摺原《はりするばる》の戦いで一色氏を破り、同十年に博多に入って一色氏を長門に追い、十四年には筑後川の戦いで少弐氏をも破って、正平十六年（康安元年／一三六一）に大宰府を制圧、征西府をこの地に移し、南朝とは別個独自の体制をしいた。

貞治五年（一三六六）、高麗が倭寇の禁圧を求め、出雲に着岸して翌年に天竜寺に入ったのを契機に新たな動きが始まる。一三五〇年に朝鮮半島南岸を襲った海賊を記す『高麗史』には、「倭寇の侵、これに始まる」とあり、倭寇の活動はこの年から頻繁になっていた。朝廷は高麗を対等とみなしての形式の使節を出さなかったが、幕府は夢窓の弟子の春屋妙葩《しゅんおくみょうは》からの返書という形をとり、高麗の要請に「当時本朝の為体、鎮西九国 悉《ことごと》く管領するに非ず。禁遏《きんあつ》の限りに非ず」と、倭寇禁圧が困難であると答えつつも、通交の意思は示した。

管領の細川頼之は、中国・四国地方を転戦して南朝勢力の鎮圧に力を注いで、四国全域の分国支配にあたるなど、地方支配に豊かな経験があったが、出自が低いことから管領就任に足利一門の山名時《とき》氏《うじ》は分国の出雲に帰ってしまい、吉野を中心とした南朝方の活動、九州の懐良親王の勢力の動きなど、太平の到来とはいえ、戦乱の状況はいまだ収まらなかった。

そこで応安三年（一三七〇）、九州探題として今川了俊を派遣し、九州攻略に乗り出した。この時に了俊が九州下向に際し記したのが紀行文『道ゆきぶり』であって、中国地方を固めた了俊は翌四年の暮に九州に入った。

大陸では一三六八年に朱元璋《しゅげんしょう》が元を北に追いやって明《みん》王朝を誕生させていた。一三四八年頃から江南で戦乱が起き、元が衰退するなか台頭して明朝を開いたもので（洪武《こうぶ》帝）、使節を日本に派遣して懐良親王を「日本国王」に封じたが、懐良は今川了俊によって応安五年（文中元年／一三七二）八月に大宰府を落とされ、征西府を筑後の高良山に移していたので、「日本国王」冊封の使節は、博多で了俊軍により抑留され交渉相手は幕府となった。

翌応安六年（一三七三）に幕府は明の使者の上洛を許可し、遣明使を派遣、俘虜百五十名を返還するが、洪武帝は「国臣」の義満の送った書面を正式なものとは認めず、「傲慢無礼」と非難する文書を出させ、幕府の対明外交は頓挫した。

武家政権の体制

諸国の体制と外交の方向性が定まるなか、細川頼之は、南北朝の講和を主張していた南朝方の楠木正儀《まさのり》を応安二年（正平二十四年／一三六九）に誘って河内・和泉の守護となしたが、その優遇策を快く思わない諸大名と対立しつつ、武家政治の体制を整えていった。

義満・義持《よしもち》・義量《よしかず》の三代の将軍記『花営三代記《かえいさんだいき》』は、この時期の幕府（「花営」）の動きを記していて、そこからは幕府政治を支える管領や評定衆・奉行人などの制度的仕組みが本格的に整えられていたことがわかる。

室町幕府の訴訟制度を解説した『武政規範《ぶせいきはん》』は、「引付内談篇」「侍所沙汰篇」「地方沙汰篇」「問注所沙汰篇」「政所沙汰篇」からなるが、引付内談については、その賦《くばり》は「近代は管領の御沙汰たる」と記し、引付は管領の統括下に入っている。侍所沙汰は「公武の警固を致し、洛辺の検断を行ふ随分の重職なり」と記し、検非違使が握っていた洛中の警察・裁判権を幕府の侍所が担うようになった。

応安四年（一三七一）三月に後円融天皇が践祚すると、これを契機に幕府は即位の費用として諸国に段銭を、洛中に土倉役、酒屋役を賦課した。幕府は朝廷の諸権限を代行して接収し、内裏や賀茂・石清水・比叡山など大寺社の修理料を一国平均役として徴収した。義満初期に幕政は整えられて後世の規範とされた。

往来物『庭訓往来』は、この時期に定まった武家政権と武士の在り方を示した作品であり、正月から十二月にかけての往復書簡を通じて、広く通用している常識を記している。それによると、正月は年賀の小弓、笠懸などの遊宴、二月は花見や和歌・連歌・漢詩の会、三月は所領の経営・勧農、館の造作、四月は所領興行の方策を記す。五月は客人来臨に備える家財や家具・調度、六月は盗賊討伐や出陣用意の武具・乗馬の借用、出陣の命令系統と心得、七月は勝負事のための衣装・物具、八月は幕府への訴訟手続き、幕府組織とその職掌など、武士に関する様々な知識である。

続く九月・十月は寺院での法会・斎食《さいじき》の準備、十一月は病気の種類と治療法、予防・健康保持のための禁忌、十二月は任国赴任や行政管理などからなっており、政治・経済・宗教・文化など幅広い領域にわたる知識を満載して、それらが型として定まってきたことを伝えている。

この時期には多くの往来物が作られた。金蓮寺の僧眼阿の『新札往来《しんさつ》』は、康暦《こうりゃく》二年（一三八〇）八月五日の書写本が伝わっている。『庭訓往来』の書簡に見える幕府の職制が定まったのは、永和《えいわ》年間（一三七五―七九）以降で、『庭訓往来』は応永末年（一四二八）には広く流布しているので、永和から応永初年の十四世紀末の成立と見られる。

編者は諸国の事情に詳しい連歌師と考えられ、広く書写されて江戸時代には手習所のテキストとされていることからわかるように、様々な階層に行き渡った。

幕府体制と鎌倉府

義満は応安五年（一三七二）十一月に評定始めを行なって、政務に携わるようになるが、幕府内部の大名間の争いは激しさを増し、細川頼之への反発が強まった。守護交替の断行、山門や禅宗寺院の要求拒否などの頼之の態度から、康暦元年（一三七九）閏四月に斯波義将《よしゆき》・土岐頼康《よりやす》・京極高秀《たかひで》（佐々木導誉の子）ら数万騎の軍兵が御所を囲んで頼之の罷免を要求した。

義満はこの要求に押され、頼之は分国の讃岐に帰り、斯波義将が管領に返り咲いたが（康暦の政変）、この事件を契機に義満は将軍権力の向上を目指し、伊勢入道貞継《さだつぐ》を同年七月に政所執事に抜擢した。政所は諸国料所の年貢や土倉酒屋以下諸商売公役を扱う機関となっていて、将軍家の財源を管轄させた。将軍親衛隊の充実もはかり、貞治六年（一三六七）に「当参奉公の仁」に特権を与え、明徳《めいとく》の乱では「御馬廻り三千余騎」が、五番編成の奉公衆として整備されることになる。

義満は父とは違い積極的に朝儀に関わり、永和元年（一三七五）三月に諸大名を引き連れ、石清水八幡宮に参詣、四月二十五日に初めて参内、天皇と対面を遂げ、八月には和歌会を主催した（『満済《まんさい》准后《じゅごう》日記』）。翌年四月には桂川で犬追物を、九月には賀茂河原屋で蹴鞠を楽しむと、多くの見物人が集まった。永和四年（一三七八）六月の祇園祭では四条東洞院の桟敷で山鉾《やまぼこ》を見物しており、将軍の存在をパフォーマンスで誇示した。

康暦の政変は地方にも大きな影響を与え、土岐頼康は叔父頼遠処刑の後に美濃守護を継承して尊氏に従うなか、尾張・伊勢守護となったが、細川頼之が管領になってから伊勢を失っていたので、斯波義将と結んで頼之を追い落とす康暦の政変に関わった。

この政変のある局面で、頼康を討伐するため義満が国々から軍勢を召すと、関東から管領上杉憲春《のりはる》の弟憲方《のりかた》が軍勢を率いて出陣するが、鎌倉公方の氏満《うじみつ》は日頃から将軍になるのは我が身であるとの思いを強くしていたので、これを機に義満を倒そうと考えていた。関東管領の上杉憲春はこれに危機感を抱き、氏満を諌めるべく「御謀叛叶まじきよし」との書を書いて、持仏堂に入って自害したため、氏満は思いとどまったという（『鎌倉大草紙』）。

氏満は憲春の後の管領に弟憲方を任じ、京都には「野心」を存ぜぬ旨を鎌倉の瑞泉寺の古天和尚を通じて伝え、了承を得た。直後に下野の小山義政《よしまさ》と宇都宮基綱の間で争いが起きると、これに介入し、基綱を敗死させた義政の追討を、上杉憲方・朝宗《ともむね》に命じ、永徳《えいとく》二年（一三八二）に義政が敗死したことで、鎌倉府の体制は安定した。

鎌倉府では、管領は足利一門ではなく、上杉氏一門から選ばれ、上杉憲房の子憲顕の流れの山内家、憲藤《のりふじ》の流れの犬懸《いぬがけ》家、重能の流れの宅間《たくま》家、憲房の兄弟重顕の流れの扇谷《おうぎがやつ》家などから出された（図Ⅴ－4参照）。山内・犬懸・扇谷・宅間は鎌倉の邸宅の地に由来する。なかでも山内上杉家は伊豆・武蔵・上野の守護となり、鎌倉周辺の六浦本郷、神奈川郷、山内荘の岩瀬郷など多くの所領を得て大勢力を築き、犬懸上杉氏や扇谷上杉氏もまた関東一帯に勢力を広げていった。

四　武士と武家政権の到達点

花の御所と相国寺

永和四年（一三七八）――義満は寵愛の藤若を伴って四条東洞院の桟敷で祇園祭を見物したが、この藤若こそ幼い世阿弥である。義満は二年後にも十間《けん》の桟敷を設けて見物、以後、将軍の祇園祭見物は「祇園会御成《ぎおんえおなり》」として恒例化する。その祇園祭の費用を負担する馬上役は、洛中の土倉に「馬上方一衆」という組織を作らせ負担させた。

同じく永和四年（一三七八）には室町に幕府御所の造営を始めた。東西二町からなるその御所には庭園や会所が設けられ、「花の御所」と名付けられたごとく華やかな武家の王権を象徴し、文化的統合を進めた。権大納言、右大将に任じられると、永徳元年（一三八一）三月に後円融天皇を完成した室町殿に迎えた。武家への行幸は初めてのことであった。

四月二十九日には「室町殿家司《けいし》」（義満家司）を選んでいるが、そのメンバーは山科教冬《のりふゆ》などの山科家、清閑寺氏房《せいかんじうじふさ》・勧修寺頼房《よりふさ》などの勧修寺流の家、柳原資冬《すけふゆ》・広橋兼宣《かねのぶ》などの日野流の家などで、学者の清原良賢《よしかた》もいるなど実務にすぐれた廷臣を集めた。六月に内大臣になり、七月に任大臣節会《にんだいじんのせちえ》と大臣大饗《だいじんのだいきょう》を行なったが、慣例を破って白昼に行なわれ、現任の公卿二十九人のうち出仕しなかったのは僅か三人であった。

義満は永徳二年（一三八二）正月に左大臣になると、「近日、左相府〔左大臣義満〕の礼、諸家崇敬君臣の如し」（『荒暦』）といわれるような廷臣を従わせる関係が生まれ、後円融天皇が四月に後小松天皇に譲位して院政を開始すると、その院庁の執事別当となり（『良賢真人記』）、永徳三年（一三八三）六月に准三后となって、最高の身位を獲得した。

永徳二年（一三八二）には花の御所の東に相国寺を創建した。春屋妙葩や義堂周信《ぎどうしゅうしん》から大伽藍建立を勧められ、「君の位は大相府に至る」と、義満が太政大臣（相国《しょうこく》）になる意がこめられており、義堂周信によって「相国承天禅寺《しょうこくじょうてんぜんじ》」と命名され、亡き夢窓疎石を開山となし、春屋妙葩が事実上の開山となった。

室町幕府は鎌倉幕府に倣って五山制度を導入し、禅宗寺院を武家沙汰の官寺として保護・統制してきた。暦応五年（一三四二）に南禅・天竜・建仁・東福・万寿五寺を定め、南禅寺をその筆頭に置いて夢窓派を重視し、後醍醐天皇の帰依により宗峰妙超《しゅうほうみょうちょう》が開創した大徳寺は入れなかった。義満は応安五年（一三七二）十一月に夢窓疎石の墓所を拝して受衣され、道号を天山、法名を道義とした。康暦元年（一三七九）に春屋を、五山十刹《ござんじっさつ》以下の官寺の住持を推挙し、その任免の実務や訴訟などを統括する僧録に任じた。

永徳元年（一三八一）には足利氏の菩提寺の等持院で管領斯波義将や春屋妙葩や義堂周信らと会し、五山十刹以下の住持の任期などの規式を定めて、ここに相国寺の創建に及んだのである。至徳《しとく》三年（一三八六）七月に幕府は五山の上に南禅寺を置いて、京五山に天竜・相国・建仁・東福・万寿五寺を定め、鎌倉五山に建長・円覚・寿福・浄智・浄妙五寺を定めて、これ以後、幕府の禅宗寺院に関する法令は姿を消す。

相国寺を命名した義堂は、夢窓に参禅、鎌倉の足利基氏に招かれて円覚寺に入り、上杉能憲に請われて鎌倉の報恩寺の開山となるなか、足利氏満を始めとして武士に儒学を講義し、康暦二年（一三八〇）に義満の命で上洛、義満や斯波義将にも『孟子』や『中庸』などの儒典を講義した。このことは、日記『空華《くうげ》日用工夫集』からわかるが、それは死没まで書き継がれた。

明徳三年（一三九二）八月に相国寺の落慶《らっけい》供養が御斎会に準じて行なわれ、応永六年（一三九九）

は父義詮の三十三回忌にあたることから、相国寺境内に七重塔を建てた。白河院が建立した法勝寺の九重塔が焼失して再建されないなか、代わって相国寺の七重塔が王権を示威するモニュメントとなった。

大名と国人の館

京で義満が支配権を強化していた頃、地方では大名が勢力を広げていた。大内氏は周防国の在庁官人出身で、鎌倉期には在京人として六波羅に伺候していて、建武二年（一三三五）の尊氏東上に加わり、観応の擾乱で南朝方に走るが、周防・長門に勢力を広げていた。

大内弘世《ひろよ》は貞治二年（正平十八年／一三六三）に周防・長門両国守護職を条件に幕府に降り、これを契機に山口盆地の中央に居館を移した。弘世が上洛した時、「在京の間、数万貫の銭貨・新渡の唐物等」を奉行人や頭人、評定衆、傾城《けいせい》、田楽、遁世者に引き与えたという。その豪勢な富は山口の居館の発掘調査から知られる。

益田氏は石見《いわみ》の在庁官人であったが、南北朝の動乱で勢力を広げて国人領主に成長した。国人領主とは鎌倉時代の地頭とは違い、地方で広範な政治経済活動を担った領主で、益田氏の発展は、益田川下流の中須の湊町の発展とともにあり、益田氏の居館「三宅御土居《みやけおどい》」は応安元年（一三六八）に益田兼見《かねみ》により築かれた。

それは益田川が平野部に出てきた右岸の微高地上に、土塁で囲み周囲に堀を廻らして立地している。兼見は永徳三年（一三八三）に本領を義満に安堵され、その居館の周辺には宗教文化が広がった。万福寺という時宗の寺院があり、式内社の染羽天石勝《そめばあめのいわかつ》神社は熊野権現を勧請《かんじょう》し（滝蔵《たきくら》権現）、勝《しょう》達《たつ》寺がその別当寺として建立され、医光寺が臨済宗寺院として造営された。

益田氏と同じような国人の居館には、伊豆出身の江馬氏が飛驒に遷《うつ》って築いた江馬氏館がある。飛驒市神岡町の殿に所在し、西側に薬研堀《やげんぼり》、北・南に箱堀が設けられ、会所《かいしょ》や常御殿《つねのごてん》、対屋《たいのや》、台所、宿直屋《とのいや》が並んで厩《うまや》があり、工房施設も発掘されている。会所は復元され、それに面する庭園は中世の武家屋敷のものとして希少である（図V－5）。

ほかに下総の千葉氏の一族の東氏が美濃に遷って築いた東氏館、信濃の高梨館など各所に認められ、この頃から国人領主が土塁や溝濠に囲まれた居館を築いて、安定した支配を進めるようになった。

『庭訓往来』には、こうした「御館《おやかた》」の記述がある。その造作は、「四方に大堀を構へ、その内に築地を用意すべし」と、堀を廻らし築地で館を囲み、門を構える。主屋の寝殿は「厚萱葺、板庇、廊中門・渡殿は裏板葺、侍・御厩・会所・囲炉裏間、学文所、公文所、政所」からなり、周囲の造作については次のように記す。

V-5　復元された江馬氏館の会所と庭園（飛驒市役所観光課提供）

南向には笠懸の馬場を通し、埒《らち》を結《ゆ》はしめ、同じく的山を築くべし。東向には蹴鞠の坪を構へ、四本懸を植ゑられ、泉水・立石・築山《つきやま》・遣水《やりみず》、眺望に任せ、方角に随て、禁忌無き様に之を相計ふべし。

客殿に相続いて、檜皮葺の持仏堂を立つべし。礼堂・菴室・休所は、先づ仮葺也。傍に又土蔵文庫を構ふべし。其中間は塀也。後苑の樹木、四壁の脩竹《しゅうちく》、前栽《せんざい》の茶園、同じく調へ、植へべき也。

庭園の造りにはじまって、客殿や持仏堂、土蔵や文庫のほか樹木・竹林・茶園にいたるまで、その指示は実に細かい。この時期から武家屋敷の型も定まった。

国人の領主支配

薩摩の国人領主である入来院の渋谷氏は、分割相続で所領が減って困窮していたが、正平二十二年（一三六七）に渋谷重門《しげかど》が合戦の恩賞として与えられた料所の知行について定め、建徳《けんとく》二年（一三七一）に「重門以後の所領の事、数輩の兄弟ありと雖も、その器量を守り、惣領一人に一所をも残さず譲与すべきなり」と、単独相続へと移行している。

内乱を乗り越えるなかで、国人領主は領主支配を様々な形で強化した。一族の対立を経て、単独相続に向かう国人がいる一方、肥後の相良氏は惣領家が上相良《かみさがら》氏から下相良《しもさがら》氏に移っている。安芸の小早川氏は、小早川茂平の子雅平《まさひら》の沼田家と政景《まさかげ》の竹原家とが並び立っていたが、政景の都宇竹原荘《つうたけはらのしょう》が得宗領とされたため、政景は逸早く尊氏に従って本領を回復したことから、沼田家の貞平《さだひら》が六波羅探題に従って本領を失いかけたのを助けた。
茂平から政景への鎌倉期の正嘉《しょうか》二年（一二五八）の譲状は「安芸国都宇・竹原両荘の地頭・公文《くもん》検断幷《ならびに》竹原荘総検校職《そうけんぎょうしき》」など、荘園の「職《しき》」で記されているが、南北朝期を経た応永五年（一三九八）の小早川仲義《なかよし》から弘景《ひろかげ》への譲状は、「安芸国都宇荘・竹原荘」など地域名しか記しておらず、職を通じた支配から領域支配へと変化していることがわかる。

小早川氏は、「公方の御公事は惣領の催促を守る」よう庶子に命じるなど、公方（幕府・守護）の命令に応じていたが、安芸の高田郡の国人三十二人は、応永十一年（一四〇四）九月に一揆を結んで、新守護による国人の所領没収や国役賦課に結束して対抗し、「衆中」で談合して、「弓矢の一大事」「相論」に際しては、将軍の上意を仰ぐとするなど、国人一揆を結ぶことで守護に対抗する動きが広がっていた。

永和三年（一三七七）に肥後・薩摩・大隅・日向国など南九州の国人六十一人の結んだ一揆契約も、「島津伊久《これひさ》・氏久《うじひさ》こと降参治定の上は、向後《こうご》、彼の退治の事は、重ねて公方御意を受け、籌策《ちゅうさく》を廻らすべく候」と、守護に対抗してのもので、「公方」の意を受け「上裁」を尊重するとしている。この一揆契約を結ばせたのは九州探題の今川了俊である。

この時期、了俊は活動の幅を広げ、大内義弘《よしひろ》を誘って味方に引き入れ、義弘が豊後に渡海すると北九州で攻勢を強めて、菊池氏に打撃を与え、さらに肥後の水島の陣に島津・大友・少弐氏など大名を招くなか、少弐冬資《ふゆすけ》を謀殺して少弐氏を衰退させた。しかしこれにより島津氏久の離反を招いたので、「将軍家御方」として「一味同心」する一揆契約を結ばせたのである。国人領主の側に主体的契

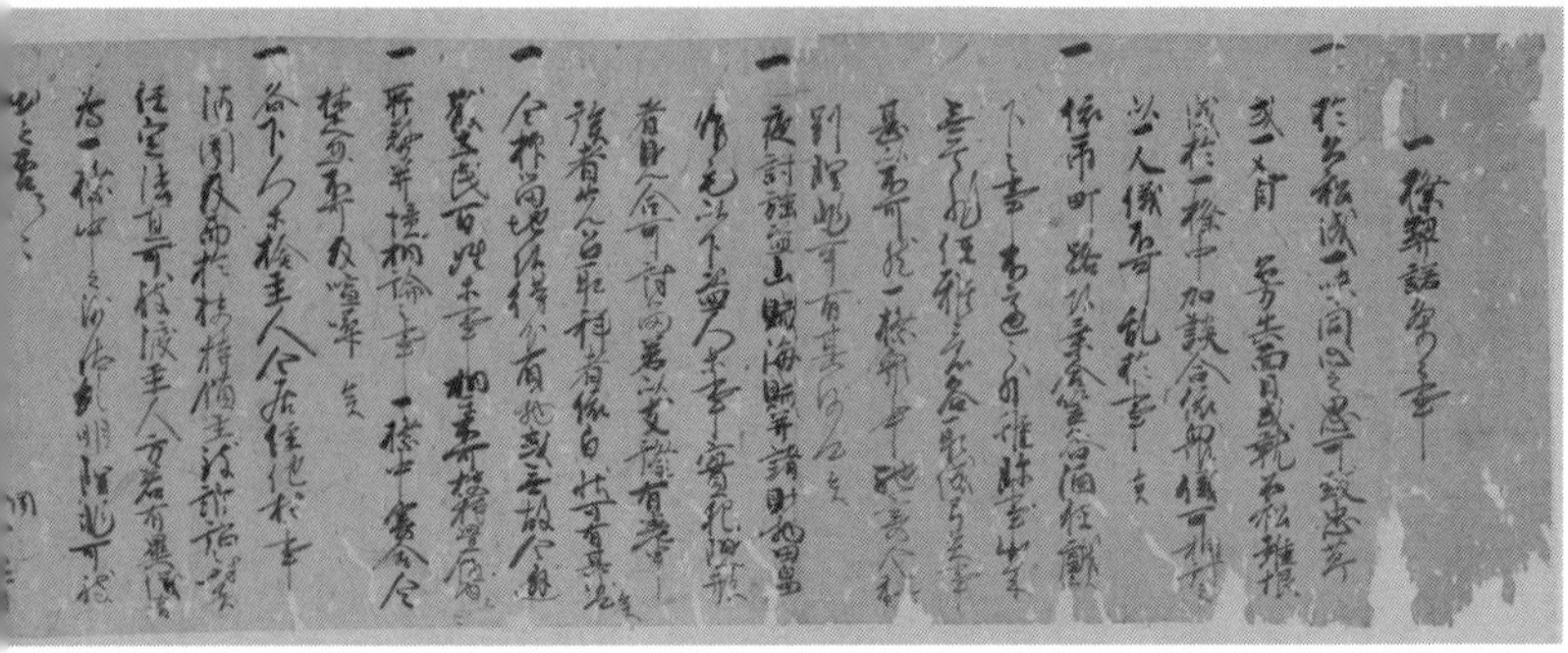

V-6　永徳４年（1384）２月23日下松浦住人等一揆契諾状案（青方文書、長崎歴史文化博物館所蔵）

機はあまりうかがえないが、守護に対抗して知行分を守ろうとする動き、所領相論への取計らいなど、国人の要求を巧みに吸い上げている。

永徳二年（一三八二）に氏久の甥で了俊側の島津伊久が薩摩守護になり、氏久と対立するが、氏久が至徳四年（一三八七）に亡くなって、九州はほぼ了俊の手に入った。了俊は「我が事は、将軍の御身をわけられてくだされ申し候」と語って、自らの存在を将軍の分身として位置づけ、九州の地頭御家人に関しては京都に伺いを立てることなく、了俊の一存で安堵し恩賞を与えていった。

地侍の一揆

大名や国人領主は幕府と直接関係を結んだが、中小の領主の地侍は守護につくか、あるいは一揆を結んで自立をはかった。その一揆の代表的存在が肥前の下松浦郡を中心に五島列島にひろがる地侍の一揆である。

応安六年（一三七三）五月、五島列島の宇久・有河・青方・多尾一族三十一名は、「君の御大事の時は一味同心の思

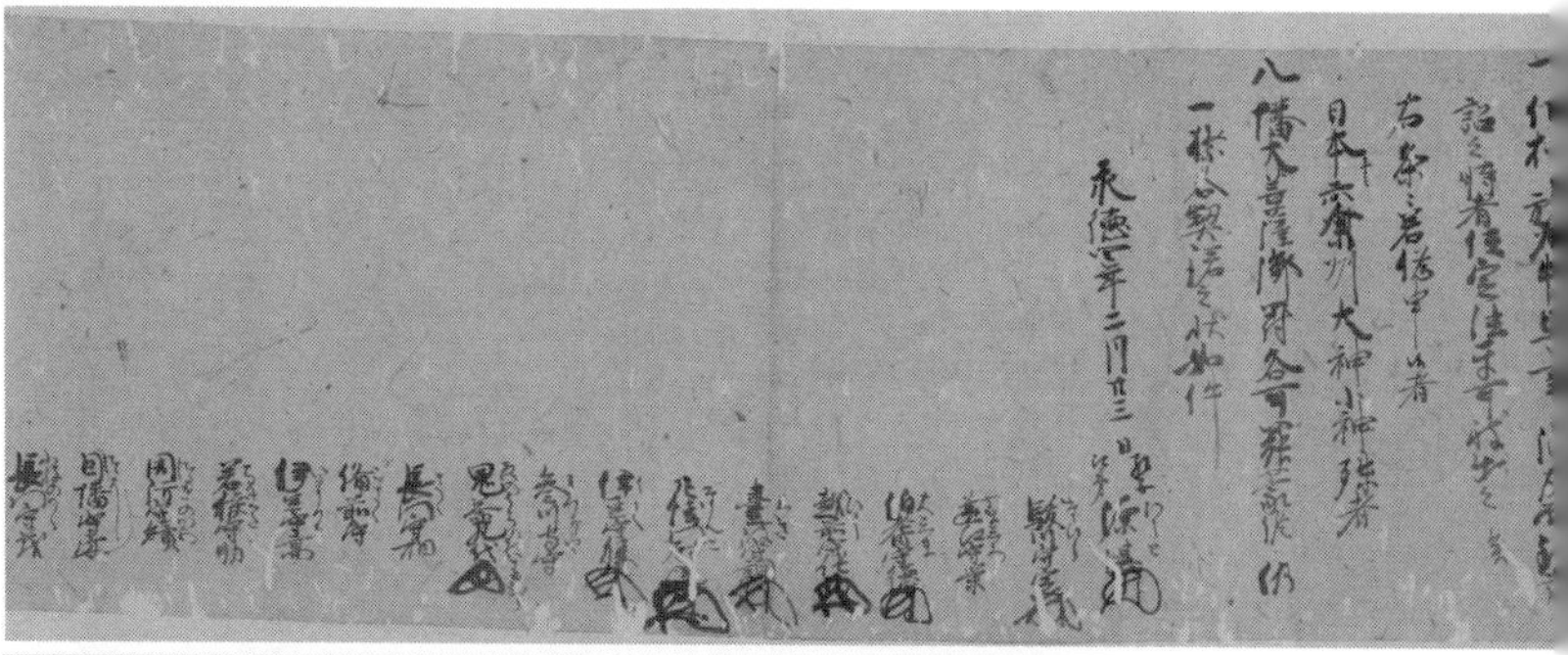

をなし一所において軍忠を抽んずべし」と契約を結び、所務相論や弓矢などの相論には「談合」し「多分の儀」（多数決）で決めること、縁者や親類、他人によらず、意見は道理・理運に基づいて心底を残さずに申すべきこと、郎従に関しても多分の儀によるなど五か条の置文《おきぶみ》を定めている。

最初に「君の御大事」とあって、了俊が関与していた可能性もあるが、このように整備された契約となったのは、以前から一揆契約が諸所で結ばれていたからである。永徳四年（一三八四）には、一揆は松浦下郡規模に広がり、三十四名もの地侍が連署して一揆を結び、「公私において一味同心をなし、忠節を致すべし」と記し、「公方」から面目を失い、公私に恨みをなすことがあっても、「一揆中」で談合し、「衆議」で計らうとした（図V－6）。

定めの全体は市・町での紛争、夜討・強盗・海賊・盗賊などへの対処、所務・境相論、下人の逃亡など七か条からなり、領主支配の在り方にまで及んでいる。地侍たちは、大小の一揆を重層的に形成し自立をはかっていた。

さらに明徳三年（一三九二）には「松浦一族一揆」を三十三名が結び、「君の御大事」には一味同心し、公方に訴える時は、その是非を一同で審議し吹挙《すいきょ》する事、百姓逃散の事、大犯三箇条に基づいて沙汰する事など五か条を定め、共同自治を強めていった。応永二十年（一四一三）には宇久浦中の一揆契約が二十五名で結ばれており、浦々島々でも一揆が結ばれていたことがわかる。

畿内の大和宇陀郡の東山内では、天神を深く信仰する多田順実《よりざね》が貞治年間（一三六二—六八）に感得した天神の御影《みえい》を本尊とする染田《そめだ》天神《てんじん》連歌講を結成すると、地侍の結衆はその費用を得るための料田を買得し、毎年千句の連歌会を催した。永享《えいきょう》六年（一四三四）にその規約がつくられ、「一揆」契約による「多分評定」の多数決制がとられた。地侍による一揆に連歌は重要な役割を果たしていた。

大和に隣接する紀伊国では、正平十年（一三五五）に隅田《すだ》党が一揆を結んでいたが、隅田荘の西に隣接する官省符荘《かんしょうふしょう》（政所荘）を本拠とする地侍が、応永二十二年（一四一五）に政所一揆を結んで、時に隅田党一揆と連合するようになった。地侍の一揆はいずれも辺境の地や山間の地で結成されているのが特徴である。

諸国遊覧と大名権力削減

戦乱がおさまるなか、義満は列島の各地に赴いた。至徳二年（一三八五）八月に春日社に赴くなど、南都にはあわせて七回も赴いている。最初は、摂政の二条良基と近衛兼嗣が同道し、春日社に参詣、興福寺一乗院で延年《えんねん》の舞を見物、東大寺に入ってからは尊勝院で「三蔵宝物」（勅封蔵の正倉院の宝物）を見た。

明徳五年（一三九四）の三度目の南都下向では一乗院で延年を見物、翌日には猿楽を見物したが、その演者は「観世三郎」（世阿弥）であって、興福寺で常楽会《じょうらくえ》に列席し、東大寺で宝物を見ている。権威を誇示するパフォーマンスと芸能の楽しみだけが目的でなく、春日社の社殿造替、東大寺の塔婆建設、興福寺の金堂供養に資金を出し、強訴を繰り返す南都の衆徒対策を兼ねていた。大和では衆徒・国民と称される国人・地侍層が台頭していた。

義満は嘉慶《かけい》二年（一三八八）に紀伊の高野山・粉河《こかわ》寺に参り、八月に駿河の富士山を見物、翌康応《こうおう》元年三月には西に向かって安芸の厳島社に参詣している。今川了俊の『鹿苑院殿厳島詣記』によれば、三月に讃岐の細川頼之が船を百艘用意し、管領斯波義将の子義種《よしたね》や細川頼元《よりもと》、畠山貞清《さだきよ》・基国《もとくに》、山名満幸《みつゆき》、今川了俊などを供に出発、播磨で赤松、讃岐で頼之、周防・長門では大内義弘の接待を受けている。山陽道・四国の大名対策であって、三月二十三日に義満は管領を退いた頼之を招いて懇談している。

義満は高野山を振り出しに富士山を遊覧、安芸の厳島に赴いており、明徳元年（一三九〇）九月には越前の気比《けひ》社に参ったが、いずれも大日如来の信仰に関わる地であって、同四年九月には大日如来を本地仏とする伊勢大神宮に参っている。こうした諸国遊覧を経て義満はその権威と実力をさらに見せつけるべく、大名権力を削ぐことへと進んだ。

明徳元年（一三九〇）に土岐一族の内部対立を利用して、康行の尾張・伊勢の守護を没収して、仁木満長《みつなが》に与え、次の標的となったのが山陰諸国や和泉・紀伊国など、一族で十一か国もの守護職を保有する山名氏で、惣領の時義《ときよし》は「六分の一殿」と称されていた。その時義が康応元年（一三八九）に亡くなったことから、義満は一門の勢力削減を狙い、細川頼之を政界に復帰させ山名の勢力削減をはかった。

一族の内部対立を煽って山名氏清《うじきよ》・満幸に時熙《ときひろ》らを攻めさせ、その満幸が出雲の院領を押領したとして京都から追放したので、これに満幸が抵抗し、氏清らを誘って明徳二年（一三九一）に挙兵し京都に攻め入った。

『明徳記』と武士の型

合戦は内野の戦いなどで二、三千人もの戦死者を出し、氏清が戦死し、満幸は出雲に逃れて終わり、山名氏はこれによって但馬・因幡・伯耆三か国に削減された。戦乱の終わりを見届けた頼之は、「近年山名の一族の者共、ややもすれば上意を忽緒《こつしょ》申す」のを知り、わが命の間に御戒めが必要であると申し沙汰していたが、それが叶ったので死んでも本意、と義満に伝えて亡くなったという。

この合戦に義満は「御所様も御馬廻《おうままわり》三千余騎にて、中御門《なかみかど》大宮へ打て出させ給」と、奉公衆三千騎を率いて自ら出陣、攻められるに弱い京都から撤退せずに守り抜き、多くの諸大名を動員して勝利し、武威を世に知らしめた。

『明徳記』はこれまでの軍記とは違い、勝者の義満側がいかに戦ったのかに焦点をあてて描いている。五山の清衆千人が大施餓鬼を行なって、氏清を始めとする亡卒の霊を弔って回向《えこう》し、義満が賞罰を行なったところで終えるなど、新たな歴史書、軍記物の登場といえよう。

こうしたこともあってその影響は大きく、山名氏清が合戦の吉凶を占わせたことは、後の戦国大名の出陣にも取り入れられた。細川頼之が亡くなった後、三島入道が朱雀の時衆の道場に参って、念仏十念を唱え、「腹十文字にかき切て、刀をのどに付き立てて、手をあはせて臥したりける」と亡くなった。武士の殉死の初見である。

小林上野介義繁《よししげ》は、山名氏清に種々の諫言をし戦いを止めるよう訴えた末、「只今、今度合戦あらば、義繁に於いては一番に討死仕って泉下に忠義をあらはすべきにて候」と語って、二条大宮の戦で討死したが、これは能『小林《こばやし》』の素材とされ、演劇化された。現行の謡曲にはないが、応永二十三年（一四一六）に上演記録がある（『看聞日記』）。

そもそも能や狂言などの演劇は、人物を造形化し、その生き方や型を伝えた。世阿弥の『風姿花伝』の「物学条々《ものまねじょうじょう》」は、物真似をいかにすべきかの基本を語り、女、老人、直面《ひためん》、物狂《ものぐるい》、法師などについて演じる上でのポイントを指摘している。能は『明徳記』『太平記』などの同時代に生きた人物や、さらに『平家物語』、寺社縁起など過去ないしは伝説上の人物の生き方を造形化し、平曲ともども政権の式楽のような性格を帯びた。この時代のみならず後世に著しい影響を与えたのであり、天下人の織田信長や豊臣秀吉、徳川家康らは自ら能を舞っていた。

南北朝の合一と国際情勢

義満は明徳の乱で活躍した大内義弘に和泉・紀伊二か国を与えたが、それは南北朝合一が視野に入ってきたからである。明徳三年（元中九年／一三九二）に義弘に南朝方を攻めさせ、義弘を通じて南北朝合一をはからせた。

合一の条件は三つ、一つは三種の神器を南朝の後亀山天皇から北朝の後小松天皇に「譲国の儀」によって渡すこと。第二に、後亀山流と後小松流の両統が交互に皇位につく両統迭立《てつりつ》とすること。第三に諸国国衙領は後亀山流が、長講堂領は後小松流が管轄とすることであった。

後亀山がこの条件をのんで講和は成立し、吉野を出て閏十月に嵯峨の大覚寺に入ったが、三条件は悉《ことごと》く反故とされてしまう。後亀山が条件をのんだのは、南朝方の勢力の弱体化ゆえであって、もはや朝廷として機能しなくなっていたことを自覚していたからであろう。

義満が後小松天皇の反対を押し切り、この時期に合一をはかったのは、国際情勢の変化があったからであった。この年七月、朝鮮半島では高麗の李成桂《りせいけい》が最高合議機関である都評議使司に推戴されて国王になると（太祖）、明に使節を送って外交関係の継続の確認と国王交代の承認を求めて認められている。李成桂は、倭寇や元の残存勢力、北方勢力との戦いで頭角を現して、一三九一年に高麗の行政・軍事の最高権力を握って土地政策を断行した。

南北朝合一がなると、義満は十二月に絶海中津《ぜっかいちゅうしん》に高麗への国書の作成を命じ、倭寇の禁圧、俘虜の送還を伝えたが、一三九三年に李成桂は国号を朝鮮と改めていて、義満は明と朝鮮が結んで日本にあたることを恐れていた。康暦二年（一三八〇）九月に「日本征夷将軍源義満」と称して、二人の僧を明に派遣したが、上表がないことから洪武帝に退けられた。以後、明との接触がない時期が続いていた。

明徳四年（一三九三）四月に後円融院が亡くなると、義満の意を奉じた伝奏奉書《てんそう》が出されるようになった。伝奏は治天の君である院への訴訟の窓口であって、担当する寺社の訴えの内容を院に執奏し、その仰せを伝達する役職で、義満の場合、伊勢神宮では万里小路嗣房《つぐふさ》、賀茂社では坊城俊任《ぼうじょうとしとう》、南都では広橋仲光《なかみつ》が伝奏となり、義満はその訴えを受理して采配する治天の君のような存在となり、院政と同じ政治体制がしかれた。

同年十一月、「洛中 幷《ならびに》 辺土散在土倉 幷《ならびに》 酒屋役」の法令を出し、諸寺諸社の神人や諸権門の扶持する奉公人が有する免除の特権を取り上げ、土倉・酒屋に平均に役を勤めることとし、京都での土倉・酒屋役を一律賦課とし、それらを衆中という組織に徴収させ、そのうちから幕府の政所年中行事の費用六千貫文にあてた。これにより幕府政所の財源は諸国の料所などとともに京都の土倉・酒屋役となった。

山門への対策は応永元年（一三九四）九月に近江の日吉社に参詣、出家後の応永三年九月には公卿二十六人を率いて延暦寺で受戒している。

入道大相国の北山第の造営

義満は応永元年（一三九四）十二月に征夷大将軍を辞して、九歳の義持を元服させ征夷大将軍となし、自らは太政大臣に任じられ、上皇としての礼や対応を公卿に要求した。翌年六月に出家すると、管領斯波義将や大内義弘などの武家や公家も出家している。

武家はともかくも公家も義満の家礼化が著しくなっており、家礼となった公家は義満から「御家門ならびに家領等の事、一円御管領相違あるべからず」という家門安堵を受けた。家門とは家職に関わる家財・道具、父祖からの日記や菩提寺などの総称である。

義満は山名に続いて九州の今川了俊にも狙いをつけ、了俊の勢力が大きくなったことから、応永二年(一三九五)八月に九州探題職を突如解任し、管領の斯波義将と図って足利一門で高い家格を誇る渋川満頼《みつより》を探題に任じた。了俊は「大敵難義は了俊骨を折り、静謐の時になりて、功なき縁者を申し与え」と、嘆きつつ帰洛したが、弁明の機会をあたえられず、十一月に駿河守護となって駿河に下った。

応永四年(一三九七)四月、義満は北山の西園寺邸を入手し、北山第の造営を諸大名に命じた。完成した北山第は、南北に寝殿があり、北御所に義満が住み、寝殿の西に三層の舎利殿、その北に会所(天鏡閣)が設けられ、舎利殿と渡り廊下で繋がれていた。三層の舎利殿は、金閣と称されたように金箔が施され、第一層の法水院は寝殿造、第二層の潮音洞は武家造で、第三層の舎利が安置された禅宗様の究竟頂《くっきょうちょう》と相俟って、和様と唐様とその総合という性格がうかがえるもので、武家王権の富を象徴した。

殿舎の造営にあわせ、斯波義将や廷臣など公武の人々、僧たちが移り住むようになり、出家後の義満に近侍する僧は禅僧から顕密僧へと変わった。応永六年(一三九九)五月から大がかりな祈禱が行なわれ、陰陽師が私邸で陰陽道祭を行なった。北山第は単なる山荘ではなく、一条大路に大門が設けられ、そこから一直線に道を通して北山第の惣門へと至るが、その間の道に柳を植えた。今の八丁柳の道がそれにあたる。応永五年（一三九八）八月に朝鮮の回礼使秘書監の朴敦之は大内義弘の使者とともに京都に入ったが、明の使節はこの道から北山第に向かっている。

北山第が整備されてゆくなか、義満は大内義弘が朝鮮と強いつながりをもっていたことに懸念を抱き、度々義弘に上洛を催促した。朝鮮との貿易を営んで巨富を蓄え、朝鮮の要請に沿って倭寇の禁圧に努力し朝鮮国王から称賛されていた義弘は、「和泉、紀伊の守護職を召され」「上洛したところを誅殺される」という噂が流れたことから、鎌倉公方の足利満兼《みつかね》と密約を結び、応永六年（一三九九）十月に軍勢を率いて和泉堺の浦に着いた。

応永の乱と「日本国王臣源」

義満から派遣された絶海中津は、義弘が来月二日に関東軍とともに上洛すると言い放ったので、説得を諦めた。この報告を受けた義満は、義弘討伐を命じる治罰御教書を出し、馬廻二千余騎を率いて石清水八幡宮まで進み、管領畠山基国と前管領斯波義将の率いる主力三万騎が和泉に発向した。

義弘は評定を開いて籠城策を採用し、堺に方十八町の強固な城を築き、たとえ百万騎の軍勢でも破ることはできまい、と豪語したが、幕府軍三万余騎に包囲された。海上を四国・淡路の海賊衆百余艘で封鎖した幕府軍は、十二月に総攻撃し城中に火を放ち攻め寄せた。

杉備中守は今日が最後の戦いになると覚悟し、幕府の山名満氏《みつうじ》の陣に突撃して討死を遂げると、それを見た義弘は、幕府軍の北側の陣に斬り込んで大太刀を振るって奮戦、天下無双の名将大内義弘入道を討ち取って将軍の御目にかけよ、と大音声《だいおんじょう》を発し討ち取られた。東側を固めていた大内弘茂《ひろしげ》は、平井備前入道から降伏を勧められ、堺は落城した。

十一月二十九日、幕府軍が一斉に総攻撃を開始するとの情勢に、鎌倉公方足利満兼は武蔵府中高安寺まで進んでいたが、関東管領上杉憲定《のりさだ》に諫められ上洛する兵を止め、武蔵府中から下野足利荘まで進軍したところで、義弘敗死の報を聞き鎌倉に引き返し、応永七年（一四〇〇）三月、伊豆三島神社に願文を献じ、「小量をもって」幕府に二心を起こしたことを謝罪した。

今川了俊は、満兼を謀叛に誘ったとされ、幕府から討伐の命を受けたために上洛して謝罪し助命されたが、遠江・駿河守護職は取り上げられ、甥の今川泰範《やすのり》に与えられた。周防・長門は降参した弘茂に与えられた。乱の経緯は『応永記』（『大内義弘退治記』）に記された。作者や成立年代は不詳だが、乱終結から時間をおかずに書かれたと見られている。

この応永の乱を経て有力大名の在京が原則になったと考えられ、この在京奉公は家臣団の城下町集中と相俟って徳川幕府の参勤交代につながってゆく。その間の違いは大きいが、戦乱を経て体制を整える中で行なわれたことにおいて一致を見ている。

大内氏を退けた義満は、応永八年（一四〇一）五月に、側近の僧祖阿《そあ》と博多商人の肥富《こいつみ》を明に派遣して通交を試みた。商人を派遣したのは対明貿易から莫大な利益が得られることを知っての故であり、明皇帝宛ての「日本准三后道義、書を大明皇帝陛下に上る」と始まる書簡を帯びていた。

多くの方物《ほうぶつ》を積んだ船が中国に着くと、明の建文帝が受け入れ、翌年に義満を冊封《さくほう》する国書を与えた。明からの使節天倫道彝《てんりんどうい》・一庵一如《いちあんいちにょ》を北山第で引見した時、義満は公卿を連れ四脚門《しきゃくもん》まで出迎え、皇帝からの天書に対し蹲踞《そんきょ》・三拝という最敬礼の態度をとった。書には「日本国王源道義」とあり、義満を「日本国王」と認めたのである。

明使は倭寇の鎮圧を求め、義満の歓待を受けて翌年に帰国の途についたが、この時、絶海中津が執筆した義満の書には自らを「日本国王臣源」と記した。明使の在日中に靖難《せいなん》の変が起き、永楽帝が即位すると、再び使節団が応永十一年（一四〇四）四月に兵庫に到着、北山第で使節引見の儀が行なわれ、日明間の国交と通商の合意が成立し、勘合百通が下賜され、これを所持した者に通商が限られるようになった。

室町幕府将軍は明皇帝から「日本国王」として冊封を受け、明皇帝に朝貢し、明皇帝の頒賜物《はんしぶつ》を持ち帰る建前をとる公式の貿易にあわせて、遣明船に同乗した商人に帰国後に持ち帰った輸入品の日本国内の相場相当額の一割にあたる金額を抽分銭《ちゅうぶんせん》として納付させた。

応永十三年（一四〇六）の明皇帝の下賜品は銀千両、綵幣二百疋、綺繡衣六十件、銀茶壺三、盆四、海船二艘に及び、その膨大な唐物は北山第内の会所（天鏡閣）に「御物」として飾られ、側近の目利きである遁世者の同朋衆により管理され、武家の王権を荘厳した。

こうして公武にわたって足を置き、大陸とも交渉を持った足利政権が確立し、能・狂言が式楽のような性格を帯び、武士の行動や精神が能などを通じて整った。

まとめと展望

本書に記したことをまとめるならば、最初に武士を定義し、武者や兵と称されたる古代武士の活動とその存在形態を見、中世になって奥州の二度の合戦を通じて武士が成長、院政の武力に編成されるかたわら、家を形成、武士団としてまとまりをもち、源氏・平氏の武士が武家として台頭するようになった（第Ⅰ章）。

台頭した武士は、天皇家の内部対立を始めとする、成立した貴種の家々の内部対立に動員され、保元の乱の合戦を経て、後に武家政権を築く平家・源家・足利家の形が整って、「武者の世」を人々に実感させた。続く平治の乱を経て平家は後白河院政下で武家政権を形成し、その栄華を築いた（第Ⅱ章）。

成立した平家政権であるが、後白河院との対立から院を鳥羽殿に幽閉したことから、南都北嶺の大衆、諸国の源氏が蜂起するなか、関東の武士を編成した源頼朝が東国を基盤とする政権を構築、平家を滅ぼし、朝廷から諸権限を認められて幕府を樹立、地頭御家人制に基づく政権を整えた。だが有力御家人間の対立から源実朝が殺害され、源氏は三代で終わる（第Ⅲ章）。

有力御家人間の争いに勝利した北条氏は、承久の乱を経て北条政権を形成、王朝国家の諸制度を積極的に取り込み、北条泰時が『御成敗式目』を制定し、時頼が皇族将軍を迎えて武家による国家体制を築いたことにより、地頭御家人の家秩序も整い、モンゴル襲来の国難を退けた。しかし幕府の政権運営をめぐる対立、御家人の自立の動きに、後醍醐天皇が討幕に動いた（第Ⅳ章）。

後醍醐天皇の討幕の綸旨に動いた足利高氏（尊氏）ら有力御家人により鎌倉幕府が倒され、後醍醐天皇の公武一統の建武政権が成立するも、その内部対立から尊氏が足利政権を樹立した。後醍醐が吉野に逃れ南北朝の内乱となり、幕府の内部対立も重なって内乱が続くなか、武士は一揆を結び集団戦を行ない、バサラな文化の担い手になり、さらに内乱の終息とともに足利義満が武家による公武一統の武家政権を構築した（第Ⅴ章）。

以上を日記や文書のみならず、絵巻や軍記物、説話集、さらに発掘調査の成果を駆使し、武士の主従契約や一揆契約、親の敵討、主の敵討、切腹、追腹などの武士の作法、武士の構えた宅や館など様々な武士の存在形態を明らかにし、武士と武家政権の到達点として義満政権を見た。

この後はその到達点を前提に進んでゆくことになるので、その展開はこれまでとは違う新たな動きに注目したい。義満政権後に大きな存在になってきたのが鎌倉府であり、関東公方と関東管領の対立のなかで足利学校が生まれたことで、儒学が武士に組織的に教えられるようになった。

その関東の戦乱を通じ城郭が発達したが、この山城の原型は、東北地方の横手市にある古代の金沢柵の伝承地にあると考えられる。金沢八幡宮周辺には尾根や本丸・二の丸・北の丸・西の丸などの段丘、武者走り、堀が認められる。

城郭は応仁の乱を経て各地で築かれてゆくが、在京原則を解除された大名は、自立した権力を築いて戦国大名に成長する。領邦国家を形成するために島津・毛利・北条・徳川氏は『吾妻鏡』に学び、大内・相良・朝倉・今川・武田・伊達氏らは『御成敗式目』に学んで武家法を制定した。

それとともに戦国国家は家臣団を編成し、城下町を形成し、戦国の合戦を通じて城郭が発展し、天守閣が造られた。鉄砲が導入されて合戦のあり方に変化が生じるいっぽうで、剣術と剣術者が生まれた。

徳川政権が全国を支配して戦国の動乱が終わるとともに、大量の浪人が発生し、その浪人を始めとして武士の所帯を安定させる政策が進められたが、そのなかで武士に生き方や武術の鍛錬を求める『五輪書』など武士の道の書が多く生まれ、浪人は新たな職業に就くようになり、こうして武士は士農工商の士の身分に位置付けられる。

それとともに平和のうちに武士がいかに生きてゆくべきか、あるいは辻斬り、無礼うちなどといった逸脱した作法にかかわる書物が多く著され、また武家が朝廷にどう対応すべきかの論が出され、こうして幕末に至り、維新により武士は消滅する。幕末期の武士を主たる素材とし、維新を経て数十年後に新渡戸稲造が著したのが『武士道』である。

それはヨーロッパ圏の騎士道と比較して武士道を道徳大系として捉え、武士道の淵源を神道に求め、その特質として義、勇、仁、礼、誠、名誉、忠義、教育訓練、克己、自殺復仇などを詳しく記している。

参考文献

史料

『今昔物語集』全五巻（新日本古典文学大系）、今野達・小峯和明・池上洵一・森正人校注、岩波書店、一九九三―九九年。

十二世紀初頭頃に成立した説話集で、全三十一巻。天竺・震旦・本朝部からなり、本朝部は仏法篇と王法篇からなるが、後者の世俗関係説話を本書が多く用いた。この説話集がなかったならば、本書は貧しいものになったであろう。


『愚管抄』（日本古典文学大系）、岡見正雄・赤松俊秀校注、岩波書店、一九六七年。

天台僧の慈円が著わした歴史書、国の始まりから承久の乱前にいたるまでを、道理の盛衰という視角から叙述。保元の乱以後が同時代史として詳しい。


大日本史料、東京大学史料編纂所編。

第三編、既刊三〇冊、一九二六―二〇二〇年。

第四編、全一六冊、補遺既刊一冊、一九〇二―八一年。


大日本古文書、東京大学史料編纂所編。

『高野山文書』全八巻、一九〇四―〇七年。

『山内首藤家文書』、一九四〇年。

『小早川家文書』全二巻、一九二七年。

『相良家文書』全二巻、一九一七―一八年。

改訂史籍集覧、近藤瓶城編、臨川書店。

『二中歴』、『新加纂録類』一九〇一年所収。

日本思想大系、岩波書店。

「将門記」（竹内理三校注）、「新猿楽記」（藤原明衡著、大曾根章介校注）、「陸奥話記」（大曾根章介校注）、『古代政治社会思想』一九七九年所収。

「続本朝往生伝」（大江匡房撰、大曾根章介校注）、『往生伝　法華験記』一九七四年所収。

「御成敗式目」（笠松宏至校注）、「追加法」（笠松宏至校注）、「宗像氏事書」（石井進校注）、「室町幕府法」（笠松宏至校注）、「北条重時家訓」（石井進校注）、渋谷氏、相良氏、菊池氏、小早川氏の置文（石井進校注）、山内一族、隅田一族、肥後以下三か国人、松浦党、安芸の国人の一揆契状（石井進校注）、『中世政治社会思想』上、一九七二年所収。

日本の絵巻、小松茂美編、中央公論社。

『後三年合戦絵詞』一九八八年。

『一遍上人絵伝』一九八八年。

『蒙古襲来絵詞』一九八八年。

続日本の絵巻、小松茂美編、中央公論社。

『男衾三郎絵詞』、『男衾三郎絵詞　伊勢新名所絵歌合』一九九二年所収。

『法然上人絵伝』全三巻、一九九〇年。

『前九年合戦絵詞』、『平治物語絵巻』、『前九年合戦絵詞　平治物語絵巻　結城合戦絵詞』一九九二年所収。

平安遺文、竹内理三編、東京堂出版。

「東大寺文書」、「高野山文書」、「大庭御厨古文書」、「根来要書」。

鎌倉遺文、竹内理三編、東京堂出版。

「小代文書」、「倉持文書」、「九条家文書」、「入来文書」、「東寺文書」、「矢島文書」。

日本古典文学大系、岩波書店。

『古今著聞集』（橘成季編、永積安明・島田勇雄校注）、一九六六年。

『沙石集』（無住一円著、渡邊綱也校注）、一九六六年。

『神皇正統記』（北畠親房著、岩佐正校注）、『神皇正統記　増鏡』一九六五年所収。

『太平記』全三巻（後藤丹治・釜田喜三郎・岡見正雄校注）、一九六〇―六二年。

新日本古典文学大系、岩波書店。

『保元物語』（栃木孝惟校注）、『平治物語』（日下力校注）、『承久記』（益田宗・久保田淳校注）、『保元物語　平治物語　承久記』一九九二年所収。

『平家物語』全二巻（梶原正昭・山下宏明校注）、一九九一―九三年。

『古事談』（源顕兼編、川端善明・荒木浩校注）、『続古事談』（川端善明・荒木浩校注）、『古事談　続古事談』二〇〇五年所収。

『とはずがたり』（後深草院二条著、三角洋一校注）、『とはずがたり　たまきはる』一九九四年所収。

群書類従、塙保己一編、続群書類従完成会。

『梅松論』、『明徳記』、『応永記』、第二〇輯（合戦部第一）、訂正第三版、一九五九年所収。

『保暦間記』、『花営三代記』、第二六輯（雑部第二）、訂正第三版、一九六〇年所収。

新訂増補国史大系、黒板勝美・国史大系編修会編、吉川弘文館。

『吾妻鏡』全二巻（丸山二郎・相田二郎・平泉澄校訂）、一九六四―六五年。

『本朝世紀』（藤原通憲編、吉村茂樹・馬杉太郎校訂）、一九六四年。

『扶桑略記』（皇円編、坂本太郎校訂）、『扶桑略記　帝王編年記』一九六五年所収。

『百錬抄』（黒板勝美・坂本太郎校訂）、『日本紀略後篇　百錬抄』一九六五年所収。

中世法制史料集、岩波書店。

「沙汰未練書」、「武政規範」、『室町幕府法』（佐藤進一・池内義資編）、一九五七年所収。

「宇都宮弘安式条」、『武家家法』一（佐藤進一・池内義資・百瀬今朝雄編）、一九六五年所収。

著書・論文（入手しやすいものを選んだ）

石井進『中世武士団』講談社（講談社学術文庫）、二〇一一年（『日本の歴史』第一二巻、小学館、一九七四年）。

　本書が最も依拠した本。『今昔物語集』『高山寺本古往来』『真名本曾我物語』『小早川文書』などを読み解いて、現地調査を駆使して中世武士団の展開を明らかにしている。著者は石井先生の『入来文書』の演習に参加し多くを学んできており、その事情は講談社本のあとがきに記しているので参照されたい。

――『鎌倉幕府と北条氏』（『石井進著作集』第四巻）、岩波書店、二〇〇四年。

元木泰雄『武士の成立』吉川弘文館、一九九四年。

　軍事貴族が武士に成長する動きを記す。

高橋昌明「武士を見なおす」、『武士の成立　武士像の創出』東京大学出版会、一九九九年所収。

――『武士の日本史』岩波書店（岩波新書）、二〇一八年。

　武士を在地領主と捉える考えを批判し、武士＝芸能人論を提起し、武士の成長と発展を記す。

関幸彦『武士の誕生』講談社（講談社学術文庫）、二〇一三年（『武士の誕生――坂東の兵どもの夢』日本放送出版協会（NHKブックス）、一九九九年）。

坂東の地に注目して武士の誕生、武士の政権の成立を記す。

高橋修「武士団と領主支配」、『岩波講座　日本歴史』第六巻「中世1」、岩波書店、二〇一三年所収。

武士＝芸能人論を批判し、平安期から鎌倉期にかけての武士の変遷を記す。

五味文彦「地頭支配と検注――蓮華王院領肥後国人吉庄」、『日本歴史』第三九〇号、一九八〇年。

――「女性所領と家」、女性史総合研究会編『日本女性史』第二巻「中世」、東京大学出版会、一九八二年所収。

――『院政期社会の研究』山川出版社、一九八四年。

――『武士と文士の中世史』東京大学出版会、一九九二年。

――『殺生と信仰――武士を探る』角川書店（角川選書）、一九九七年。

――『源実朝――歌と身体からの歴史学』KADOKAWA（角川選書）、二〇一五年。

――『文学で読む日本の歴史〈古典文学篇〉』山川出版社、二〇一五年。

――『文学で読む日本の歴史〈中世社会篇〉』山川出版社、二〇一六年。

――『鎌倉時代論』吉川弘文館　二〇二〇年。

五味文彦編『京・鎌倉の王権』（『日本の時代史』第八巻）吉川弘文館、二〇〇三年。

五味文彦監修『武家の古都・鎌倉の文化財』角川学芸出版、二〇一一年。

石母田正『中世的世界の形成』岩波書店（岩波文庫）、一九八五年（伊藤書店、一九四六年）。

関幸彦『東北の争乱と奥州合戦――「日本国」の成立』（『戦争の日本史』第五巻）吉川弘文館、二〇〇六年。

本郷恵子『京・鎌倉　ふたつの王権』（『全集日本の歴史』第六巻）小学館、二〇〇八年。

中澤克昭『中世の武力と城郭』吉川弘文館、一九九九年。

本郷和人『中世朝廷訴訟の研究』東京大学出版会、一九九五年。

本郷和人編『合戦絵巻　合戦図屏風』新人物往来社（別冊歴史読本）、二〇〇七年。

高橋典幸『鎌倉幕府軍制と御家人制』吉川弘文館、二〇〇八年。

小川剛生『武士はなぜ歌を詠むか――鎌倉将軍から戦国大名まで』KADOKAWA（角川選書）、二〇一六年（角川学芸出版〈角川叢書〉、二〇〇八年）。

近藤成一編『モンゴルの襲来』（『日本の時代史』第九巻）吉川弘文館、二〇〇三年。

高橋慎一朗『中世鎌倉のまちづくり――災害・交通・境界』吉川弘文館、二〇一九年。

細川重男『鎌倉政権得宗専制論』吉川弘文館、二〇〇〇年。

西田友広『悪党召し捕りの中世――鎌倉幕府の治安維持』吉川弘文館、二〇一七年。

佐藤進一『増訂　鎌倉幕府守護制度の研究――諸国守護沿革考証編』東京大学出版会、一九七一年。

桑山浩然『室町幕府の政治と経済』吉川弘文館、二〇〇六年。

網野善彦「若狭一二宮社務系図――中世における婚姻関係の一考察」、『網野善彦著作集』第一四巻、岩波書店、二〇〇九年所収（「中世における婚姻関係の一考察――「若狭一二宮社務系図」を中心に」、『地方史研究』第二〇巻第五号、一九七〇年）。

村井章介編『南北朝の動乱』（『日本の時代史』第一〇巻）吉川弘文館、二〇〇三年。

安田次郎『走る悪党、蜂起する土民』（『全集日本の歴史』第七巻）小学館、二〇〇八年。

近藤好和『中世的武具の成立と武士』吉川弘文館、二〇〇〇年。

高橋典幸・五味文彦編『中世史講義――院政期から戦国時代まで』筑摩書房（ちくま新書）、二〇一九年。

榎原雅治編『一揆の時代』（『日本の時代史』第一一巻）吉川弘文館、二〇〇三年。

呉座勇一『日本中世の領主一揆』思文閣出版、二〇一四年。

若尾政希『「太平記読み」の時代――近世政治思想史の構想』平凡社（平凡社ライブラリー）、二〇一二年（平凡社、一九九九年）。

川本慎自『中世禅宗の儒学学習と科学知識』思文閣、二〇二一年。

小川剛生『足利義満――公武に君臨した室町将軍』中央公論新社（中公新書）、二〇一二年。

細川武稔『京都の寺社と室町幕府』吉川弘文館、二〇一〇年。

＊

本書の編集の労をとられた講談社の岡林彩子氏には深く感謝したい。通史を書き上げて執筆の意欲を失いかけたところに、拙著『殺生と信仰――武士を考える』（角川書店（角川選書）、一九九七年）を示され、武士論の出版を奨められたのである。その奨めがなかったならば本書は生まれなかったであろう。

五味文彦（ごみ・ふみひこ）

一九四六年、山梨県生まれ。東京大学大学院人文科学研究科博士課程中退。東京大学名誉教授。放送大学名誉教授。専門は日本中世史。

主な著書に『院政期社会の研究』（山川出版社）、『増補 吾妻鏡の方法』（吉川弘文館）、『中世のことばと絵』（中公新書、サントリー学芸賞）、『大仏再建』（講談社選書メチエ）、『書物の中世史』（みすず書房、角川源義賞）、『文学で読む日本の歴史』（全五巻、山川出版社）、『鎌倉時代論』（吉川弘文館）など。

編著に『現代語訳 吾妻鏡』（全一六巻、別巻一、共編、吉川弘文館、毎日出版文化賞）など。

武《ぶ》士《し》論《ろん》
古《こ》代《だい》中《ちゅう》世《せい》史《し》から見《み》直《なお》す

二〇二一年　五月一一日　第一刷発行
二〇二一年　六月一七日　第二刷発行

著者　五《ご》味《み》文《ふみ》彦《ひこ》

発行者　鈴木章一
発行所　株式会社 講談社
東京都文京区音羽二丁目一二—二一　〒一一二—八〇〇一
電話（編集）〇三—三九四五—四九六三
（販売）〇三—五三九五—四四一五
（業務）〇三—五三九五—三六一五

装幀者　奥定泰之
本文データ制作　講談社デジタル製作
本文印刷　信毎書籍印刷株式会社
カバー・表紙・口絵印刷　半七写真印刷工業株式会社
製本所　大口製本印刷株式会社

KODANSHA

定価はカバーに表示してあります。

ISBN978-4-06-523464-8　Printed in Japan　N.D.C.210　266p　19cm

講談社選書メチエの再出発に際して

講談社選書メチエの創刊は冷戦終結後まもない一九九四年のことである。長く続いた東西対立の終わりはついに世界に平和をもたらすかに思われたが、その期待はすぐに裏切られた。超大国による新たな戦争、吹き荒れる民族主義の嵐……世界は向かうべき道を見失った。そのような時代の中で、書物のもたらす知識が一人一人の指針となることを願って、本選書は刊行された。

それから二五年、世界はさらに大きく変わった。特に知識をめぐる環境は世界史的な変化をこうむったとすら言える。インターネットによる情報化革命は、知識の徹底的な民主化を推し進めた。誰もがどこでも自由に知識を入手でき、自由に知識を発信できる。それは、冷戦終結後に抱いた期待を裏切られた私たちのもとに差した一条の光明でもあった。

その光明は今も消え去ってはいない。しかし、私たちは同時に、知識の民主化が知識の失墜をも生み出すという逆説を生きている。堅く揺るぎない知識も消費されるだけの不確かな情報に埋もれることを余儀なくされ、不確かな情報が人々の憎悪をかき立てる時代が今、訪れている。

この不確かな時代、不確かさが憎悪を生み出す時代にあって必要なのは、一人一人が堅く揺るぎない知識を得、生きていくための道標を得ることである。

フランス語の「メチエ」という言葉は、人が生きていくために必要とする職、経験によって身につけられる技術を意味する。選書メチエは、読者が磨き上げられた経験のもとに紡ぎ出される思索に触れ、生きるための技術と知識を手に入れる機会を提供することを目指している。万人にそのような機会が提供されたとき初めて、知識は真に民主化され、憎悪を乗り越える平和への道が拓けると私たちは固く信ずる。

この宣言をもって、講談社選書メチエ再出発の辞とするものである。

二〇一九年二月　　野間省伸

MÉTIER

「民都」大阪対「帝都」東京　原　武史
文明史のなかの明治憲法　瀧井一博
琉球王国　赤嶺　守
喧嘩両成敗の誕生　清水克行
日本軍のインテリジェンス　小谷　賢
近代日本の右翼思想　片山杜秀
アイヌの歴史　瀬川拓郎
宗教で読む戦国時代　神田千里
室町幕府論　早島大祐
アイヌの世界　瀬川拓郎
吉田神道の四百年　井上智勝
戦国大名の「外交」　丸島和洋
町村合併から生まれた日本近代　松沢裕作
源実朝　坂井孝一
満蒙　麻田雅文
〈階級〉の日本近代史　坂野潤治
原敬（上・下）　伊藤之雄

大江戸商い白書　山室恭子
終戦後史　1945-1955　井上寿一
戦国大名論　村井良介
〈お受験〉の歴史学　小針　誠
福沢諭吉の朝鮮　月脚達彦
帝国議会　村瀬信一
江戸諸國四十七景　鈴木健一
「怪異」の政治社会学　高谷知佳
大東亜共栄圏　河西晃祐
忘れられた黒船　後藤敦史
永田鉄山軍事戦略論集　川田　稔編・解説
享徳の乱　峰岸純夫
鎖国前夜ラプソディ　上垣外憲一
大正＝歴史の踊り場とは何か　鷲田清一編
近代日本の中国観　岡本隆司
昭和・平成精神史　磯前順一
叱られ、愛され、大相撲！　胎中千鶴